JN235022

あんしん子育て
すこやか保育ライブラリー
special

でこぼこした発達の子どもたち

発達障害・感覚統合障害を理解し、長所を伸ばすサポートの方法

著 ● キャロル・ストック・クラノウィッツ
監訳 ● 土田 玲子／訳 ● 高松 綾子

The Out-of-Sync Child

すばる舎

The out-of-sync child : recognizing and coping with sensory integration dysfunction
by
Carol Stock Kranowitz

Copyright © 2005 by Skylight Press and Carol Stock Kranowitz
Japanese translation rights arranged
with Carol Stock Kranowitz c/o Taryn Fagerness Agency, LLC, California
through Tuttle-Mori Agency, Inc., Tokyo

監訳者まえがき（日本版に向けて）

県立広島大学　保健福祉学部　教授
日本感覚統合学会　会長
土田 玲子

　感覚統合理論は、1970年代に、大きな知能の遅れがないにもかかわらず学習や行動に困難を抱える子どもたちの理解と支援を目的に、アメリカの作業療法士であるジーン・エアーズ博士によって体系化されたものです。私がこの理論を学ぶべく渡米した30年ほど前は、日本では発達障害のことはほとんど知られていませんでした。ですから、私はこの理論を通して、発達障害の子どもたちとの出逢いに導かれたことになります。

　そして今では、多くの子どもたちが（そして、その保護者の方々が）支援を求めて私の勤務する大学のクリニックにも訪ねて来られるようになりました。日本の学校でも遅まきながら、このような子どもたちの支援も視野に入れた「特別支援教育」が始まっています。

　このような時期に、温かくて読みやすい感覚統合の本を皆さんに紹介できることをとても嬉しく思います。翻訳者の高松綾子さんが日本の保護者さんに向けて情熱的に、そして精力的に仕事をしてくださったことにも感謝いたします。

　この本を通じて多くの方に感覚統合理論を理解していただき、子育てや保育、教育に生かしていただくことで、日本の子どもたちの元気な育ちが支えられればと思います。

　感覚統合理論は、特別な子どもだけではなく、ひとの発達にはどのようなことが大切かを教えてくれる一般の「子育て」「教育」の基礎理論にもなりえると思います。

　監訳にあたっては、理論の重要な骨格は押さえつつできるだけシンプルに、そして日本の実情に沿うように内容を調整させていただきました。そのことでさらに読みやすく、本書の目的が果たせると判断したからです。感覚統合の理論自体はこれからもどんどん進化していくことと思いますが、子どもの行動理解につながる基本概念は変わらないと思います。

　日本では、子どもの発達を支援する作業療法士がまだまだ少ないのが現状ですので、さまざまな専門職の方々もこの本を通して子どもの行動理解を深め、子ども発達応援隊に参画してくださることを願っています。

また、この本には「感覚統合障害」という言葉がたくさん出てきます。多くの方は「え！これはADHDとは違うの？　この症状は自閉症と似ている」と、今までに聞いたことのある診断名を思い浮かべられることでしょう。

　アメリカ精神医学会では、このような症状名の混乱を整理し、多くの人が同じ用語を用いてお子さんの症状を理解するためにDSMという診断基準を作ってきました。注意欠陥多動性障害（ADHD）や広汎性発達障害（PDD）という用語は、このような診断基準で用いられている用語です。

　ところがこれらの用語を作る上で難しい問題があります。それぞれの症状がひとりのお子さんに重なってみられたり、その症状の程度も様々だからです。そこで子どもの現状をうまく捉えられるように何度も改定が行われています。そもそも発達障害の多くは今の段階では原因がはっきりわからず、まだまだ理解の途上にある症状なのです。

　「感覚統合障害」という用語は、このような医学的診断として用いられる概念ではありません。この本を読み進めていただくと見えてくる、子どもたちの行動理解、そしてそれに続く支援のための1つの症状理解の視点だと思ってください。発達障害と診断がついた子どもたちも、ちょっと気難しいだけの育てにくいお子さんも、それだけでは次の支援にはつながりません。その行動（症状）をどのように理解するかが大事なスタートとなるのです。

　もちろん感覚統合という考え方だけで、お子さんの行動理解が全て解決するわけではありません。子どもの発達支援には多くの知恵が必要です。この考え方もその「知恵」の1つとして加えていただければと思います。

訳者まえがき

高松 綾子

　本書の原書『The Out-of-Sync Child』は、私の住むアメリカで「感覚統合障害についての必読書」として広く知られています。私自身も、息子にみられる発達の遅れや育てにくさについて悩んでいたときに、多くの人から薦められて、この本を手にしました。我が子の状況にピタリと一致する内容や、感覚統合障害という全く新しい用語を目にして、引き込まれるように読んだことを覚えています。本を読み終え、息子にこの障害があることを確信し、「私の子育てが悪いからではなかった」と安堵すると同時に、親泣かせの困った子だと思っていた息子が、実は人一倍頑張って困難に立ち向かっていることを知りました。また、息子が抱える問題について周囲の人にうまく説明できるようにもなりました。この本のおかげで息子の障害と前向きにつきあえるようになった、と言っても過言ではありません。

　そこで「かつての私と同じように悩む親御さんの助けになれば」「感覚統合障害のことを日本の人たちにもっと知ってもらいたい」と思い、日本語訳版を作れないものかと考えたのです。幸運にも、私の願いに賛同してくださる出版社さんと出会うことができ、日本感覚統合学会会長の土田玲子先生によるご指導のもと、この『でこぼこした発達の子どもたち』の出版が実現しました。

　住む場所や言語が違っても、障害児を持つ親の気持ちや願いは同じだと思います。本書が日本の親御さんを勇気づけ、感覚統合障害を抱えて生きている子どもたちを1人でも多くの方が理解し支援することに役立てば、本書訳者、また感覚統合障害児の親として、これほど嬉しいことはありません。

　なお、ページ上の都合により、本書では原書の一部を割愛しています。また、アメリカでのみ該当する記述や、日本での状況になじまない表現については、日本の現状に合わせて差し替えられています。感覚統合障害についてさらに詳しく知りたい方は、ぜひ原書に挑戦してみてください（原書は一般の方を対象にした、わかりやすい英語で書かれています。なにより、本書を読んで感覚統合障害のことを少しでも理解すると、この障害を持つ子たちが日々暮らしていく大変さに比べたら、英語の本を読むくらい何でもないことだと思うはずです！）。

はじめに

キャロル・ストック・クラノウィッツ

　私は米国ワシントンDCにある聖コルンバ保育園で、25年間、保育士として働いていました。

　園では3歳から5歳の子どもたちに音楽や体を動かす遊びや、お芝居を指導していたのですが、たいていの園児は私のクラスをとても楽しんでくれました。どの子も嬉しそうにドラムや木琴をたたき、歌って手をたたいたり、踊ったり体をクルクル回転させたりしていました。音楽に合わせてお手玉を揺すったり、指人形で遊んだり、おとぎ話の劇を演じたりもしました。みんなで大きなパラシュートをうねらせたり、まねっこ遊びをしたり、障害物を越えたり……。子どもたちは凧のように急降下して走り回り、象のようにドスンドスンと足を踏み鳴らし、そして体を思いっきり動かしたあとは、雪だるまが溶けるように少しずつ気を静めて和んでいったものです。

　たいていの子どもたちはこういった遊びや動きが大好きです。なぜなら、彼らの感覚情報処理機能（体の感覚器官が伝える情報を整理して、その情報を日常生活の中で使う能力）がうまく働いているからです。感覚情報処理機能がうまく働くということは、自分の体や周囲の世界から伝わってくる音、目にとびこむ色や光、感触、動きなどの感覚刺激を受け取って、それらの刺激に対し適切に反応できるということです。

　しかし、園児たちの中には、たまに、私のクラスが好きではない子がいました。感覚を受け取って適切な動作で反応することがうまくできず、いつもピリピリしていたり、つまらなそうだったり、マゴマゴしていたりといった子どもたちです。

　彼らは、クラスの活動や遊びに加わるのを嫌がり、加わったとしてもうまく行動することができず、問題を起こして、ほかの園児たちの楽しい雰囲気をぶち壊してしまうのでした。この本では、このような子たちのことについて書いています。

＊　　　＊　　　＊

　1976年から2001年までの保育士生活を通して、私は1000人以上の幼い子どもたちに接してきました。また、保育園の外でも、自宅で幼稚園児たちに音楽を教えたり、地域のイベントで子どもたちのダンスの振り付けをしたり、音楽や楽器を使ったお誕生日会を何十回も企画運営したりしていました。息子の学校でクラスの保護者代表や運動クラブのチームマネージャーを務めたこともありますし、カブ・スカウトのリーダーをした経験もあります。

　このように長い間子どもたちとかかわってきて学んだことがあります。それは、子どもとは、楽しい活動で元気に動き回ることが大好きな生き物だということです。楽しいことや面白いことが目の前にあると、どの子もやりたがったり興味を示します。ですから、1人その場に参加したがらない子どもがたまにいると、私にはその理由がわかりませんでした。この子はやりたくないのだろうか、それともやることができないのだろうか……？

　保育士を始めた頃、私はこのような「楽しい輪の中に入りたがらない子どもたち」に戸惑ったものです。なぜこの子たちの心をつかめないのだろう。なぜクラスのみんなで一緒に楽しむ時間になると、この子たちはムチャクチャになってしまうのだろう……。

　アンドリューは、園児たち全員が座って歌を歌っているときに、1人教室の中をウロウロ動き回っていました。

　ベンは、「ひざをポンポンとたたきましょう」という歌詞の部分で、1人肩をポンポンとたたいていました。

　アリスは、座って2本のリズムスティックを打っただけで疲れきり、バタッとつっ伏してしまいます。

　このような子たちに、私はまずイライラしました。そのあと自分をダメな保育士のように思ってしまいました。そして、クラスの活動に興味を示さなかったり、クラスの秩序を乱す行動をとるからと、その子を否定するような反応や態度をとってしまったときは、自分を悪い人間のように思ったりもしました。

　たとえば、今でも悔やまれる出来事なのですが、私がギターを弾いているときに耳をふさいで顔をそむける園児がいたので、その子

に向かって「その態度は先生に対して失礼でしょ！」と怒ってしまったことがあります。その日、私は家に帰ってから泣きました。

　仕事を終えて自宅で夕食の準備をしたり、息子と過ごしているときに、私は毎晩このような「ちょっと困った」園児たちについて考えを巡らせていました。

　当時の私には、その子たちの行動が全く謎でした。彼らは特定の障害を抱えているわけではありません。誰からも愛されていないわけでもなく、経済的や社会的に恵まれていないわけでもありませんでした。

　ほかの園児をつまづかせようと足を伸ばすなど、悪いことをわざとしているように見える子や、1日中何の目的もなく、体をだるそうに動かしているようにしか見えない子……。このような子たちには「昔から子どもに親しまれている遊びや活動を楽しむことができない」という共通点がみられましたが、それを除けば、彼らの行動は、いかなる特定の障害にも当てはまりませんでした。

　途方にくれていたのは私だけではありません。聖コルンバ保育園の園長であるカレン・ストリンプルや園の保育士たちみんなが同じ園児たちへの対応に困っていました。

　また、その子たちの保護者、特にその子の行動をきょうだいと比べることができた保護者は、わが子の行動を問題視していました。そして、保護者や園の先生からいつも不安な様子やイライラした態度を見せられる当の子ども本人は、みんな自分のことを同じように感じていました。彼らは自分のことを「ダメな子」だと思っていたのです。

　私たち保育士は、自分たちが彼らをダメにしていると感じました。

　　　　＊　　　＊　　　＊

　園では職員たちの誰もが、自分たちは、この子たちともっと上手にかかわることができるはずだと思っていました。なぜなら、聖コルンバ保育園では、障害を抱える子どもたちを園の普通クラスに参加させる、「インクルージョン教育」と呼ばれるプログラムを1970年代以降から行っており、私たちはさまざまな障害児への対応という点でとても成功していたからです。

　そんな私たちなのに、特定の障害には当て

はまらないような、ほんのわずかな問題を持つ「普通の子どもたち」を教えることが、どうしてうまくできないのだろうか……。園の職員全員が答えを探していました。

その答えを与えてくれたのが、卒園生の保護者でもある作業療法士のリン・A・バルザー-マーチン博士でした。

リンは1970年代から私たちの園でインクルージョン教育のコンサルタントを務めていました。彼女の本来の仕事は、神経系が効率よく機能しないことが原因で起こる学習や行動の問題、つまり「感覚統合がうまくいかない」と考えられる問題を持つ幼い子どもたちを見極め、その問題の改善を支援することでした。

この問題を最初に取り上げた先駆者は、作業療法士のA・ジーン・エアーズ博士です。今から約50年前、エアーズ博士は感覚統合の問題についての理論を系統立てて明確に説明し、ほかの作業療法士（セラピスト）たちを指導しながら、その問題に対応する方法を開発しました。

感覚統合の問題は、なかなか正しく理解してもらいにくい問題です。博士の著書である *Sensory Integration and the Child*（邦題『子どもの発達と感覚統合』A・ジーン・エアーズ著、宮前珠子訳、協同医書出版社）は、この問題のことを詳細に説明しており、専門的に理解したいと思う人は必ず読むべき本です。

感覚統合の問題は、現在「感覚統合障害」と呼ばれていますが、これは新しい障害ではありません。昔からあった問題についての新しい定義なのです。

感覚統合障害は信じられないほど多種多様な症状を引き起こしますが、この障害を持つ子に共通していえることは、中枢神経系が感覚情報の処理を効果的に行えないことが原因で、日常生活をスムーズに送ることが難しくなる[*1]という点です。

このような子たちは、一見何も問題がないようにみえたり、ときには優れた知性を持っている子もいますが、皆程度の差こそあれ、

[*1]：中枢神経系は、脊髄と脳で構成されています。中枢神経系が効率的に働くと、さまざまな感覚受容器で受け取った感覚情報を脳の中で統合し、調整したり、識別したりして、動作や運動に関する情報を筋肉に伝え、体をうまく使って周囲の変化に適切に対応することができます。しかし、このシステムが効率的に働かないと、感覚情報がうまく脳に伝わらなかったり、調整や識別に支障が生じたり、体をうまく使えなかったりなどの問題が生じ、日常生活をスムーズに送ることが難しくなります。

ぎこちなくて不器用だったり、怖がりで極端に内にこもっていたり、または協調性がなく非常に攻撃的だったりしがちなのです。このように感覚統合障害は、その子の動作や学習に影響するだけでなく、その子の行動、遊びかた、友達の作りかた、そして自分に対する評価にまで影響を及ぼします。

　また感覚統合障害は、子どもの保護者、教育者、医師、メンタルヘルスの専門家などからも見過ごされてしまうことがよくあります。保護者や専門家が感覚統合障害を正しく見分けられず、その子の問題行動や自信のなさ、一般的に誰もが子ども時代に行うような体験を嫌がるといった問題が、単に性格やしつけ、心理的な問題のせいだと誤解されることもあります。感覚統合障害について学ばない限り、周囲を困らせるその子の行動の原因が神経系の機能問題にあるということを理解する人はほとんどいない状況です。

＊　　＊　　＊

　エアーズ博士から指導を受けた、ほかの研究者たちと同じく、リンも感覚に関する問題の見分けかたや支援方法についての訓練を受けていました。しかし、彼女のもとを訪れる子どもはたいてい6歳から8歳くらいになっており、学校や家庭で明らかな問題を見せ始めてからかなりの時間がたったあとでないと、作業療法士のもとに来ないという現状がありました。

　このことを懸念していた彼女は、子どもたちがもっと幼いうちに支援を始めたいと強く望んでいました。というのは、脳が発達している最中である幼い年齢の頃ほど、脳が柔軟にいろいろな変化を受け入れることができるからです。3歳から5歳くらいまでの子どもは、神経系が急速に発達しているためにセラピーなどの療育効果がとても高い可能性があるのです。

　ですから、この年齢の間に感覚統合障害を発見できれば、その子の将来の社会面や学業面での行き詰まりを、より有効に予防できる可能性があるというわけです。もちろん、このことは、リンにもわかっていました。

　問題は、保育園へ通うような幼い子どもたちの感覚統合障害を見つける方法でした。というのは、その頃使われていた感覚統合障害

の検査やテストが、幼い子ども向けではなかったからです。

　そこでリンは「適切に自己抑制ができる大人になるために必要な神経系の基盤を持っているかどうか」ということを簡単に効率よく判断できる「子ども向けのスクリーニング検査（209ページ参照）」を作ろうと考えました。そして、そのスクリーニング検査に興味があるかどうかを私たちに尋ねてきたのです。

　興味を持たないわけがありません！　私たちは園にいる「ちょっと気になる」園児たちのことをもっとよく理解したいと願い、リンは自分のアイデアを試したいと望んでいました。そして、聖コルンバ保育園の主要プログラム「インクルージョン教育」に資金援助をしてくれていた、キャサリン・P・マドックス基金の人たちは、子どもたちとその家族の心身健康を向上させるための事業や活動をもっと行うよう私たちに勧めていました。こうしてすべてのことが同時に起こったのです。

＊　　＊　　＊

　リンの最初の目標は、まず感覚情報処理の機能について私たち園の保育士を教育し、それから私たちの協力を得て、保育園児の発達に焦点を合わせたスクリーニング検査を作成することでした。

　スクリーニング検査は、子どもたちにとって楽しいものでなければいけません。多くの園で使用してもらうためには、簡単に行える検査でなければいけないでしょう。また、短時間で行えながらも、単にその子の発達ペースが遅いだけなのか、それとも感覚統合障害の可能性があるのかを、検査を行う学校の先生やスタッフがしっかりと見分けられるものでなければいけません。

　そして一番大切なことは、問題がみられる子どもの保護者に、適切な専門家（作業療法士や理学療法士、ときには心理学者や言語聴覚士など）による早期介入を取り入れることを促すデータを供給するものでなければいけないということです。早期介入の目的は、学校や自宅やその他毎日の生活の中で、子どもがよりよく機能できるよう支援することです。

　園の職員や園児の保護者たちからの支援、そして私の熱心な補助を得て、リンは聖コルンバ保育園の全園児130人が1年に1度スク

リーニング検査を受けるプログラムを1987年に立ち上げました。私たちは、検査を通して問題の兆候がみられた園児たちに、セラピーなどの早期介入を受けるよう誘導できるようになりました。すると、胸のすくようなよい結果がすぐに現れ始めたのです。早期介入を受ける園児たちの能力がはっきりと向上したのでした。

リンの指導のもと、私は感覚統合障害について知り得る限りの知識をすべて学び、理解しました。子どもたちにスクリーニング検査を行う方法、園の保育士や保護者や自分自身の観察を通して子どもたちについてのデータを集める方法、子どもたちの不可解な行動の意味を解明する方法、などを身につけました。

感覚統合についての知識が増えれば増えるほど、私の保育士としての能力も向上しました。やがて私は、なぜ感覚統合障害を抱える園児が、ほかの園児たちと足並みを揃えることができないのかを、同僚の保育士たちに教えられるようになりました。よその園や小学校に出かけ、教育者を対象に、この捉えにくい問題の兆候を示すサインを見分けるワークショップを開いたりもしました。自分が教えるクラスには、「すべての園児」を対象にした感覚統合能力の健全な発達を促す活動を取り入れました。

リンが開発したスクリーニング検査を行って以来、アンドリューやベンやアリスのような園児たちが、作業療法を受け始めてすぐに問題を改善し、能力を向上させるのを目にして、私は心から嬉しい気持ちになりました。感覚と運動のつながりを効率的にする能力を身につければつけるほど、その子たちは驚くほどに、リラックスし、より注意力が身につき、園生活を楽しめるようになり始めたのです。そして、1日の仕事を終えた私は、泣くためにではなく、祝うために自分の家に帰ることができるようになりました！

＊　　　＊　　　＊

感覚統合障害についての専門知識を身につけていくうちに、私はこの障害のことを園児の保護者に説明するためには時間とテクニックが必要だということがわかってきました。

そこで園長のカレンと私は、スクリーニング検査で明らかな問題兆候がみられた子の保

護者に初めて連絡をとるときは、まず園に来て、教室や運動場でその子の様子を見てもらうようにお願いをし、それについて、あとで話しあうという形で、30分ほどの個別懇談を行うようにしました。

　この個別懇談で、私たちは感覚統合障害とはどういうものなのかを保護者に説明し、なぜそれがその子の問題行動の原因であると私たちが考えるのかを説明しました。そして、その問題は改善可能であること、また年長の子どもや大人でも支援による効果がみられるが、幼いうちから支援を始めると最もよい結果が得られることを話しました。さらに、感覚統合障害があるということは知的障害があるということではなく、保護者の子育てや教育方法に原因があるわけでもないということをはっきり伝え、保護者の恐怖心を和らげる努力も忘れませんでした。

　とはいえ、自分たちが話す説明や情報が、いやおうなく保護者を心配や疑問や誤解で包みこんでしまうことはわかっていました。保護者の中には、かかりつけの小児科へ飛び込んでいき、その医師が感覚統合障害についての知識に乏しかったために、その子の問題は年齢を重ねるにつれて自然になくなるというまちがったアドバイスを受けて、私たちの説明や提案をはねつける人も少なくありませんでした。

　この30分ほどの個別懇談で、感覚統合障害という言葉を初めて耳にした保護者は、わが子の問題に対するさまざまな質問や不安が頭の中で膨れ上がります。そして、たった30分ほどの懇談では、彼らの質問すべてに答えきれないことを、私たちは十分に理解していました。

＊　　　＊　　　＊

　このようないきさつがあり、私は、保護者や教育者、その他感覚統合障害を初めて知った人たちを対象に、感覚情報処理機能とは、そして感覚統合障害とは何かということを説明するために、この本を書いたのです。

　本書を書くにあたり注意したことは、読者にわかりやすい言葉で説明するということです。同時に、幼児関連の専門家がよく使う用語で、その意味を知っていたほうがよいと思われる専門用語についても紹介しています。

なお、本書は保育士の視点で書かれているため、内容によっては医療的視点や研究的視点とは少し違う部分があるかもしれません。

しかし、感覚統合障害について、さまざまな視点から理解することは、障害を抱える子どもや生徒たちのことをさらによく理解することにつながると思います。それこそが、まさに私がこの本を出版した最大の目的です。

感覚統合障害を抱える子どもたちが、自らの能力をできる限り伸ばし、自信を持って生きていくことができるように、そして、みなさんが支援をするときに本書が役立つことを願って止みません。

謝 辞

　まず初めに、故A・ジーン・エアーズ博士へ感謝の意を表します。私は博士の業績に強く心を打たれ、感覚統合の問題を持つ子どもたちのために自分ができることすべてを行いたい、と思うようになりました。実際にお会いしたことはありませんが、エアーズ博士への敬意は永遠に変わりません。

　そして、長年にわたり私の意見やアイデアを優しく導いてくれている作業療法士のルーシー・ジェーン・ミラー博士に、心より感謝いたします。私が感覚情報処理についての理解を深めていけるのは、ミラー博士による指導のおかげです。

　また、以下の方々にもお礼を申し上げます。（敬称略）作業療法士のリン・A・バルザー-マーチン、ジョージア・デガンジ、スザンヌ・スミス・ローリー、トゥルード・ターンクゥイスト、幼児関連の専門家および擁護者のマイケル・キャッスルベリー、ジェーン・ヘリー、ラリー・シルバー、ジョーイ・ニューマン、雑誌「SI Focus」発行人のキャスリーン・モリス、スカイライト・プレス出版社のリン・ソンバーグとメグ・シュナイダー、ペリジー出版社の編集者シーラ・カリー・オークスとマリアン・リッツィ。

　最後に、本書を作るために協力してくださった、すべての小児セラピストの皆さん、保護者の方々、園や学校の先生方へも、心よりお礼申しあげます。

　みなさんのご協力無しには、この本はできあがりませんでした。ご恩は一生忘れません。

キャロル・ストック・クラノウィッツ
メリーランド州ベセスダより

本書の構成と、読み進めるときの注意点

　本書には、感覚統合障害を持つ子の特徴に関する、たくさんのチェックリストを載せています。

　また、でこぼこした発達*2の子どもたちのさまざまな行動例を多数紹介することで、家庭生活や学校生活の中で感覚統合障害がどのように現れるのかを示しています。

　これを読んで、「これは、まさにウチの子のことだわ！」と思われる人もいらっしゃるでしょう。反対に、「こういった症状は全くみられないから、ウチの子は感覚統合障害じゃないのね」と思う人もいらっしゃるかもしれません。

　おそらく、たいていのお子さんは、この二者の間のどこかに位置するのではないでしょうか。

　Part 1では、「感覚統合障害とは何か」について説明しています。以下は、内容の一部です。

- 感覚統合障害についての概要。
- 感覚統合障害が、どのように子どもの行動に影響するのか。
- 反応や行動特徴についてのチェックリストと質問表。感覚統合障害に関連した問題。
- 神経系の標準的な発達とは、どういうものか。
- 感覚の基本的な機能とは何か。感覚がどのように日常生活に影響するか。感覚が効率的に機能しない場合に、どういうことが起こるか。
- 感覚情報処理機能がうまく働かない子の行動例。
- 子どもの問題を解決する方法は、すぐそこにあるという希望。

---

*2：でこぼこした発達とは、ある能力は高いが、ある能力が極端に低いなど、能力間の発達にでこぼこがある状態。たとえば、あることは人並み以上にできるのに、何かが極端にできなかったりするため、日常生活に支障をきたしたり、周囲に合わせた集団活動への参加が難しかったりする。

そして Part 2 では、感覚統合障害への対応の方法について紹介しています。以下は内容の一部です。

- 専門家による診断とセラピーを受ける基準とガイド。
- 子どもの行動を文書化する表の例。
- 作業療法は、どのように子どもを支援するのか。その他の療法の紹介。
- 「感覚ダイエット」*3 を取り入れ、家庭で子どもの技能を向上させるための提案。
- 子どもの園・学校生活を支援するためのアイデア。
- 子どもの感情に対処し、家族全員の生活を向上させるテクニック。
- 「みなさんと、みなさんの子どもは1人ではない」という励ましと支援！

次に、本書を読むにあたって気をつけていただきたい6つの重要な注意点を示します。感覚統合障害についての重要な事柄ですので、常に頭の中に置きながらお読みください。

本書を読むにあたって気をつけたい6つのPOINT

❶ 感覚統合障害を持つ子に、本書で紹介する症状のすべてがみられるわけではありません。

　感覚統合障害とは、いくつかの障害を指す総合的用語で、それらの障害すべてを抱える子はいません。

❷ 感覚統合障害の子どもは、一般的に複数の感覚情報処理機能がうまく働かないことが多いのですが、たとえば触覚系だけというように、ある1つの感覚系に集中して問題が起きることもあります。

　しかし、その場合でも、必ずしもその障害タイプの反応や行動特徴すべてが現れるわけではありません。

❸ 感覚統合障害を持つ子の中には、ある1つの感覚に対して"過敏性"と"鈍感性"の両方を持っていたり、ある感覚に対しては非常に敏感なのに、別の感覚に対しては非常に鈍感な子もいます。

　さらに、同じ刺激に対しても、時間や状況

---

*3：感覚統合ダイエットとは、感覚統合障害を持つ子に対して、その子の神経系の問題に対処したり、神経系が必要とする特定の感覚を満たしてあげる活動のこと。作業療法士などの専門家が、その子に合った活動の計画やスケジュールを個別に作成する。詳しくは、Chapter 9 の227〜230ページ参照。

によって違う反応を示す子もいます。たとえば、長い休み時間があった昨日は火災報知器の音に平気だったのに、休み時間がなかった今日は、教室のドアを閉める音でかんしゃくを起こしてしまった、というような子です。時々の状況が、その子の反応を大きく左右するのです。

❹感覚統合障害の各タイプは、常にはっきりした線引きができるわけではありません。

たとえば、感覚が"非常に敏感な子"の症状と、"非常に鈍感な子"の症状が似たようにみえることもよくあります。"感覚の調整の問題"と"姿勢や器用さの問題"を併せ持つ子もたくさんいます（図1）。

❺感覚統合障害の特徴がみられても、実はその子が抱えているのは全く別の障害だったというケースも中にはあります。

たとえば、触られることが嫌いな子どもは、触覚が非常に敏感なようにみえるかもしれませんが、実は虐待を受けていることが原因である可能性もあります。

❻私たちも皆、ときに感覚情報処理機能に問題を抱えることがあります。

なぜなら、人間は生きている限り、絶え間なく感覚情報を処理し続けますが、自分の体を終始、うまく機能させることができる人はいないからです。

どんな種類の刺激も多すぎたり少なすぎたりすることで、一次的に脳がうまく機能することを妨げる可能性があるのです。

感覚統合障害の全体像をつかむためには、本書を初めから終わりまで読み通されることをお勧めします[*4]。

また、障害についての特定部分で、自分の記憶や考えを新しくするために、本書を参考書として使っていただくのもいいと思います。

別冊のチェックリストは、ワークブックのように鉛筆を使って実際に回答できるようにしています。

＊4：すでに感覚統合障害についての知識をある程度お持ちの方や、園や学校生活でつまづいているお子さんをお持ちの保護者の方は、日々の生活に即した実践的な理解が得られる Part 2 から読み進めていただくのもいいと思います。必要な箇所で Part 1 の記述に戻って読んでいただけると、感覚統合障害についての理解をさらに深めることができます。

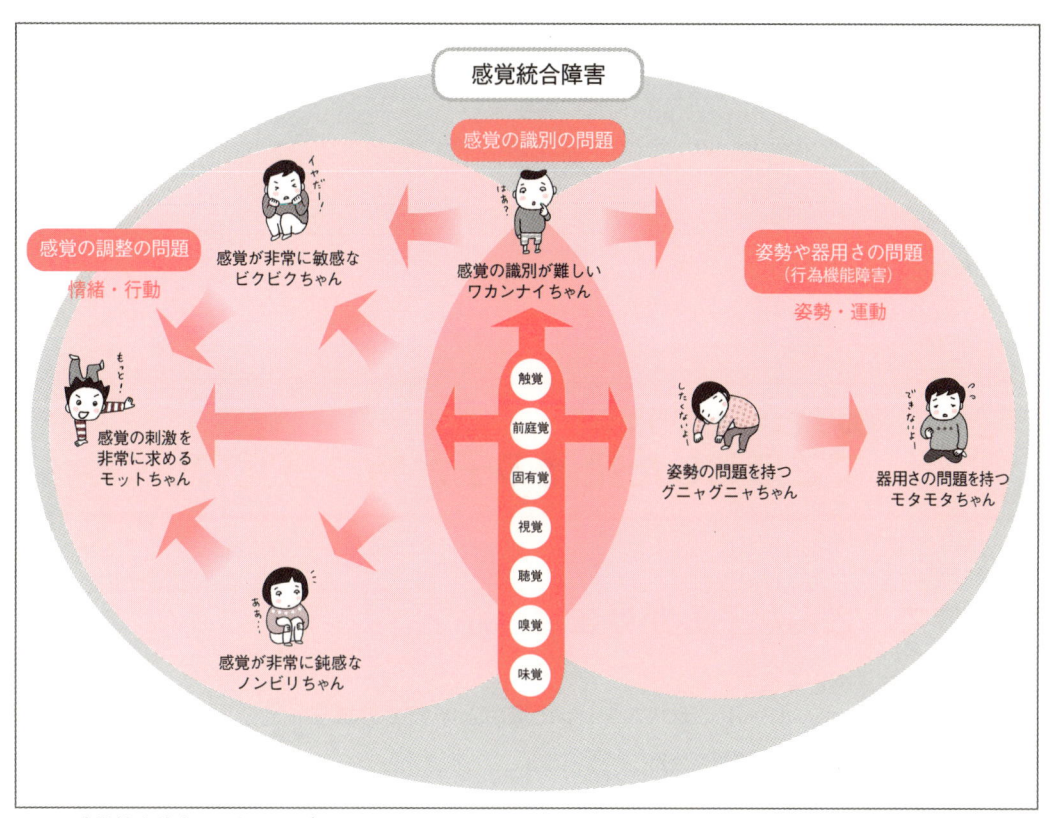

図1 ● 感覚統合障害の分類とサブタイプ

　本書を、毎日の学習帳のように、すぐに手が届くところに置いてください。

　そして、みなさんのお子さんについてだけでなく、みなさん自身のことも知るためにも、本書を使っていただければ幸いです。

Contents

監訳者まえがき（日本版に向けて） 3
訳者まえがき 5
はじめに 6
謝辞 15
本書の構成と、読み進めるときの注意点 16

Part 1　知りたい、わかりたい！ でこぼこした発達の子が持つ感覚のしくみ

Chapter 1
まわりで、こんな子みかけませんか？

でこぼこした発達の4人の子どもたち
（トミー、ヴィッキー、ポール、セバスチャンの家庭と学校での様子） 28
感覚統合障害とは？（簡単な定義） 36
感覚統合障害の現れかた 40
どのような子が感覚統合障害を持ちやすいの？ 55
希望は、すぐそこに！ 58

Chapter 2
感覚と体の動きは、どうつながっているの？

感覚とは？ 64
感覚情報処理とは？ 68
感覚情報処理機能の発達 78
感覚統合障害のタイプを詳しく知る 80

Chapter 3
触覚の情報処理がうまくいかないと…

3人の幼稚園児(ロバート、リーナ、パトリックの園でのサークルタイムの様子)................ 90
触覚の働き.. 94
触覚は日常生活にどう影響するの?... 102

Chapter 4
前庭感覚の情報処理がうまくいかないと…

2人の小学1年生(ジェイソンとケヴィンの遊園地での様子).. 110
前庭感覚の働き... 114
前庭感覚は日常生活にどう影響するの?... 123

Chapter 5
固有感覚の情報処理がうまくいかないと…

9歳の男の子(トニーのプールでの様子)... 130
固有感覚の働き... 134
固有感覚は日常生活にどう影響するの?... 141

Chapter 6
視覚の情報処理がうまくいかないと…

2人の中学1年生(フランシスカとチャリティの学校での様子)..................................... 146
視覚の働き.. 150
視覚機能は日常生活の中で、どのように使われているの?.. 163

Chapter 7
聴覚の情報処理がうまくいかないと…

小学3年生の女の子（メイの音楽のクラスでの様子） ... 166
聴覚の働き ... 169
聴覚機能は日常生活の中で、どのように使われているの？ ... 178

Part 2 やってみたら、こんなに変わる！ 感覚統合障害との上手なつきあいかた

Chapter 8
診断とセラピーを受ける

答えを探し求める保護者たち ... 184
専門家の支援が必要なときをみきわめる ... 187
子どもの行動を記録する ... 192
問題の原因を突き止める（検査の紹介） ... 208
さまざまなセラピー、さまざまなアプローチ ... 212
専門家と会う前に ... 219
何事も記録に残そう！ ... 221

Chapter 9
家庭生活をよりよくするために

ターニャのお母さんによる告白 ... 224
「感覚統合ダイエット」とは？ ... 227
家庭でできる、子どもの感覚の発達を促す遊びや活動 ... 231

Contents

Chapter 10
園や学校での生活をよりよくするために

- 保護者と園・学校が連絡しあうことで大きな差が出る！ ... 254
- 園や学校が、"家と同じような環境"だったらいいのに ... 257
- 園や学校に、子どものことを話したほうがいい？ ... 261
- 子どもにあった園や学校を選ぶ ... 264
- 先生に向けた、子どもの園や学校での生活を支えるヒント ... 267

Chapter 11
子どもの感情に向きあう

- 感覚統合障害を持つ子の保護者が経験する、典型的な「ひどい朝」 ... 282
- 専門家からのアドバイス ... 285
- 感覚統合障害を持つ子の感情に向きあうときのポイント ... 292

Chapter 12
新しい視点で子どもを見つめる

- 目からウロコが落ちた、あるお父さんの話 ... 304
- 正しい知識で賢明な親になるための9つのステップ ... 307
- あるお母さんからのエール ... 315

- 著者略歴 ... 319

Part 1

知りたい、わかりたい！
でこぼこした発達の子が持つ感覚のしくみ

Chapter 1

まわりで、こんな子みかけませんか？

- でこぼこした発達の４人の子どもたち
  （トミー、ヴィッキー、ポール、セバスチャンの家庭と学校での様子）
- 感覚統合障害とは？（簡単な定義）
- 感覚統合障害の現れかた
- どのような子が感覚統合障害を持ちやすいの？
- 希望は、すぐそこに！

Chapter 1

まわりで、こんな子みかけませんか？

でこぼこした発達の４人の子どもたち
（トミー、ヴィッキー、ポール、セバスチャンの家庭と学校での様子）

　みなさんはきっと、おはなしはよくできるのに、極端に敏感だったり、不器用だったり、とても気のきくやさしい子なのに、物事の好き嫌いが激しくて、落ち着きがない、といった、でこぼこした発達[*1]の子どもたちをみかけたことがあると思います。

　それは、自分のお子さんかもしれませんし、受け持ちの生徒、甥や姪……なかには昔のあなた自身という方もいると思います。

　その子はもしかしたら「感覚統合障害」と

[*1]：でこぼこした発達とは、ある能力は高いが、ある能力が極端に低いなど、能力間の発達にでこぼこがある状態。たとえば、できることは人並み以上にできるのに、何かが極端にできなかったりするため、日常生活に支障をきたしたり、周囲に合わせた集団活動への参加が難しかったりする。

いう問題を抱えているのかもしれません。

　感覚統合障害とは、子どもの行動に大きく影響し、物事の学びかた、体の動かしかた、他人とのかかわりかた、自分についての感じかたなどに影響する問題として、よくみられ、また誤解もされやすい障害です。

　それでは、感覚統合障害とはどのようなものなのかを説明するために、でこぼこした発達の子どもたち4人と、彼らを大変苦労しながら育てている保護者の話を紹介していきましょう。

＊　　＊　　＊

　トミーは、愛情に満ちた両親を持つひとりっこです。子どもができるのを長く待ち望んでいた夫婦は、トミーの誕生を大喜びしました。しかし、ようやくトミーを授かったとき、彼らは難しい問題も一緒に背負ってしまいました。

　トミーが生まれた翌日、両親は産院の看護師から「泣き声が大きすぎて、ほかの赤ちゃんがよく眠れないので、新生児室にこの子をおいておけない」と言われました。家で過ごすようになってからも、トミーは一晩中ぐっすり眠ることがほとんどありませんでした。

　また、おっぱいをよく飲むので成長は早かったのですが、固形食をまったく受けつけず、かたくなに離乳をいやがりました。そして、とても気難しく、いつもぐずっている赤ちゃんでした。

　現在トミーは3歳。靴ひもがきつすぎると言っては泣き、靴下がゴワゴワすると言っては泣き、靴をもぎ取って靴下を投げつけたりします。ですから彼のお母さんは、彼にかんしゃくを起こさせないよう、寝室用のスリッパを履かせたまま保育園に行かせています。

　また、靴や靴下がかんしゃくの原因にならないときでも、彼は何かほかのことで必ずかんしゃくを起こします。両親は精一杯努力していますが、健康で可愛らしいわが子を喜ばせるのは簡単ではありません。

　何でもかんでも怖がるか不愉快になるトミー。この世界に対して「イヤだー！」としか反応できないのです。公園も海もお風呂も大嫌い。とても寒い日でも帽子や手袋はイヤ。彼に食事をさせることは至難の業です。

　トミーをよその子たちと一緒に遊ばせるの

は、まるで悪夢のよう。床屋へ連れていくと災害が起こったような大騒ぎ。どこへ行ってもまわりの人が振り向いたり、ジロジロ見たりします。

保育園の先生は、トミーが「絵の具を使ったお絵描きや、手が汚れるような遊びをいやがってやらない」と言います。

お話の時間にはソワソワ動き、話をじっと聞くことができません。理由もなく、まわりの園児に文句を言うこともあります。

とはいうものの、静かな環境で、ブロックを使って物を作らせたら、彼は世界一です。

かかりつけの小児科医は、「トミーには何も異常はないので、心配するのをやめて自然に成長するのを見ていればいい」と言います。「甘やかされすぎのトミーには、もっと厳しいしつけが必要だ」というのは祖父母の意見。「トミーをおいて、夫婦だけでバケーションにでも行ってくれば」と提案する友人たち。

トミーの気まぐれを許すことが賢いやりかたなのかどうかわかりませんが、両親にとっては、それしか方法がなく、疲れきってイライラやストレスがたまる一方です。彼がどうしてこんな行動をとるのか、両親にはさっぱり理解できません……。

＊　　＊　　＊

ヴィッキーは小学1年生。ずんぐりした体つきで、いつもボーッとしています。

彼女がまわりの世界に対して示す反応は「あぁ……」です。まるで自分がどこへ向かって歩いているのかもわかっていないような感じで、家具にぶつかったり、芝生の上でつまづくのはいつものこと。動きがモタモタしていて、転びそうになっても、すばやく足や腕を伸ばして防ぐことができません。

また、ヴィッキーには日常普通に聞こえる音が聞こえていないようです。6歳くらいの子なら、立ち止まって見たり聞いたりする感覚を発達させているものですが、彼女はまわりの大切な知覚情報を、うまくとらえることができないようです。

そのうえ彼女はとても疲れやすく、家族で外出したり公園へ出かけたりしても、すぐにため息をつき、「わたしは、ここにいる。もうヘトヘトだから動きたくないよー」と言います。

ヴィッキーは何事に対しても無気力なので、彼女をベッドから起こし、コートを着せて車に乗せることが、両親にとっては大変な作業です。単純な動作をするだけでも、長い時間が必要です。どんなささいなことでも、「はあ？　これ、どうやってするんだっけ？」といった調子。

　にもかかわらず、ヴィッキーは「大きくなったらバレリーナになりたい」と思っています。毎日、テレビの前でグニャッと手足を伸ばして寝そべりながら「くるみわり人形」のビデオを見るヴィッキー。大好きな「こんぺいとうの精の踊り」が始まると、ヨイショと起き上がり、テレビの前で一緒に体を揺らします。

　でも、彼女の動きは音楽のリズムやテンポに合っていません。聴覚と体の動きがうまく協調しないからです。

　いま彼女はバレエを習っていますが、あまりうまくいっていません。お気に入りの紫色のチュチュ*2の上下を区別できなくて、1人でチュチュを着ることができないし、チュールのバレエスカートをはき、ティアラをつけて、バレエシューズをはいたとたんに、ドスンとしりもちをつく始末。バレエの基本動作のプリエ*3で膝をどれくらい曲げたらいいのか、アラベスク*4でどれだけ足を伸ばせばいいのかもさっぱりわかりません。

　わが子にどう対応するのが一番いいか、両親の意見はバラバラです。お父さんは、手足をうまく動かすことができない彼女をベッドや車や椅子に座らせてやり、さらには服まで着せてあげます。そして彼女を「かわいいのろまちゃん」とよびます。

　それに対してお母さんは、「自立性を学ばない限り、いつまでたってもこの子は自信を持って動くことができない。ましてバレリーナになるなんて、とうてい無理」という意見です。「もしヴィッキーのやりたいように放っておいたら、あの子は1日中同じ場所で動かずじっとしているわ」とも言っています。

　ヴィッキーは「活力」に乏しく、明らかに自発的に行動するタイプではありません。しかし、ある特定の動きに対しては活発です。

　たとえば、四つばいになってロッキングチェアーのように体を前後に揺すったり、ベッドのへりに逆さまになってぶら下がっ

---

*2：薄い布を何枚も重ねた、バレエの女性舞踊用スカートのこと。
*3：両膝を曲げるポーズ。
*4：片足で立ち、もう一方の脚をまっすぐ後ろに伸ばし、両腕を両脚に対して前後に調和的に開いたポーズ。

り、何かの上におなかで乗ってブラーンと揺れたりといった、「普通とはちょっと違う活動」をしたあとの彼女は、元気いっぱいです。けれども、ポンプで空気を入れるといった単純な運動はいまだに苦手です。

ヴィッキーは公園のブランコが大好きで、背中を押してもらうと永遠にブランコに乗り続けます。長時間ブランコに揺られていれば、普通は目がまわってフラフラしそうなものですが、彼女はブランコを降りたあと、一度もそうなったことがありません。

また、重い物を一生懸命に押したりすることも、ヴィッキーを元気にします。時々、彼女はおもちゃの台車に本を詰め込んで、家のまわりを押して歩きます。スーパーマーケットでショッピングカートを押したり、買い物袋を家に運んだりすることは、自分から買って出るくらい。お姉ちゃんをおもちゃのワゴンにのせて引っぱるのも大好きです。

でも、重たい荷物を押したり引いたりしたあと30分ほどは元気なのですが、やがていつもの無気力状態に戻ってしまいます。

ヴィッキーの先生は、こう言います。
「ヴィッキーは、クラスメイトと仲よくしたり、クラス活動に参加したりすることが苦手です。活力がなく、まるでバッテリーがあがってしまった車のよう。別の車のバッテリーを接続して、エンジンをかけ直さなければ動きだせない感じです。すぐにやる気をなくしてあきらめてしまいます」

両親にとってヴィッキーの行動は謎だらけ。ヴィッキーには2人のきょうだいがいますが、どちらも活発な子なので、その子たちを育てた経験は、ヴィッキーの一風変わった行動に対処するための参考にはなりません……。

＊　　＊　　＊

9歳のポールは超恥ずかしがり屋。動作が不器用で姿勢やバランス感覚も弱いため、よく転びます。遊びのコツをうまくつかめず、子どもの集団の中にいるときは、たいていみんながしているのをただ見ているか、その場を去るかです。

祖父母の家で過ごした日曜日、12歳になるいとこからビー玉遊びとバスケットボールに誘われたときも、ポールは気乗りしない様子で、すぐに肩をすくめてそっぽを向いてし

まいました。「僕にはできないよ。そんな遊び、どこがおもしろいの？」

ポールは学校が嫌いです。時々、学校に行かず「家にいたい」と言います。何をやってもうまくいかず、「みんながボクのことを笑うから学校に行きたくない」と言うのです。

学校の先生によると、ポールはかなり集中力があり、読む力も平均以上だそうです。そのため、どうして彼のような多くの知識を持つ子が、文字を書くのがそんなに苦手なのか先生にはわかりません。

なるほど、先生の言うとおり、ポールの字はグチャグチャ、作文用紙はしわくちゃで修正の跡だらけです。文字を書くときも、鉛筆を強く握りしめて、肘をあばら骨のあたりに押しつけて、舌を突き出しながら書きます。そして、書く作業に集中しすぎるあまり、何度も椅子から滑り落ちてしまいます。

「文字を書くこと自体は、もっと練習すれば上達するだろう」と期待して、先生はこう言います。「ポールに必要なのは物事を整理することです。それができれば、課題内容にもっと注意を払うことができるので、よりよい成果を上げられるでしょう」

両親には、なぜポールが学校になじめないのかがわかりません。というのは、両親と一緒のときは、彼がいつもきちんとして静かに暮らしているからです。

彼は控えめな子で、他人の注目を求めることはあまりありません。野球選手のカードを並べて、その横に寝転がり、自分の関心事に没頭して何時間でも過ごすことができます。

両親は彼を「完璧な子」だと思っています。そして、「ウチの子は、うるさくてイタズラな、よその子たちとは違うんだ」と見ています。ちょっと不器用で、お皿を割ったり、操作が簡単なおもちゃでも壊してしまうことはよくありますが、問題を起こすようなことは一度もありません。

実はポールの両親も、やや不器用なところがあり、「優れた身体能力は、あまり重要なことではない」と思うようになった経緯があります。ですから、ポールが物静かで礼儀正しく、本好きなところが自分たちとそっくりで喜んでいるのです。

何かがポールの妨げになっているのですが、両親にはそれが何なのか、さっぱりわかりません……。

＊　　　＊　　　＊

　8歳のセバスチャンは、いつも落ち着きがありません。
　学校では、本をパラパラめくったり、マーカーペンをいじったり、ものさしでコンコンと音をたてたり、鉛筆を折ったり……といったふう。
　また、歯でカチカチと音をたてたり、服の襟を噛んだり、貧乏揺すりをしたり、足でコツコツ音をたてたり、目をキョロキョロ動かしたり、指で耳たぶをヒラヒラさせたり、椅子を後ろに傾けて机から離したかと思えば、ガクンと前に戻してみたり、椅子の上で正座をしたり、体操座りのような格好をしてみたりもします。
　さらに、椅子から急に立ち上がり、鉛筆を削ったり、丸めた紙をごみ箱へ投げたりもします。このようにセバスチャンが絶えず動くので、クラスメイトや先生も落ち着きません。
　以前セバスチャンは、よく家の鍵のひもを指にグルグル巻きつけて遊んでいました。しかし、それが教室の中をクルクル回りながら飛んでいき、黒板にあたったことがあり、それ以来、クラスの誰かがケガをしないように、彼は毎朝その鍵を先生に預けるようになりました。
　セバスチャンは「もっと、もっと、もっと！」と刺激を求めます。彼は何にでも触らずにはいられない子どもです。それが、「触ってはいけない」とわかっているときでもおかまいなし。
　ある日の理科の時間、先生が「ストレッチ・グーク」とよばれるゼリー状の物質を作るために、材料の糊と洗濯用洗剤と水を並べて実験の準備をしていました。興味しんしんのセバスチャンは、指をピクピクさせ、片足でピョンピョン飛びながら、先生のそばをウロウロしています。「みんなが来るまで触ってはダメよ」と先生は言いましたが、彼は近づいて糊の瓶を倒してしまい、糊が床にこぼれ落ちてしまいました。
　「セバスチャン！　またやったの！」と先生。
　「ボク、そんなつもりじゃなかったんだ！」と泣き出すセバスチャン。動揺のあまり、頭を激しく左右に振って、上下に飛び跳ねます。「どうしてボクは、いつも悪いことをしてしまうんだろう……」

汚れた床をモップで拭きながら、先生も嘆きます。「あぁ。あなたを一体どうすればいいのかしら……」

＊　　＊　　＊

トミー、ヴィッキー、ポール、セバスチャンは、なぜこのように、ちょっと違う行動をしてしまうのでしょうか。両親、学校の先生、病院の先生も、なぜなのかわかりません。この子たちには脳性麻痺、視力障害といった特定の診断名がついているわけではありません。健康で知性があり、心から愛され、一見、必要なものは、すべてそろっているように見えます。

しかし、感覚刺激に対する反応をコントロールしたり、自分の行動を計画して組み立てたり、注意力や行動レベルを調節したりといった基礎的な能力に困難があり、そのために毎日悪戦苦闘しているのです。この子たちに共通する問題、それが「感覚統合障害」なのです。

ここからは、感覚統合障害としてよくみられる症状や、関連する問題、そしてその背景について紹介していきます。これらの例は、みなさんの知っている"その子"が感覚統合障害を抱えている可能性があるかどうかを判断する手がかりとして役立つはずです。

その結果、子どもに深刻な問題があるとわかり、本書の内容に大きなショックを受ける人もいるかもしれません。しかし、その一方で、子どもがみせる「感覚統合障害のサイン」に気づき、子どもの問題行動の理由を理解できて、ようやくホッとする人もいるでしょう。

あるいは、この本を読むことで、子どもの行動について、今までとは違った考えかたや判断基準を得る人もいるでしょう。

その程度にかかわらず、私たちは感覚統合障害を持つ子を正しく理解し、支援する必要があります。子どもは自分1人の力だけで、この困難を乗り越えることはできないのですから。

感覚統合障害とは？（簡単な定義）

感覚統合障害とは、**体のさまざまな感覚から受け取る情報をうまく使うことができないために、日常生活の出来事に対して、スムーズに対応できない障害**のことです。

英語では「感覚情報処理過程の障害：Sensory Processing Disorder（SPD）」とか、「感覚統合障害：Sensory Integration Dysfunction（SI Dysfunction）」「感覚統合における障害：Dysfunction in Sensory Integration（DSI）」とよばれています。

感覚統合障害とは、目が見えないとか、耳が聞こえないというような、ある1つの特定の障害ではありません（詳しくは、Chapter 2で説明します）。

* * *

「神経系における感覚情報処理がうまく働かないために起こる障害」を初めて唱えたのは、故A・ジーン・エアーズ博士（作業療法士）です。博士は1950年から60年代にかけて「感覚統合」についての理論を発展させ、ほかの作業療法士たちがその理論を学ぶことができるよう指導しました。

エアーズ博士の仲間や弟子たちなど多くの優れた作業療法士たちが、博士が亡くなったあとも、その研究を引き継いで、研究を続けています。

しかし、ほかの医療専門家、保護者、そして教育専門家たちが、この問題に耳を傾けるようになるにつれて、「感覚統合」という用語を混乱して使用したり、まちがえたり、ときに全く矛盾した意味で使用したりすることも起きてきました。

そこで2004年、ルーシー・ジェーン・ミラー博士を中心としたグループが、用語の明確化を提案しました。

本書は、このミラー博士の業績を反映し

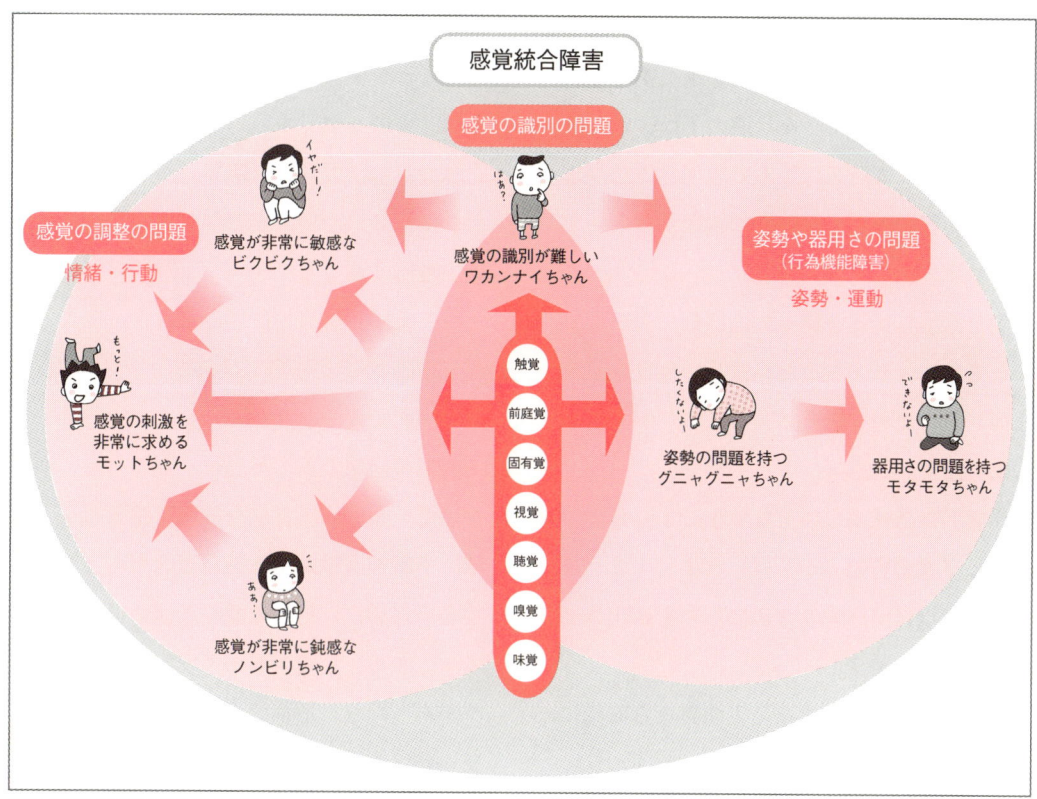

図1 ● 感覚統合障害の分類とサブタイプ

て改訂されました。彼女の著書 Sensational Children: Hope and Help for Children with Sensory Processing Disorder では、これらの用語が詳しく説明されています[*5]。

感覚統合障害は、「中枢神経系[*6]」とよばれる領域で起こります。中枢神経系は、感覚で受け取った情報を整理し統合するうえで最も重要な作業を担当します。

[*5]：日本語版にあたり、この細かい用語の混乱をできるだけ避けるため、中心となる基本的な用語のみ簡略化して紹介することにしました（図1）。
[*6]：中枢神経系は、脊髄と脳から構成されています。中枢神経系が効率的に働くと、さまざまな感覚受容器で受け取った感覚情報を脳の中で統合し、調整したり、識別したりして、動作や運動に関する情報を筋肉に伝え、体をうまく使って周囲の変化に適切に対応することができます。しかし、効率的に働かないと、感覚情報がうまく脳に伝わらなかったり、調整や識別に支障が生じたり、体をうまく使えなかったりなどの問題が生じ、日常生活をスムーズに送ることが難しくなります。

しかし、感覚情報の処理がどこかで混乱すると、中枢神経系はその役割を果たすことができません。このような状態の子は、感覚情報に対してスムーズに反応できず、つじつまが合った行動や振る舞いができなかったりするのです。

また、感覚情報を使って、自分に何が必要かを考えて行動することが難しい場合もあります。そのため、学習の苦手につながることもあります。

「学習」は意味が広い言葉です。1つ目の学習には**「適応行動」**が挙げられます。これは新しい環境に適応するために行動を変化させる能力のことです。

たとえば、さまざまな先生の異なる期待に、それぞれ応える術を身につけていく能力は、その一例です。こうした「適応行動」や「適応反応」というのは、ある目的に向かって意識的に行う行為です。

2つ目の学習には**「運動学習」**が挙げられます。これは、単純な動きをマスターしたあと、だんだんと複雑な運動能力を発達させていく能力のことです。

たとえば、クレヨンを使えるようになったあとに鉛筆を使う練習をしたり、ボールを投げることを学んでから受け取ることを学ぶ能力は、その一例です。

3つ目の学習には**「学業」**が挙げられます。これは、知識や情報を組み合わせて複雑な物事を理解することです。

たとえば、読書や計算、今日習ったことを昨日学んだことに当てはめたりする能力は、その一例です。

中枢神経系と人の行動は、とても強くつながっています。感覚統合障害を抱える子どもは、中枢神経系が感覚情報をきちんと整理できないために、行動の多くの面に混乱をみせます。また、発達全般が不安定で、行動にムラがあったり、消極的だったり、ある能力の発達がほかの能力の発達に比べて遅いこともあります。

このようなでこぼこした発達の子どもたちにとって、日常のありふれた作業に対応することは、とても大変なのです。この子たちは、**物事をスムーズに行わないのではなく、スムーズに行うことが難しい**のです。

COLUMN

感覚情報処理がうまくいかないと、生活や学習に、どのような影響があるの？

　たとえば、子どもが猫のしっぽをグイッと引っ張ったために、猫がシーッという音をたてて背中を丸め、その子に爪をたてたとします。

　通常、子どもは経験を通して、そういう怖い体験をくり返さないことを学び、注意深くなることを覚え、やがて周囲に、より順応して行動するようになっていきます。

　ところが、感覚統合障害を持つ子にとっては、このまわりの言語的あるいは非言語的な「シグナルを読み取る」ことが苦手な場合があります。

　たとえば、猫が敵意を持ってシーッという音をたてる「聴覚情報」、猫の丸まった背中という「視覚情報」、猫が彼に爪をたてたという「触覚情報」を解読できないかもしれないのです。

　すると、その子には、それらの情報が意味する状況の「全体像」が理解できず、適切に身を守る術を学び取れないかもしれません。

　もしくは、猫の反応を読み取ることはできても、自分の行動を変えることができず、自分にストップをかけられないこともありえます。感覚からの情報をうまく受け取っても、それを整理し、効率的に反応することができないわけです。

　あるいは、このような感覚情報を受け取り、整理し、きちんと応答をすることが時々はできても、今日は「調子が悪い日」だから、それができない、という場合もあります。

　その結果、

● その子は、この経験から何も学び取れず、猫に何度も引っ掻かれてしまう可能性があります。誰かが猫をどこかへ追いやるか、猫が子どもを避けることを学ぶまで、その子はこのような危なっかしい行動を取り続けるかもしれません。こうして、生き物とうまく接する方法を学ぶ機会を逃してしまうのです。

● また、その子は猫を怖がるようになるかもしれません。原因と結果が理解できないので、予測できない猫の行動に混乱してしまう可能性があるからです。さらに、猫以外の動物も怖がるようになるかもしれません。

● いずれ、その子は原因と結果を理解し、状況に応じて自分の動作を調整することや、動物に優しく接することを学び、大きくなったら猫が大好きになるかもしれません。しかし、これができるようになるのは、意識して努力した場合か、猫に何度も何度も引っ掻かれたあとかもしれません。

感覚統合障害の現れかた

次に紹介するのは、感覚統合障害を抱える子によくみられる症状についての4種類のチェックリストです。

1番目のリスト（41〜43ページ参照）**「感覚の調整の問題」**では、感覚刺激をどのように調整して受け取り、反応するかについて紹介しています。調整能力に問題があると、ある感覚が敏感になりすぎたり、逆に鈍感になりすぎたり、必要以上に感覚刺激を求めたり、避けたりなどの症状がみられます。

2番目のリスト（43〜44ページ参照）**「感覚の識別の問題」**では、ある感覚と別の感覚との区別がうまくできないと、どのような反応を示すのかについて紹介しています。

3番目のリスト（45〜46ページ参照）**「姿勢や器用さの問題」**では、感覚統合障害の子どもがいかに不自然な体の動きをするかについて紹介しています。また、自分が行う動作をイメージして、その動作のための手順や体の動かしかたを計画し、その計画通りに実行する、といったことがスムーズにできない問題なども取り上げています。

4番目のリスト（47〜54ページ参照）**「感覚統合障害と関連した問題」**では、感覚情報処理の問題や、その他の発達障害によって起きるさまざまな問題について紹介しています。

＊　　　＊　　　＊

該当する症状にチェックマーク☑をつけるときには、それらの症状の背景が子どもによって異なるということを忘れないでください。なぜなら、同じ指紋を持つ人が誰一人としていないように、全く同じ脳を持つ子どもも誰一人としていないからです。

また、行動や学習に問題を持つ子が、必ずしも感覚統合障害を持つというわけではありません。実は、家庭の問題などが原因である

可能性もあるからです。

　ここに挙げられた症状すべてがあてはまる子どもはいないでしょうが、それでもいくつかの症状があてはまるのであれば、その子は何らかの感覚統合障害を持つ可能性があるかもしれません。

　たとえば、重度の感覚統合障害を持つ子の場合、他人とのかかわりや、日常生活などの多くの領域に差し支えが起こる可能性が高いと言えます。

　しかし、感覚統合障害が軽度の場合、そのような支障も目立たず、それを補って生活していることも多いかもしれません。しかし、そのような場合、問題はかえって見過ごされやすくなる可能性があります。

　いずれにしても、障害の程度にかかわらず、子どもたちにはまわりの理解と支援が必要です。重要なのは、**問題を無視しても障害が消えるわけではない**ということです。

感覚の調整の問題

　まず1番目のリストは、「感覚の調整の問題」です。これは、感覚統合障害として最もよく目にする問題です。子どもがみせる1つまたは複数の反応や行動に「頻度の高さ」「激しさ」「持続性」がみられる場合、感覚の調整の問題が疑われます。

　「頻度の高さ」とは、症状が1日に何回もみられること。**「激しさ」**とは、ある感覚刺激を断固として避けたり、あるいは、全身全霊でその刺激を得ようとすること。**「持続性」**とは、そのような反応が一過性ではなく続くことを意味します。

　感覚の調整の問題を持つ子に共通してみられる反応・行動例を簡単に示しました（表1）。より詳しい内容については、Chapter 3～7で述べることにします。

　「触覚」「動きとバランス」「体の配置と筋肉調整」についての反応と同時に、「視覚」「聴覚」「嗅覚」「味覚」に対しての反応も、感覚調整の問題の兆候に含まれます。お子さんの該当する症状に✓をつけてみてください。

感覚	感覚が非常に敏感（ビクビクちゃん）	感覚が非常に鈍感（ノンビリちゃん）	感覚の刺激を非常に求める（モットちゃん）
触覚	□ 物や人に触ったり触られるのを避ける。 □ 汚れること、ある特定の服の肌触りや食べ物の食感、予期しない軽い接触などに対して、よく怒ったり怖がったりする。 □ 食べ物のある特定の食感や温度に強い拒否反応を示す。	□ 顔や手や服が汚れていることに気づかない。 □ 触られていることに気づきにくい。 □ 持っている物をよく落とす。 □ 「おもちゃを扱おう」とする意欲に欠ける。	□ 泥の中を転げまわったり、おもちゃ箱をひっくり返して目的もなく引っ掻き回す。 □ シャツの袖口など、食べられない物をよく噛む。 □ 壁や家具をよく触る。 □ わざと人にぶつかったり、触ったりする。
動きとバランス	□ 動くことや不意に動かされることを避ける。 □ 落ちたり転倒すること、バランスが崩れることをよく心配する。 □ 高い所に上がりたがらない。 □ 車酔いをする。	□ 自分が動かされていることに気づかなかったり、無頓着。 □ 転倒しそうになっても自分の身を守るのが不得意。 □ 自発的ではないが、ブランコなどで長い間揺れていてもフラフラせず平気。	□ 速い動きや回転運動を切望する。 □ 絶えず動き回り、ソワソワし、逆さづりになったりするのを好む。 □ 命知らずで大胆な遊びが好き。
体の配置と筋肉調整	□ 体が硬く、ぎこちない。 □ 筋肉を強く使うような遊びを避ける。	□ 「遊ぼう」と体を動かす意欲に欠ける。 □ 重い物を積極的に押したり、引いたり、持ち上げたり、運んだりしたあとに、今までより機敏になることがある。	□ 強く抱きしめられたり、ギューギュー押されたり、押しつけられたりするのが好きで仕方がない。 □ 重労働や激しい遊びをほかの子より好む。
視覚	□ いちどに多くのおもちゃや、人などが見えると混乱する。 □ 人と視線を合わせない。机やテーブルの上で行うような作業が苦手。 □ まぶしい光をいやがる。	□ 通り道の障害物など新たな視覚刺激に気づかない。 □ 物の接近に対する反応が遅い。 □ 眩しすぎる光を見ても平気。 □ 人や物の存在を全く無視して視線の先をみたり、みつめたりする。	□ 刺激的な光景や画面を長い間見たがる。 □ ピカピカしたり、回転する物や、カメラのフラッシュやブラインドから漏れる太陽光のような、まぶしい光、チカチカした光に惹きつけられる。

表1●「感覚の調整の問題」を持つ子に共通した反応・行動例（43ページにつづく）

感覚	感覚が 非常に敏感 （ピクピクちゃん）	感覚が 非常に鈍感 （ノンビリちゃん）	感覚の刺激を 非常に求める （モットちゃん）
聴覚	☐ 音や声を遮ろうと耳をふさぐ。 ☐ 掃除機の音など、皆が苦にならない音に対して苦痛を訴える。	☐ 日常的な音や声に気づかないが、激しい音楽のビートや、極度に大きな音、かなり近くでの音、急な音には反応する。	☐ 騒音やＴＶなどの大きな音を好む。 ☐ 騒々しい場所や群集の中にいることが大好き。 ☐ 響きわたるような声で話す。
嗅覚	☐ 熟したバナナなど、ほかの人は気づかないような匂いをいやがる。	☐ 不快な臭いに気づかなかったり、食べ物の香りや匂いがわからない。	☐ 悪臭も含めた強い匂いを好む。 ☐ 食べ物、人、物の匂いを常にクンクンと嗅ぐ。
味覚	☐ 食事中によく嘔吐反射[*7]が起こることがある。	☐ とても辛い食べ物を平気で食べることができる。	☐ 粘土やおもちゃなど食べられない物を舐めたりする。 ☐ 辛い物や熱い食べ物を好むこともある。

表1 ●「感覚の調整の問題」を持つ子に共通した反応・行動例（42ページのつづき）

感覚の識別の問題

　感覚統合障害の2番目のリストは、「感覚の識別の問題」です。これは、「ある感覚と別の感覚を区別できない」「ある感覚に対してその意味がわからない」といった問題です。

　感覚の識別の問題がある子は、自己防衛ができなかったり、新しいことを学習するのが苦手だったりするかもしれません。

　また、物事に対する反応が鈍いため「姿勢や器用さの問題」を伴うことがよくあります（**表2**）。

＊7：嘔吐反射とは、のどに何かがひっかかったとき、それを出そうとする反応のこと。

感覚	感覚刺激の識別が難しい （ワカンナイちゃん）
触覚	☐ 体のどこを触られているのかわからない。 ☐ 自分の体の各部分をしっかり認識しておらず、手足の感覚が鈍い。 ☐ 触れただけ（目で見ない状態）では物を識別できない。 ☐ 服の着かたがだらしなく、ボタンや髪留めなどを留める動作がぎこちない。 ☐ 食器や教室で使う道具をうまく使えない。 ☐ 痛みや温度に対する感覚情報処理に問題があったりする。 ☐ 打撲のひどさや、痛みがよくなったのか悪くなったのか、暑いのか寒いのか、といったことがわからなかったりする。
動きとバランス	☐ 自分が落ちたり、転倒していることを感じられない（目を閉じると特にわからない）。 ☐ 回って動いたり、方向を変えたり、立って頭だけ別の方向へ向けるような姿勢になると、混乱する。 ☐ 自分が十分に動いたかどうかわからない。
体の配置と筋肉調整	☐ 自分の体を内部から認識する「体内の目」が十分に働かず、自分の体をうまく使えない。 ☐ いわゆる不器用で、着替えや自転車をこぐために手足を適切な位置に動かすことがうまくできない。 ☐ 力加減の調整がスムーズにできず、鉛筆やおもちゃを使ったり、ドアを押し開けたり、ボールを蹴ったりするときに、力を入れすぎたり、力が足りなかったりする。 ☐ 他人と接するときに、ぶつかったり、倒れ掛かってしまうことがある。
視覚	☐ （近視などの理由ではなく、）絵、文字、物、顔などの類似や相違がわかりにくい。 ☐ 人と接する際、人の表情やジェスチャーを見逃してしまう。 ☐ 数字を一列に並べたりするような、視覚を働かせる作業が苦手。自分自身を含め、物体が空間のどこにあるのか、障害物にぶつからないように、どのように動けばいいのかといったことをうまく判断できない。
聴覚	☐ （耳の感染症や難聴などの理由ではなく、）ある音と違う音の区別が苦手。 ☐ 言葉の韻を反復したり、韻を踏んだ文を作ったりすることができない。 ☐ メロディにあわせて歌うことができない。聴覚による指示に混乱することがあるので、ほかの感覚による合図に頼る。 ☐ まわりがうるさい中で先生の声を聞き分けたり、ほかの音に気を散らすことなく１つの音に注意を向けるといったような能力に欠ける。
嗅覚と味覚	☐ レモン、酢、石鹸のような、はっきりした匂いも区別することができない。 ☐ 食べ物が異常に辛かったり、塩辛かったり、甘くてもわからない。 ☐ 見た目で食べ物を選んだり拒絶したりすることもある。

表2● 「感覚の識別の問題」を持つ子に共通した反応・行動例

姿勢や器用さの問題

感覚統合障害の3番目のリストは、「姿勢や器用さの問題」です。これは、その程度や性質によって、さらに2種類のタイプに分けて理解することがあります。

まず1つ目は**「姿勢の問題」**で、動作のパターン、バランス、両手足など体の両側を一緒に使うこと（両側協応）に関する問題です（**表3**）。姿勢の問題を持つ子は、感覚が非常に鈍感だったり、「感覚の識別の問題」を持つことがよくあります。

2つ目のタイプは、**「器用さの問題＝行為機能の問題（ディスプラクシア）」**です。ギリシャ語で「〜すること」「行動」「実行」といった意味の「『プラクシス』に支障がある」ということで、英語では「ディスプラクシア」とよばれます。

この行為機能（体をうまく使う運動＝プラクシス）は、「無意識に行われる感覚情報処理」と「意識的に行う思考」をもとにして行われます。この行為機能に問題を持つ子は、自分の意思で動作を調整するような行動が苦手です（表4）。

感覚による運動能力	姿勢の問題を持つ（グニャグニャちゃん）
動作を構成する要素	☐ 体が曲がったり、筋肉が緩くダランとしすぎている。 ☐ 物を握る力が弱い。 ☐ 体を安定させたり、安定した姿勢を維持するのが苦手。 ☐ 手足をしっかり曲げたり伸ばしたりすることが下手。 ☐ 前かがみの格好で手足をグニャッと伸ばして座ったり寝そべったりする。 ☐ ハイハイの際に必要な手足への体重移動や、ボールを投げるために体をねじることが下手。
バランス	☐ 歩いているときや姿勢を変えるときに、よくバランスを崩す。 ☐ 何もないのにつまづいたりする。
両側協応(体の両側を一緒に使うこと)	☐ 左右対称の姿勢でジャンプする、ボールを受ける、手をたたく、ブランコのチェーンを握る、ポンプで空気を入れる、といったような動作で、両手足を一緒に使うことが苦手。 ☐ 紙を持ってはさみで切ったり、コップを持って水を注いだりといった、一方の手でもう一方の手の動作を補助することがうまくできない。
片側協応(体の片側を使うこと)	☐ 物をとったり、ペンやフォークのような道具を使うときに、どちらの手も使う。 ☐ 右手から左手に物を移動させたり、食事のときは右手を使うのに絵を描くときは左手を使ったり、はさみを左右両手で使ったりする。
体の中心線を横断する運動	☐ 紙の左端から右端へ絵の具を塗ったり、横一列に長く並んだ文章を読むといったような、右手、右足、右目を、体の左側で使うこと（またはその逆）が苦手。

表3 ●「姿勢の問題」を持つ子に共通した反応・行動例

感覚による運動能力	器用さの問題を持つ（モタモタちゃん）
行為機能を構成する要素	☐ 次の3つが苦手なことがある 　①複雑な行動を頭の中でイメージする。 　②その行動を実行するためのステップを順序立て、体の動きを調整する。 　③「②」で順序立てたステップを実行して、「①」でイメージした複雑な行動をスムーズに行う。 ☐ 不器用でぎこちなく、たとえ注意深くしようとしているときでも、不注意にみえ、事故を起こしやすい。
全身を使った粗大運動	☐ 動作の協調がうまくできず、混雑した部屋、混み合った公園などでスムーズに動けない。 ☐ 階段の昇り降りをしたり、障害物をよけて歩いたり、公園の遊具で遊んだりすることが苦手。 ☐ 手足を規則正しく振って歩いたり、ハイハイや転がったりなど腕や足の筋肉を使った動作が苦手。 ☐ スキップのような新しい動きをマスターする能力の発達が、ほかの子に比べて著しく遅い。
体の一部を使った微細運動（手）	☐ 手を使って行う細かい作業が苦手。 ☐ 線を引く、文字を書く、ボタンを留める、お菓子の箱を開ける、食器の使用、ジグソーパズルやブロック遊び、遊んだおもちゃを片づける、などが苦手。
体の一部を使った微細運動（目）	☐ 両目を一緒に使うことが難しいので、動いている物体を目で追いかけたり、焦点を合わせたり、遠くから近くへ視点を切り替えたりすることができない。 ☐ 黒板の文字を写したり、読書のときに自分が読んでいる部分をきちんと目で追ったり、机の上を整理したりするのが苦手。 ☐ 書字が乱雑だったり、線を引く、図工の課題をする、ブロックで遊ぶ、靴のひもを結ぶなどの際に、目と手の動きを協応させることができない。
体の一部を使った微細運動（口）	☐ しゃぶる、ストローを吸う、噛む、飲み込む、シャボン玉を吹く、呼吸する、口を閉じ続ける、といった行為に支障がみられる。 ☐ よだれが過剰に出る。 ☐ 3歳までに言葉を明確に発音できず、他人が理解できるように、はっきり話すことができない。

表4 ●「器用さの問題（ディスプラクシア）」を持つ子に共通した反応

感覚統合障害と関連した問題

最後に、4番目のリスト「感覚統合障害と関連した問題」です。

感覚統合障害は、年齢、人種、知的能力に関係なく、世界中のさまざまな人々に起こる可能性があります。

重度の神経系障害、軽度の脳性麻痺、自閉症スペクトラム障害、未熟児、過酷な環境で養育された子どもたちなど、感覚統合障害を持つ子は多様です。

これらの子どもたちには共通性があまりないようにみえるかもしれませんが、たいていの子が、感覚情報を処理する機能について似たような問題を抱えています。

感覚統合障害は、別物だと考えられている障害と合併したり、その背景になっていたりするため、その症状をさらに複雑にしていることもあります。

たとえば、自閉症と診断された子の中には、よく触覚が極端に敏感な子がいます。感覚情報処理の障害が自閉症の原因ではありませんが、子どもの症状を理解しにくくさせていることは確かです。ある領域の問題が深刻なほど、別の領域の問題も深刻になる可能性もあり、神経系に関係する障害の場合は、特に、こうしたつながりが起こりやすいと考えられます。

これから紹介するさまざまな問題は、感覚統合障害にかかわる問題としてよく取り上げられますが、たとえば虐待を受けているなどの全く別の問題である可能性もあることを常に心に留めておいてください。

自己制御

感覚の「調整」に問題がある子は、自分の気分を調整する（まわりの環境に順応させる）ことが苦手な傾向があります。活力や気力を上げることができなかったり、一度気分が高まると静めることができなかったりします。ぐずりやすく、気分を損ねたり腹をたてたときに、自分の感情を和らげることが苦手です。

また、すぐに欲望を満たさないと気がすまず、切り替えが苦手な子もいます。行動が不規則で、全く同じことに対して、ある日は「喜んでやる」のに、ある日は「いやで仕方がない」

といった反応をみせることもあるでしょう。

このような自己制御の問題に対しては、「療育」「感覚統合ダイエット*8」「栄養補足」などが支援方法として考えられます。

睡 眠

感覚の「調整」の問題が、寝入り、眠り、目覚めの問題に関係することもよくあります。

感覚統合障害の子どもは、昼寝の時間が通常より長く必要だったり、または疲れていても絶対に昼寝をしないこともあります。

睡眠の問題が強い依存心を生むことも多く、いつまでも親と一緒に寝たがる子もいるでしょう。眠れるように自分を心地よくすることが苦手だったり、夜の間、しょっちゅう目が覚める子もいます。

睡眠障害は1日の活動量にも関係します。「覚醒水準」という用語を知っていますか？

これは、生理的や心理的な緊張、興奮の度合いのことです。活動的に動き、意識がハッキリしているときは「覚醒水準が高い」といいますが、反対に、眠くて意識がボーッとしているような状態を「覚醒水準が低い」といいます。日中に十分動いていないと、この覚醒水準の調整が不規則になってしまい、夜中に覚醒水準が高くなって眠れないということも起こります。

また、感覚の過敏さや鈍感さが、ベッドや布団の中で居心地よくできない原因になることもあります。たとえば、パジャマやシーツで肌がチクチクしたり、枕カバーのいつもの匂いが洗濯で洗い落とされて、違和感を感じることもあるでしょう。掛け布団が重すぎたり軽すぎたりすることも原因として考えられることもあります。

こうした覚醒水準をうまく調整できなかったり、自分を落ち着かせることができなかったりする睡眠の障害の根本的な問題は、感覚統合療法を用いて対処します。

子どもが寝入りやすく十分眠れるように、問題が解決するまでは、次のことを試してみてみるといいでしょう。

＊8：感覚統合ダイエットとは、感覚統合障害を持つ子に対して、その子の神経系の問題に対処したり、神経系が必要とする特定の感覚を満たしてあげる活動のこと。療法士(セラピスト)がその子に合った活動の計画やスケジュールを個別に作成する。詳しくは、Chapter 9の227～230ページ参照。

🔑 子どもが寝入りやすくなるPOINT

●日中
- 体を十分に動かす。たとえば、ブランコやジョギングなど。
- 筋肉をたくさん使う作業をする。たとえば、洗濯かごを運ぶなど。
- そのほか個人的には、脳を落ち着かせる栄養素（マグネシウム、必須脂肪酸、ガンマアミノ酪酸など）を補足したり、脳を刺激する食品添加物（人口甘味料、化学調味料、合成着色料など）を避けることなども役に立つかもしれません。

●就寝前
- 温かいお風呂に入り、すぐ床に就く。
- 寝る前の数時間はテレビやコンピューターをつけない。

●ベッドや布団に入ったら
- お話の読み聞かせ。
- 背中のマッサージと、肩腕足の関節をやさしく圧縮するマッサージ。
- 重みが十分ある掛け布団で子どもをしっかりくるんで、静かに低い声でゆっくり子守歌を歌ってあげる。

●布団をかけたあと
- 子どもが暗闇を怖がるなら常夜灯を使う。眠気を誘う音をつける。たとえば、バッハやモーツァルトのアダージョ、雨や波の音のようなホワイト・ノイズなど。

食　事

　でこぼこした発達の子どもたちは、落ち着いて食べるのが苦手なことがあります。この理由の1つには、触覚が異常に敏感なことが考えられます。たとえば、マッシュポテト、プリン、チキンバーガーの食感などが、敏感な口には耐えられないのかもしれません。口の中の触覚が非常に敏感なことを「口腔防衛反応」ともいいます。

　また、ほかの理由としては、食べ物の見た目や匂い、味を気持ち悪く感じてしまうことも考えられます。固有感覚[*9]に問題があり、筋肉からやってくる感覚情報の処理がうまく

[*9]：体の各部の配置や動きについての情報を、筋肉の伸縮によって実感・認識する感覚のこと（詳しくは、Chapter 5の134～140ページ参照）。

いかず、食べ物を上手に口へ運べなくて偏食になっている子もいます。

また、前庭感覚[*10]に問題があって、自分の体が空間のどこにあるのか、今、自分が椅子に座っているのか、椅子から落ちているのかがわからない子の場合も、食べることではなく、椅子に座ることに集中しなくてはいけません。

吸う、飲み込む、呼吸するといった口の運動機能にかかわる基本的な感覚運動能力が発達していないことが原因の子もいます。このような子は、固形食を噛んで食べる、新しい食べ物を口にする、食べ物を吐き戻さない、食べ物を消化する、といった一連の動作がうまくできません。

理由が何であれ、偏食をする子は、食べ物の好みが変わっていたり、食べ物の範囲が非常に狭かったりします。

たとえば、ベーコンやクラッカーといったカリッとしたものしか食べなかったり、ヨーグルトやマカロニやチーズのようなやわらかいものだけだったり、冷たいもの、または熱いものだけしか受けつけなかったり、なかには、ピクルスのような酸っぱいものや、お菓子やジュースなど甘いものしか欲しがらない子もいるでしょう。

特定の食べ物ばかり欲しがって栄養不足になってしまうと、心身の発達、体重、スタミナなどに影響し、ヨーヨーのように行動の浮き沈みが激しくなったりします。

一般に、偏食の子の体や脳には、必須脂肪酸、ビタミンB、ミネラル、脂溶性抗酸化物質が不足していることが多いとも言われます。

たとえば、ピーナツバター、ブロッコリー、ほうれん草、豆、さつまいもなどを食べない子どもは、重要なミネラルの1つであるマグネシウムの摂取が不十分になります。マグネシウムが不足すると、聴力や聴覚処理機能の問題、筋肉のけいれん、不眠、耳の感染症を伴う感覚運動障害などが起こる可能性があります。

卵、ピーナッツ、ブラン[*11]、ココアなどに含まれる亜鉛の不足は、味覚に影響するので、食べ物に対する興味にかかわってきます。また、亜鉛は筋緊張の低下、視聴覚障害、発疹を引き起こすこともあります。

＊10：頭の位置、体の動き、バランスについての情報を、内耳を通して感じる感覚のこと（詳しくは、Chapter 4 の 114 〜 122 ページ参照）。
＊11：小麦をひいて粉にしたあとに残る皮のこと。シリアルやクッキーに加えたり、飼料に用いたりする。

子どもの食事を改善する提案を以下に挙げましたので、参考にしてください。

> **子どもの食事の改善 POINT**
>
> ● 食品添加物や人工色素を多く使用している食べ物を避ける。
>
> ● 栄養サプリメントを利用する*12。神経系の60%が脂肪酸でできており、特にオメガ3脂肪（アマニ油、クルミ、鮭に含まれる）は必須。
>
> ● 電動歯ブラシや顔面／口腔マッサージを行い、唇や口の感覚を調整する。
>
> ● 感覚統合療法を中心とした作業療法を取り入れ、家庭で感覚統合ダイエットを実行する。

消化と排泄

あたりまえのことですが、体に入ったものが体から出ます。体に入らないものは出てきません。

栄養に富んだ食べ物は、鮮やかな自然色だったり、食感もさまざま、繊維分を多く含んでいたりしますが、こういった食べ物をいやがる子どもは、慢性的な下痢や便秘をすることがよくあります。

感覚統合障害は偏食を引き起こすだけではなく、消化や排泄にも影響します。たとえば、喉の渇き、空腹、満腹の兆候に気づかない、ということが考えられます（このような体の中で起きる情報を受け取る感覚については、Chapter 2の66〜67ページで詳しく説明します）。

ほかの原因として考えられるのは、運動不足による消化不良の問題です。体を動かすことが苦手で運動をしない子どもは、排便にも支障が出てくる可能性があります。

触覚の障害が、トイレ問題の原因となる可能性もあります。触覚が非常に鈍感な子は、パンツがおしっこで濡れているのがわからず、膀胱をコントロールする能力を発達させることができないのかもしれません（同様に、サラサラ感が売り物で、子どもがいつも快適でいられる分厚い紙おむつもちょっと問題です！）。その結果、遺尿症となり、おねしょが慢性的になってしまうことがあります。

また、感覚刺激を強く求める子なら、実は

＊12：栄養サプリメントの利用については、日本では、まだ一般的ではありません。

おしっこを十分に吸収したおむつやパンツの感触、臭いが好きだということも考えられるのです。

あるいは、固有感覚が十分に機能せず、筋肉の緊張が影響して「おしっこをためておく」ことが難しい子もいます。

さらには、姿勢をコントロールする能力に問題があり、トイレの便座で姿勢を保つことができない子もいるでしょう。前庭感覚に問題がある子は、まるでトイレから落ちるかのように（もっと悪い場合はトイレの中へ落ちるかのように）バランスを失い、足が地面から離れるように感じるかもしれません。

このような問題を改善する対応策を以下に挙げましたので、参考にしてください。

消化・排泄問題の改善 POINT

- 水分と繊維質をたっぷり与え、十分に運動させる。
- 足がしっかり地についていることを感じさせるため、電話帳、箱、踏み台などを子どもの足の下に置く。
- そのほか、作業療法士（セラピスト）、管理栄養士など、食事障害や感覚情報処理に関する専門家と一緒に対処する。

覚醒水準、活動レベル、注意力、衝動性

覚醒水準、活動レベル、注意力、衝動性は、感覚統合障害によく伴う問題です。

該当する項目にチェック！

覚醒水準や活動レベルが常に"高い"子は…

- ☐ 絶えず動きまわり、落ち着かずソワソワしている。
- ☐ 短くイライラした身振りで動く。
- ☐ 思いつきで遊んだり作業したりする。
- ☐ 短気で興奮しやすい。
- ☐ 椅子にじっと座っていられない。

覚醒水準や活動レベルが常に"低い"子は…

- ☐ 動きが遅くボーッとしている。
- ☐ 疲れやすい。
- ☐ 自発性や粘り強さに欠ける。
- ☐ 周囲のことにあまり興味を示さない。
- ☐ 「あまりに育てやすい」赤ちゃんだった（例：誰の腕の中でも心地よくしていた。あまり不平を言わなかった。ほかの子よりもよく寝た。食べさせたり着替えさせたりする必要が出てきたのは、ほかの赤ちゃんより遅かった）。

注意力が弱い子は…

- 感覚が極端に敏感または鈍感なために、たとえ好きなことに対しても注意の持続が短い。
- 気が散りやすい。
- 自分が今やっていること以外に注意がそれやすい。
- 物事の整理が苦手で忘れっぽい。

衝動的な子は…

- 感覚刺激を得ようとする、または避けようとするために、分別なくエネルギッシュになったり、衝動的になったりする。
- 自分をコントロールできず、ある活動を始めたらやめることができない。
- ジュースがこぼれるまで注ぐことをやめられなかったり、人に向かってむこうみずに走っていったり、おもちゃ箱をひっくり返したり、自分の順番を無視して話したりする。

社会生活と感情

自分のことをどう思うか、他人とどうかかわるかということも、感覚統合障害に伴う「感覚の調整の問題」と関連することがあります。

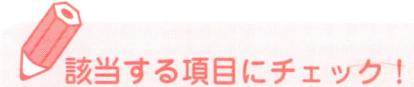

該当する項目にチェック！

適応力が弱い子は…

- 初対面の人に会ったり、新しいゲームやおもちゃ、違う食べ物を試したりすることをいやがる。
- ある状況から別の状況へ移行するのが苦手で、遊びをやめて出かけたり、ごはんを食べたり、お風呂に入ったりすることや、本を読む作業から数学の問題を解く作業へと活動内容が変わる場面で、頑固にいやがることがある。
- 物事を、流れに沿って行うことができず、毎日の日課に少しでも変更があるとすぐに動揺する。

愛着（特定対象への情緒的な結びつき）に問題がある子は…

- 分離不安（養育者から離れることへの不安）があり、1人または2人の「特別な大人」にくっつき、彼らから離れることを怖がる。
- 作業中に、両親、学校の先生、他人が、近くに来るのを拒む。

物事に不満を持ったり、挫折しやすい子は…

- 作業に手こずると、簡単にあきらめてしまう。
- 完璧主義で、図工の課題、演劇、宿題などで自分の期待通りに進まないと腹をたてる。

友だち関係が築けない子は…

- 人と仲よくやっていくのが苦手で、友だちを作ったり、友だち関係を維持することができない。
- すべてのルールを決めたがり、いつも勝者や一番になりたがるので、ほかの子どもと一緒にうまく遊べない。
- 自分のまわりを支配したがったり、主導権を握りたがったり、おもちゃをほかの子と共有できなかったりする。

コミュニケーションが下手な子は…

- はっきり話す、言葉を口に出す、文字を書くなどが苦手。
- 言葉だけでなく、非言語表現（身振り、手まね、顔の表情など）でも、自分の考え、気持ち、要求をうまく表現できない。

その他の心理的問題を持つ子は…

- 変化、ストレス、感情が傷つくことに対して、融通がきかなかったり、非常識だったり、極端に敏感だったりする。
- 他人に対する要求が多く、人がいやがるような方法で自分に注意を向けたがることもある。
- 明らかな理由もなく怒ったりパニックを起こす。
- 幸福感を感じず、自分のことを、愚か、頭がおかしい、悪者、負け犬、失格者などと信じたり、口に出したりする。

学業に問題がある子は…

- 新しい技能や考えを学習するのが苦手。本当は頭がいいのに劣等生とみなされることがある。

　感覚統合障害を持つ子の多くには、行動面にも問題がみられます。

　しかし、行動面に問題がある子がすべて感覚統合障害を持つということではありません。どの子もみな時々、普通とはちょっと違う行動をする「でこぼこした発達の子」になるものなのです。

　ですから、どの症状が感覚統合障害と関係するのか、または関係しないのか、慎重にみてみる必要があります。

　このことを覚えておいてください。

どのような子が感覚統合障害を持ちやすいの？

もし世界中の人を「神経系の統合」という視点で分類したとすると、神経系の統合に問題がある人、そして神経系の統合が特別に優れている人が、数は少ないにせよ同じような割合で存在し、大多数の人はその中間のどこかに属するでしょう。

有名人や人気者のことを思い浮かべてみてください。スポーツ選手、カリスマ性のある政治家、まわりを楽しい気分にさせる子……。こうした人や子どもたちは、特に優れた感覚情報処理機能に恵まれているかもしれません。

では反対に、みなさんが知る人の中で、人生や生活のある面でうまく対応できていない人たちのことを思い出してみてください。不器用だったり、友だちがほとんどいなかったり、常識がなかったり、自制心がなかったりするような人たちです。彼らは感覚情報処理機能に問題を持っているのかもしれません。

栄養学者のケリー・ドルフマンは、感覚統合障害は「似たような症状の幅広い連続体（スペクトラム）」だと言います（**図2**）。この連続体の片端には、最も軽度の感覚統合障害を持つ人たちが位置し、たとえば彼らは自己コントロールにかかわる問題を持っているかもしれませんし、ちょっと要領が悪く不器用な人かもしれません。自閉性障害、アスペル

発達障害

| 自己コントロールの苦手を持つ人 | 注意欠陥・多動性障害（ADHD）のあるタイプ | アスペルガー症候群のあるタイプ | 自閉性障害のあるタイプ |

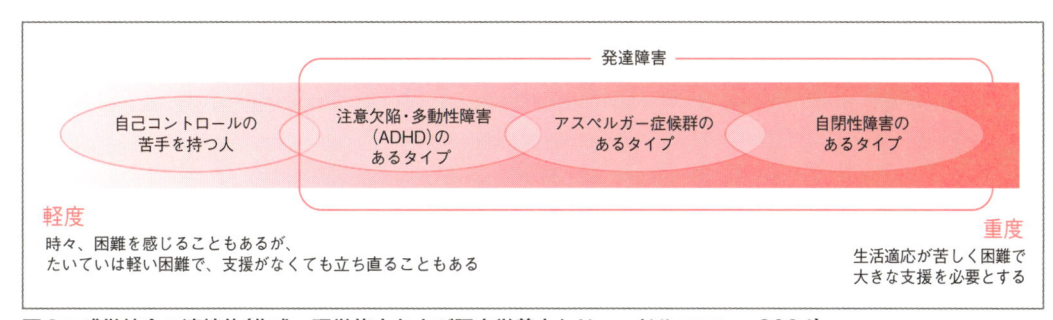

軽度 時々、困難を感じることもあるが、たいていは軽い困難で、支援がなくても立ち直ることもある

重度 生活適応が苦しく困難で大きな支援を必要とする

図2 ● 感覚統合の連続体（作成：理学修士および認定栄養士ケリー・ドルフマン、2004）

ガー症候群、注意欠陥・多動性障害（ADHD）、その他の広汎性発達障害（PDD）などを持つ人々の多くは、最も重度の感覚統合障害を含め、この連続体のどこかに位置します。

作業療法士などが行う感覚統合療法によって、この感覚の問題を改善することは、このような子どもたちすべてにとって役に立つことです。

統計とは何を基準とするかで数字が変わってくるので理解しにくいものですが、1979年、エアーズ博士は「5～10%の子どもに支援が必要な感覚統合障害がみられる」と推定しました。2004年に行われた感覚統合障害を持つ子たちの数を測定する研究でも、似たような数字が発表されています。

しかし私は、教師としてのこれまでの事例観察に基づいて、実際はその数はもっと多いと推測します。

それにしても、「感覚統合障害」と診断される子どもの数が増えてきていることに、私たちは危険信号を出すべきでしょうか？　私たちは見境なく子どもたちにレッテルを貼ってしまっているのでしょうか？　子どもたちに見受けられる「何かおかしいこと」ばかり探してしまっているのでしょうか？

もちろん、違います！　**子どもたちに感覚統合障害があると確認することは、実際には前向きなステップ**なのです。人間の脳の構造が解明され始めてきた今、どうして子どもたちの中に、でこぼこした発達の子がいるのかをやっと理解することができるようになってきました。この子たちを支援することができるのは、これからなのです！

「感覚情報処理の問題」は誰もが経験すること

「感覚の処理がうまくいかない」ということは、実は私たちの誰もが時々経験することです。刺激が多すぎたり少なすぎたりして脳が混乱し、不快感や苦痛を感じることもあります。病気、疲労、ストレスなどもスムーズな感覚情報処理の働きを妨げる原因となります。

たとえば、とても騒々しくて人がいっぱいいるパーティに行って圧倒されたことがありませんか？　揺れの激しい飛行機に乗ると、急速な動きの刺激で、脳に負担がかかりすぎることもありますね？　インフルエンザにか

かって長い期間ベッドの中で過ごしていると、動きの感覚を十分に得られなくて、体がだるかったり脱力感を感じたりすることもあるでしょう。明るい部屋から暗いクローゼットの中へ入ると、しばらく目が光を感じず、脳に視覚情報が届かないこともあります。

ただ、それらが日常生活に支障をきたすほど脳が混乱してしまうと、「感覚統合障害」といわれるのです。

* * *

別冊に、「感覚統合発達チェックリスト」を紹介しています。これは、小児科医や作業療法士などの専門家が、感覚統合障害の疑いがある子を検査するときに、まず初めに使う質問表のサンプルです。

気になる方はチェックしてみてください。質問に回答してみると、「感覚情報処理」という機能が、いかに子どもの発達全般に影響を与えるかを理解できると思います。

もし、「よくある」欄にチェックの印が多い場合は、子どもが感覚統合障害を持つ疑いがありますので、専門家を訪ねることをお勧めします。

希望は、すぐそこに！

　別冊のチェックリストをじっくりごらんになった方は、子どもの成長がいかに感覚統合障害によって妨げられるのかも感じ取られたはずです。

　「よくある」欄にたくさんチェックが入ると、「この子は、でこぼこした発達の子どもかもしれない」「ウチの子の発達はもう手に負えないのだろうか」「この子は、普通とはちょっと違う行動をする、でこぼこした発達の大人になってしまうのだろうか」と心配に思う人もいるでしょう。

　でも、必ずしもそうとは限りません。周囲の理解や支援、専門家による早期介入を十分に受けることで、子どもは自己制御能力を身につけ、社会に適応できる大人に成長する可能性があるのです。

　早期介入には、幼い子どもの発達上の遅れや障害を正したり、防ぐための支援が取り入れられています。そして、感覚統合障害の支援は、通常、感覚統合療法を中心とした作業療法という形で行われます（詳しくは、Chapter 8 の 212 〜 215 ページ参照）。この療法によって、子どもの身体面、学力面、感情面で、子どもの発達を可能な限り促すことができます。

　幼い子どもは早期介入によって、大きな変化をみせます。なぜなら子どもの中枢神経系がとても柔軟で、脳の機能が固定されていないからです。脳の機能は、成長するにつれて融通が利きにくくなり、感覚に対する特異な反応も定着しがちです。

　とはいえ、年長の子どもや、大人でさえも、支援を受け始めるのに遅すぎるということは絶対にありません。

支援によって得られる効果

　感覚統合障害の子が支援を受けることで得られる効果はいろいろあります。

　感覚統合療法では、子どもが好きな遊びや行動の中に、その子の中枢神経系が必要とする感覚の「激しさ」「長さ」「質」を意図的に調整して取り入れます。ですから、子どもをその遊びやゲームに"積極的に"かかわらせることで、その子の中枢神経系に必要な感覚情報を意図的に与えることができます。中枢神経系が、その感覚情報を十分に処理できるようになると、その子の行動は以前よりも周囲の環境に適応できるようになるでしょう。

　また、周囲の環境に合わせて適応した行動をとることは、子どもの感覚情報処理機能を高めることにもつながります。その結果、知覚、学習、能力、自信が育まれ、やがてその子は自分がしなければいけないことや、したいことを計画し、まとめ、実行することができるようになるというわけです。

　セラピーの効果がみえるのは、子どもが日常生活をスムーズに過ごすために助けが必要なときです。さらに、セラピーは将来においても、より厳しくて複雑な今後の人生を生き抜くための強い基盤となります。

　感覚統合療法を受けることで、社会的な場で他人とうまくかかわる対人能力も発達します。でこぼこした発達の子は、集団で遊ぶ能力も弱いことがよくありますが、遊びはすべての子どもが第一にするべき活動です。

　また、物事をよりスムーズに学ぶ方法が身につくのも、感覚統合療法による効果の1つです。

　さらに、このような支援によって、より健康で安定した感情も育ちます。適切な支援を受けないと、子どもは自分を不完全だと思い込み、自尊心のない大人に育ってしまう可能性があります。

　支援は子どもの家族関係にも影響します。自制心が育ち、感覚にかかわる困難に対応できるようになるにつれて、子どもは、家族とより楽しい家庭生活を送れるようになるでしょう。

　このように専門家の支援やアドバイスを受けることで、保護者もまた、子どもに一貫したしつけをしたり、子どもと楽しく過ごすこ

との大切さを学びます。親戚の人たちは、より共感してくれるようになり、非難も少なくなるでしょう。子どものきょうだいも、でこぼこした発達の子に腹をたてることが減るはずです。

＊　　　＊　　　＊

ここで早期介入によって大きな効果を得た男の子、ジョニーの例を紹介しましょう。

ジョニーは幼児期に、動き、遊び、学習、他人とのかかわりの面で、感覚統合障害の問題を抱えていました。さらに、姿勢やバランス面、視聴覚、食べ物の好み、睡眠パターンにまで障害が影響しており、怖がりで、怒りっぽく、融通がきかない、孤独な子どもでした。どんな動きであれ、自分の体が動くと不安になるので、彼の足が地面から離れることは絶対にありませんでした。

ですから、幼稚園で園児たちが外遊びをしているときは、そばに立って眺めていることはあっても、遊びの中に加わることはありませんでした。

また、周囲から自分を守るために、いつも棒を持ち歩いていました。誰かが近づいてくると、その棒を振り回して「向こうへ行け！」などと叫んでいたのです。

彼の唯一の楽しみは、静かな一角で体を丸めて本をみつめていることでした。

ジョニーは、聖コルンバ保育園で私たちが初めて感覚統合障害の検査をした子どもの1人です。私たちは検査結果を彼の両親に話し、早期介入が後々の問題を減らすだろうと説明して、感覚統合療法を組み入れた作業療法を受けることを勧めました。

お父さんは腕を組み、顔をしかめながら頭を振りました。お母さんは「これは悪い夢だわ」と泣きました。

しかし両親は疑いながらも私たちのアドバイスを受け入れ、週2回、ジョニーを作業療法に連れて行くことに決めました。ジョニーの両親はセラピストや保育園の先生と協力しながら、ジョニーが可能な限り能力を発達させることができる活動を考え、家庭と園で行う感覚統合ダイエット[*13]を作りました。

やがて、ジョニーは少しずつ感覚統合ダイ

[*13]：感覚統合ダイエットとは、感覚統合障害を持つ子に対して、その子の神経系の問題に対処したり、神経系が必要とする特定の感覚を満たしてあげる活動のこと。療法士（セラピスト）がその子に合った活動の計画やスケジュールを個別に作成する。詳しくは、Chapter 9の227〜230ページ参照。

エットに組み込まれた遊びや活動をやり始めるようになりました。

その結果、彼は絵の具で絵を描いたり、ブランコをこいだりすることが好きになったのです。さすがに、泥遊びのような体が汚れる遊びや、鬼ごっこのような騒々しい遊びは楽しめませんでしたが……。

また、自分を守る護身棒を持つことを止め、怒鳴り声ではなく室内で適した声で話し始めるようにもなりました。

やがて友だちが1人でき、そして2人になりました。彼は本当の意味で年相応の「子ども」になり始めたのでした。

現在のジョニーの姿は、まるで夢のようです。10歳になった彼は、サッカーやバスケットボールをしたり、ボーイスカウトに参加してキャンプをしたり、岩をよじ登ったりして楽しんでいます。

毎週本を読みますが、それは娯楽としてです。以前のように「静かな一角で体を丸めて本をみつめている」というのではありません。

みんながジョニーと友だちになりたがります。なぜなら、彼が信頼でき、"いい意味で"感性豊かな子どもだからです。学校の先生も、「うちのクラスに、ジョニーのような子が20人くらいいたらいいのに……」と言うほど。

このジョニーの例は本当にあった話で、かつて重症だった彼の障害は、今では軽度になりました。

今でも、彼は食べるときは慎重で、大勢の中では違和感を覚えますし、エスカレーターが嫌いで、完璧主義になりがちです。でも、この世界に完璧な人間なんて誰一人としていません！

もちろん、でこぼこした発達の子どもすべてがジョニーのようにうまくいくわけではありませんが、たいていの子は保護者が行動を起こすことで、よい方向に向かっていきます。

次のアドバイスをぜひ参考にしてください。

保護者に向けたアドバイス

- とにかく情報を集め、小児科医や学校の先生、子どもの世話をしてくれる人たちと情報を共有しましょう。
- 「自分がイメージする完璧な子ども像」と、子どもの現実像が合わないことを受け入れましょう。そして、その子の能力が、

- まわりの子どもたちと違うことは大した問題ではなく、ときに好ましいことであることを認めましょう。
- 子どもに、十分バランスがとれた「感覚統合ダイエット」をさせてあげましょう。
- 根気強く、態度やしつけに一貫性を持ち、同時に子どもの「よき理解者」になりましょう。
- 子どもが自分の体や人生を自分でコントロールできるように支援しましょう。

保護者にとって、子どもと感覚統合障害に向きあうこの旅は、長く、時々イライラしたり、落ち込んだりすることもあるでしょう。

しかし保護者にとって、わが子が子どもであることを楽しみ、素晴らしい幼少期を過ごせるように支援する方法を学ぶことは、素晴らしくワクワクすることでもあると思います。

希望は、すぐそこにあります。どうかあきらめないでください。

Chapter 2

感覚と体の動きは、どうつながっているの？

- 感覚とは？
- 感覚情報処理とは？
- 感覚情報処理機能の発達
- 感覚統合障害のタイプを詳しく知る

Chapter 2

感覚と体の動きは、どうつながっているの?

感覚とは?

　このChapterでは、私たちの体の中で行われる「感覚情報処理」という機能、そして「感覚統合障害」について、さらに詳しく説明します。
　「感覚統合障害」を理解するには、次のことを知る必要があります。

- 「感覚」そして「感覚情報処理」とは何か。
- 子どもは通常どのような段階を踏んで、感覚情報処理機能を発達させていくのか。
- 感覚情報処理機能がうまく働かないとき、一体何が起きるのか。

私たちは、生きていくために欠かせない情報を、体が感じる「感覚」という形で取り入れています。

　感覚の1つ目の役割は、**「私たちの身を危険から守ること」**です。2つ目の役割は、**「私たちが学ぶことを助け、意欲的で社会的な人間になるのを支援すること」**です。

　私たちは、体の中や体の外からさまざまな感覚情報を受け取っています。私たちが体を動かすたび、何かを食べるたび、何かに触るたびに感覚情報が脳に送られます。そして、接触や体の位置、動作、目に入るもの、音、匂いについてなど、あらゆる感覚情報が1つにまとまって整理されることを、「感覚統合」とよびます。

　この「感覚統合」が健全に機能して初めて、私たちは、何が、いつ、どこで、どうして起こっているのかという感覚情報を受け取って、その感覚情報をどう使うか、またはどのように反応するのかを"一瞬にして"認識することができます。

　たとえば、「周囲に何かおかしいことがある」といった感覚情報から、私たちは危険を感知し、自分の身を守るように反応します。もし首の上に毛虫がはっているのを感じると、私たちは毛虫を殺したり、毛虫から逃げる、といった反応を起こして自分の身を守るでしょう。過剰な刺激や不適切な刺激から身を引くのは当然のことです。

　また、「すべて順調だよ」という感覚情報が伝わったときには、私たちは安心して同じ刺激をさらに求めます。たとえば、一粒食べたレーズンの味が美味しかったので、もう一握り食べる、というような状況です。

　さらに、私たちは時々、ある刺激に飽きて、それ以上の刺激を求めることもあります。スケートで直線を滑る技術をマスターしたら、次は8の字を描いて滑ってみるなど、さらに複雑な動きに挑戦したくなる、というのがその一例です。

　感覚情報が十分機能するためには、それぞれの感覚情報が一体となって働かなければなりません。たくさんの感覚情報を集めてバランスよく発達した脳は、しっかり機能します。そして脳がスムーズに機能すると、その人の行動もスムーズになります。

　このように私たちの体は自分で自覚する以上にたくさんの感覚情報を感じているのです。

体の外で起きる情報を受け取る感覚

体の表面や体の外からやって来る感覚情報を受け取る感覚器官には、私たちが最もよく知っている次の五感があります。

●触覚

皮膚で感じる「触った感じ」についての情報。触覚がうまく働くと、突然の軽い接触を調整したり、触ることによって物の物理的性質を区別することができます（詳しくは Chapter 3 の 94 ～ 101 ページ参照）。

●嗅覚と味覚

鼻や口で感じる「匂い」「味」についての情報。

●視覚と聴覚

目や耳で周囲から感じる「視界や音」についての情報（詳しくは Chapter 6 の 150 ～ 162 ページ、Chapter 7 の 169 ～ 177 ページ参照）。

これらの感覚は自覚することができ、自分でコントロールできる部分もあります。

たとえば、集合写真をじっと眺めて自分の子どもを見つけ出したり、目を閉じて不愉快な場面を見ないようにすることなどが、その一例です。電話の音と玄関のベルの音を区別したり、耳をふさいで調子がはずれたバイオリンの不協和音をさえぎったり、指先でキーボードの1文字だけを触ることもできます。

私たちは成長とともに、このような感覚を発達させて、まわりの世界に対して、うまく適応できるようになるのです。

体の中で起きる情報を受け取る感覚

あまり知られていませんが、私たちの体の中で絶えず働いている感覚があります。それは、次のようなものです。

●内臓感覚

「内臓が感じる感覚」についての情報。各内臓の「気持ち」を読み取って私たちの体の健康を維持する感覚で、私たちが生きるために欠かせない働きを担っています。

空腹、喉の渇き、消化、体温、睡眠、気分、

心拍、覚醒状態といった体の機能は、この内臓感覚によって調整されます。

また、内臓感覚の特徴の1つは、飛行機のように「自動操縦モード」で働くことです。つまり、食べたい、飲みたい、排尿したい、セーターを脱ぎたい、など「何か行動する必要がある」と私たちが自覚しない間は、内臓感覚が無意識のうちに自動的に働いているのです。

● 前庭感覚

頭の位置、体の動き、バランスについての情報を、耳の最も内側にある「内耳」を通して感じます。前庭感覚がうまく働くと、重力の変化に体を順応させたり、安定して空間を動くことができます（詳しくはChapter 4の114〜122ページ参照）。

● 固有感覚

体の各部分の配置や動きについての情報を、筋肉の伸び縮みによって実感・認識します。（詳しくはChapter 5の134〜140ページ参照）。

エアーズ博士は、これらの感覚の中でも特に、**「触覚、前庭感覚、固有感覚は、この世界で"自分"というものを意識するために必要な不可欠な感覚」**として、その重要性を強調しています。

人間の基本的機能であるこの3つの感覚は、子どもたちが健康に発達する土台を作り、これらの感覚が自動的、効率的に機能して初めて、子どもたちは自分の目や耳や注意を外界へ向けることができるようになるのです。

感覚情報処理とは？

「感覚情報処理」とは、私たちの体の神経系による働きのことで、**体の感覚器官を通して体内や周囲の世界から取り入れた「日常生活に必要な感覚情報」を整理する機能**のことをいいます。1000億個の神経細胞、脊髄、脳で構成される神経系が行うこの「感覚情報処理」という働きは、実にダイナミックで絶え間のない規則的な機能です。

エアーズ博士は「神経系の80％以上が、感覚による情報を処理する、または整理することにかかわっており、それゆえ脳とは、そもそも"感覚情報処理装置"だといえる」と述べています。

脳がスムーズに感覚情報を処理すると、自然に私たちは周囲の環境に適した反応を起こし、それに対して適切な反応をすることによって、うまく生きていく術を身につけていきます。そして、その場に見合った適切な行動や考えをする中で、新しいことに挑戦したり新しいことを学んだりしていくのです。

動く、学ぶ、遊ぶ、働く、人との関係を楽しむなど、日常的な行為をスムーズに行うために感覚を使えるのは、自分が安全だと感じ、危険から身を守ることに全力を注ぐ必要がない場合に限られます。

このような感覚情報処理の過程では、感覚情報の「受信」「感知」「統合」「調整」「識別」や、「姿勢反射」「行為機能（体をうまく使う能力）」とよばれる働きが、すべて同時進行で行われています。これらは非常に複雑な機能なので、本書ではその基本部分のみ簡単に説明します。

受信と感知

感覚情報処理の過程の1つは、感覚情報を「受信」することです。毎日の一瞬一瞬に、何百万もの感覚情報が神経系で受け取られて

います。

　皮膚、筋肉、耳、目、口、鼻からの感覚情報が、中枢神経系のドアをたたいて「さぁ着いたよ！」と言ってるのをイメージしてみてください。

　そして、中枢神経系がこれらの感覚情報に気づくことが「感知」です。「中へどうぞ、感覚情報のみなさん！　しっかり見えてるよ！（聞こえてるよ、触ってるよ、匂いがするよ）」などと脳が言っている感じです。

統 合

　感覚情報の「統合」とは、感覚情報処理の過程の続きです。1つまたは複数の感覚から送られてきた、さまざまな感覚情報が、脳の中でつながりあうことを意味します。つまり、脳がそれぞれの感覚に「さぁ、ほかの感覚情報さんたちにも会って！」と言うわけです。「触覚クンは視覚さんとチームを組んでくださ〜い」「聴覚さん、動きクンとつながってくれますか〜」などといった感じです。

　より多くの感覚がかかわるほど、感覚統合によって得られる情報は、より正確で多面的となり、私たちは物事に対して一層スムーズに適した反応ができるようになります。

調 整

　感覚情報処理を構成する別の要素に、感覚情報の「調整」という過程があります。これは、脳が感覚情報の入力をコントロールすることを意味します。この働きによって、中枢神経系に送られる感覚情報の流れが瞬時にバランスよく調整されます。

　私たちが周囲の変化に対し適切に対応するためには、それぞれの感覚系が協力して働く必要があるので、この感覚情報の調整は、とても大切な過程なのです。

　末梢神経系からやってきた感覚情報は、「興奮作用」とよばれる過程で、それぞれの感覚刺激を受け取る特定の細胞や器官のスイッチをオンにします。

　それぞれの感覚は、中枢神経系に自分の存在に気づいてもらえるよう「こっち、こっち！」とアピールするわけです。

たいていの場合、私たちは重要な感覚情報には注意を向けます。たとえば、気持ちよく揺れているロッキングチェアーが止まりそうになったら、チェアーを揺らし続けるように脳が伝えるでしょう。また、グルグル回転し続けて気分が悪くなってきたとしたら、その動きを止めるよう脳から指示が出るはずです。

自分の身を守るためには、危険を感じる感覚が非常に重要です。**私たち人間の脳の中には「危険信号への意識を調節すること」を学びとる回路が組み込まれています。**すべての生き物と同じように、人間の赤ちゃんも危険を感じる感覚を備えて生まれてきますが、これは生きてゆくために必要だからです。害になる可能性がある刺激に何らかの形で触れたりすると、神経系が「大変！　早く何とかしなくちゃ！」と言うわけです。

一方、脳は、今の瞬間、重要なことに集中できるよう、あまり役に立たない情報を無視します。この過程を「抑制作用」といいます。この機能がなければ、私たちは非常に注意散漫となり、役立つかどうかに関係なく、あらゆるすべての感覚に全神経を集中してしまうことになってしまいます。

たとえば、皮膚に触れる空気や階段を上るときのバランス移動を伝えるといった感覚には、いちいち反応する必要はありませんよね。ですから、このような感覚情報は無視されます。「落ち着いて。今の刺激は大したことじゃないよ。気にしないで」と脳が言うわけです。

感覚情報が知らせる情報の中には、「最初は気を留めたけれど、今はそれほど重要でない」というものもあります。その場合、**よく知っている情報は、しばらくすると「慣れ」によって無視される**ようになります。

たとえば、シートベルトを着けたときの窮屈さ、レモンドロップを舐め始めたときに感じる酸っぱさは、初めは気になりますが、そのうちに慣れてしまう、というのがその一例です。

しかし、この「慣れ」は、すべての人に簡単に起こるわけではありません。感覚が非常に敏感な人の脳は、たとえ「重要でなく、なじみがあり、害がない」ものも含めて、あらゆるすべての刺激を「重要で、なじみがなく、害がある」と解釈してしまう。

このような人たちは、感覚情報をほかの人よりも素早く、そして長い間感じます。その

「調整」がうまくいっている子	「調整」がうまくいっていない子
学校の休み時間、マンディ（7歳）はお手玉で遊んでいました。遊びに夢中だったので外の寒さは気になりませんでした。 　しかし、手が冷えているのでお手玉がうまくできません。最初にお手玉を受け損なったとき、彼女はガッカリしました。次に失敗したときはムッとし、3度目の失敗ですっかりイライラしてしまいました。 　「縄跳びでもしようっと」と彼女はお手玉を止めました。何分間か縄跳びをすると、体が温まって気分もよくなってきました。 　休み時間が終わって、マンディは教室に戻り、昼食時間になるまで静かに先生の話を聞くことができました。	ベス（7歳）は、お手玉で遊んでいました。しかし、寒さが気になってお手玉に集中できません。お手玉を2個だけ使った最初の一投で失敗してしまいました。もう一度挑戦しましたが、手がこわばりすぎてうまくいきません。 　突然彼女は激怒し、「お手玉なんて大嫌い！」と叫びました。そして、立ち上がってお手玉を芝生に向かって蹴り、校舎の壁にもたれて泣きじゃくりました。 　そのあと昼食時間まで、ベスはずっと機嫌が悪く、気を静めて授業を受けることができず、昼食も食べませんでした。

表1 ● 感覚情報の「調整」が子どもの行動に影響する例

結果、苦になったり気が散ったりしてしまいます。つまり、いつまでたっても、シートベルトが窮屈で、レモンドロップが酸っぱすぎると感じてしまうのです。

　ここで、感覚情報の「調整」が、よりイメージできるような例を紹介します。

　たとえば、ヤカンをガスバーナーの上に乗せて火をつけるとしましょう。まず、バーナーのダイヤルを「大」にしてガスの出を多くします。もし、ダイヤルを「大」のままにしておくと、ヤカンの水はすぐに沸騰してしまいますが、ダイヤルを「小」に近づけガスの出を抑えると、火は小さくなり水を穏やかなペースで加熱します。つまり、ガスの量と火の強さを調整しているわけですね。脳による感覚情報の「調整」もこれと同じような感じです。

　この「調整」によって、私たちはある状態から違う状態への移行をスムーズに行うことができます（表1）。

たとえば、無関心状態から何かに注目する、ふくれっ面から笑顔になる、気だるい状態から機敏な状態になる、リラックス状態から何か行動をする準備状態になる、といったように切り替えることができるわけです。

ですから、人生のあらゆる面で、いかに自己制御ができるかどうかは、この感覚情報の「調整」機能にかかっているとも言えます。

識　別

感覚情報処理を構成する別の要素に、感覚情報の「識別」という過程があります。

この「識別」によって、私たちは各感覚の時間的特徴や空間的特徴、つまりタイミングやスペースなどの情報を得ることができます。

たとえば、海辺で子どもとフリスビーをしているとしましょう。フリスビーは空を切って飛びます。そのとき、あなたはフリスビーが自分の方へ向かって飛んできていると認識し、その速さや位置を判断し、フリスビーをつかむために最適な場所に向かって最適な速さで走ります。いろいろな感覚を通し、フリスビーの速さや位置の情報を受け取った脳が、「この情報は、こういう意味だね！　だから、こう対応しよう！」と言っているのをイメージしてみてください。

感覚情報を識別することで、私たちは次のようなことを理解します。

● **感覚の質**
- 私は今どのくらいの速さで動いている？
- 私は今どこにいる？
- 私の声は大きい？　小さい？
- この靴は大きい？　小さい？
- このバケツは重い？　軽い？　　など

● **感覚の類似**
- 「うみ」と「うま」は、「う」の音が同じ
- 私の右腕は、左腕と同じ高さまで上がっている
- このウサギは、私の猫と同じような感触　など

● **感覚の相違**
- 向こうに見える標識は「止まれ」のサイン？　「時速制限」のサイン？
- 私が乗っている電車と、隣の電車、今どちらが動いている？
など

子どもの発達段階	防衛系と識別系の重要性の度合い
識別機能が、まだ未熟な段階（たとえば、幼児）	防衛系 ＞ 識別系 （防衛反応で対処する）
識別機能が十分に育った段階	防衛系 ≧ 識別系 のときもあれば、防衛系 ≦ 識別系 のときもある（必要に応じて、使い分けるようになる）

表2● 発達とともに、感覚情報の「識別機能」が「防衛反応」を上回るプロセス

　感覚の識別機能は、神経系の成熟とともに発達します。子どもは成長するにつれて、どの感覚に対しても「自己防衛的に反応する」ことが少なくなり、それと同時に「自分の体内や周囲で起きている感覚情報を識別する」能力を高めていきます。そして、これらの情報を使って、うまく自分の行動をコントロールすることを学んでいきます。

　たとえば、子どもは大好きなおばあちゃんをみると、そこに走り寄るでしょう。なぜなら以前に見たものや触ったもの、どうやって空間を動いたかといった感覚がまとまって、今どう対応するべきかをその子に教えるからです。

　この識別機能は、小さい頃は十分に育っていないので、子どもたちは防衛反応を優先して外の世界の出来事に対応します。

　防衛反応と識別機能の役割を表に示しました（**表2**）。

姿勢反射と行為機能

　中枢神経系は10億分の1秒ごとに、末梢神経系からやってきた感覚情報を受信し、感知し、統合し、それを調整したり識別したりしています。

　感覚情報処理機能の最後の作業は、その人が何かしらの行動を起こす準備をするように、脳が情報を送り出すことです。感覚情報を受け取った脳が、即座に「よし、動こう！」と言っているのをイメージしてみてください。

「それをやろう！」「それはやらないでおこう！」「考えよう！」「注意を向けよう！」「話そう！」「泣こう！」「クスクス笑おう！」など、脳はいろいろな情報を送り出します。

ですから、動作や運動に関する脳からの情報は、その子の姿勢反射や行為機能（体をうまく使う能力）と関係するのです。

● **姿勢反射の働き**

姿勢反射とは、体の位置や姿勢を保つために全身の筋肉が反射的に働くことです。これによって、子どもは自分の体や首を重力に逆らって伸ばすことができます。

たとえば、体をかがめて落ちた鉛筆を拾うといった不安定な姿勢から、姿勢をもとに戻す動きができるようになります。さらに、筋肉がしっかり緊張することで、背伸びをしたり手を伸ばしたりすることもできるようになります。

また、ハイハイや腕立て伏せのような体重をかける運動や、姿勢をスムーズに変えて体重を移動させたり、立っているときや座っているときに、バランスを保って姿勢をまっすぐにすることもできるようになります。

さらに、両足でジャンプするときなどに、体の両側を同時に使えるように支えたり、ボールを蹴るときなどに、体の片側だけを使うことができるようになります。

姿勢反射は、「自分の体をコントロールし、新しいことに挑戦して、それを身につけることができる」という自信を子どもに与えているのです。

● **行為機能（体をうまく使う能力）の働き**

走る、スキップをする、タイプをうつ、ホットケーキを裏返す、といった、さまざまな動作を学ぶために必要な体をうまく使う能力のことを「行為機能」とよびます。この機能は、**「無意識に行われる感覚情報処理」** と、**「意識的に行われる思考」** の2つから成り立っています。

行為機能は「協調的で自発的な行為」を意味する幅広い用語で、次のような能力のことを指します（この同義語として、「運動企画」といった用語も使われます）。

● 数段階のステップがある複雑な動作をするための体の動きを頭の中で計画する。

- 自分が計画したその動きを実行するために、体の動きの順序を調整する。
- その動作の計画を実行する。

私たちは行為機能によって、ブランコをこいだり、ボールを投げたり、文字を書いたりなど、複雑な動作を日常生活の中で行っています。

この行為機能は、子どもが生まれながらに備えている能力ではありません。学習して身につける技能です。物を触ったり探ったり、体をさまざまな方向に動かすことを通して、子どもは長い時間をかけて体をうまく使う能力を発達させていきます。

たとえば、カップケーキを配ったり、上着のジッパーを締めたり、カバンの中を整理したりといった日常的な行動をくり返すことで、その子の行為機能は発達していくのです。

ゆえに、**多くのことをする子どもほど、多くのことができるようになります**。たとえば、ジャングルジムを登ることに自信をつけた子どもは、その技能を使って木登りをしたり、うんていで逆さ吊りになったりするかもしれ

ません。このように、うまく環境の課題に挑戦して成功することを、感覚統合の分野では、「適応行動」とよびます。

感覚情報処理がうまくいくと…

これまでに、感覚情報処理機能のさまざまなプロセスをみてきましたが、簡単に言えば、感覚情報処理とは「感覚情報の入力」「感覚情報の整理」「動作情報の出力」の3つの過程から成り立っているといえます。

まず、**「感覚情報の入力」**とは、体の中や体の表面にある感覚受容器から感覚情報を受け取る神経系の働きのことをいいます。

「感覚情報の整理」とは、その次のステップのことで、神経系を通って脳に送られてきたさまざまな感覚情報が脳の中で整理されることを意味します。

そして、最後のステップが**「動作情報の出力」**です。脳が「動きの指示」を体に送ることによって、人は、登る、話す、食べる、眠るといった動作をすることができるのです。

たとえば、みなさんが今ソファに座って新

聞のページをパラパラめくっているとします。そのとき、ソファのクッションが皮膚に触れていることや、外を走る車のこと、新聞を持つ自分の手の位置などには気を留めないはずです。なぜなら、このとき、これらの感覚情報は、みなさんにとってあまり重要ではなく、反応する必要がないからです。

間もなく、お子さんが隣にやってきてソファにドスンと座り、「ママ（パパ）、だーいすき！」と言いました。その瞬間、みなさんの視覚、聴覚、触覚、動きの感覚、姿勢の感覚は、新たな刺激を受けます（おそらく嗅覚も刺激されるでしょう）。

すると、末梢神経系の至るところにある感覚受容器が、これらすべての情報を取り入れて中枢神経系に運びます。そして脳はすぐさま、この情報を処理して整理し、みなさんが動いて反応できるように指示を送り返します。

すると、みなさんは「ママ（パパ）も、○○ちゃんが大好きだよ」と言葉で反応したり、同時に、わが子を「かわいいな」と感じるように心理的にも反応します。

また、自分と子どもが今どこにいるのかがわかるので、子どもに触れるのにどれくらいの時間がかかるのかも把握できます。そして、やさしく抱きしめるにはどれくらいの力を使うのがいいかを想定して、動作で反応します。こうして、あなたは新聞を置き、体をかがめて腕を広げ、その子を抱きしめるのです。

このように、感覚情報処理の過程では、中枢神経系の一部が単独で働くのではなく、さまざまな感覚情報が、ある場所から別の場所へ絶え間なく行ったり来たりするのです。つまり、感覚情報が入力され、それと同時にタイミングよく動作情報が出力されることによって、私たちは「しなければいけないこと」をスムーズに行えるというわけです。

感覚入力の段階で脳が効率よく働けば働くほど、動作情報の出力もより優れたものとなります。そうすることで、さらにより多くの感覚がフィードバックされます。

このフィードバックが、さらに新しい感覚情報を取り入れることを促し、「感覚情報処理」という終わりなき作業を続ける支えになるのです。

感覚情報の「入力」「整理」と、動作情報の「出力」がうまく行われることでスムーズになる「感覚統合」の例

けたたましく鳴る車のクラクション

❶感覚情報の入力：Aさんは、ヘッドホンをして音楽を聴き、鼻歌まじりで仕事場へ向かって歩いています。交差点でAさんは左右の確認をし、道を渡って大丈夫と判断して路肩を降りました。その時、車のクラクションがけたたましく鳴るのが聞こえました。そこで聴覚情報がAさんの脳に送られます。

❷感覚情報の整理：即座にAさんは音楽を聴くのをやめます。Aさんの脳には、より緊急の任務が与えられました。関係ない音すべてを遮断し、今やってきたその新しい情報を分析します。そして、その音（車のクラクション）は危険信号だと解釈し、必要な情報を整理します。

❸動作情報の出力：Aさんの脳は適切な動作がどのようなもので、どのように反応するべきかをAさんに知らせ、Aさんは体を後ろに引きました。

すっぱいプラム

❶感覚情報の入力：みずみずしく熟れて甘そうなプラムがBさんの目に入りました。Bさんはそのプラムをかじりましたが、自分の予想が違っていたとわかりました。プラムは酸っぱかったのです。この味覚情報がBさんの脳に送られます。

❷感覚情報の整理：Bさんの脳は、その酸っぱさは害を及ぼすものと解釈し、必要な情報を整理します。

❸動作情報の出力：脳が口の筋肉に対して、どう反応するかを指示します。結果的に、Bさんは口に入れたプラムを吐き出しました。

傾むく椅子

❶感覚情報の入力：海辺でCさんは折りたたみ椅子にもたれて座っています。突然、椅子の後ろ足が砂に沈み込み、Cさんの体が後ろに傾きました。

❷感覚情報の整理：Cさんの脳は、このバランスの崩れを分析します。

❸動作情報の出力：脳がCさんに自分の体を守るよう指示します。Cさんの体の筋肉が収縮し、頭が前に傾き、手で肘掛けをつかみました。結果的に、Cさんは後ろに倒れて砂の上にひっくり返る前に、バランスを取り戻すことができました。

感覚情報処理機能の発達

　エアーズ博士は、子どもの感覚の発達を4段階に分けて図で示しました（**図1**）。博士の「感覚情報処理機能の発達の4段階」の概念は、子どものブロック遊びにたとえることができます。

　子どもは初めブロックをただ並べて、そこでブロックを押したり動かしたりして遊ぶだけです。しかし、やがて1段目のブロックの上に2段目を積むことを覚えます。そして、3段目、4段目と積むことができるようになります。

　感覚情報処理機能の発達も、このブロックのタワーと同じように進むとイメージしてください。各発達の段階は、それ以前に積まれたブロックをもとにしているのです。

　たとえば、子どもがブロックで高いタワーを作っているとしましょう。タワーの一番上に積まれたブロックの下には、たくさんの支えのブロックが積まれていますね。それと同じように、その子が複雑な技能を身につける準備をするためには、触覚、前庭感覚、固有感覚などによるしっかりした基礎が必要なのです。

　子どもは、これから複雑な技能や能力を発達させるために必要な「支えとなる基礎のブロック」を、あるべき場所に積もうとします。

　人は皆、食物による栄養と同じように、感覚による十分な栄養を必要としています。感覚をたくさん取り入れられる動作や行動をするように子どもを促すためには、その子に「やる気」や「自発性」を持たせることが肝心です。

　自発性を持った子どもは、毎日の生活の中で、自分の周囲を探検し、新しいことにチャレンジし、もっと難しい挑戦を探します。そして、新しい挑戦をやり遂げ、その技能や知識を身につけることで、その子は成功感を感じます。そしてその成功が、その子により前進する自信を与えるのです。

- 学習能力
- 複雑な運動技術
- 注意力の調整
- 秩序がとれた行動
- 自尊心と自己制御（セルフコントロール）

学校で学ぶために必要な能力

- 聴覚による識別能力
- 発話と言語能力
- 視覚による識別能力
- 目と手の動作の連携
- 目的を持って行動する能力

知覚運動協応

- 自分の体の全体像や各部分の認識
- 両側協応
- 利き手の発達
- 行為機能（体をうまく使う能力）

感覚ー運動統合能力

- 触る
- バランスと動き
- 体の各部分の配置
（視覚、聴覚など、その他の感覚）

基礎的な感覚系

図1 ● エアーズ博士の「感覚情報処理機能の発達の4段階」（著者による変形モデルの改変図）

感覚統合障害のタイプを詳しく知る

75〜77ページでも紹介しましたが、感覚統合障害とは、脳が行う「感覚情報の入力」や「感覚情報の整理」、「動作情報の出力」に何らかのつまづきがあり、その結果、日常生活の中で物事をうまく対処することができない状態をいいます。感覚情報処理がうまくいかず、動きや情緒、注意力、適応反応などがうまく働かないのです。

また、このような感覚情報処理の問題はいくつかのタイプに区別されますが、それらすべてを総合して「感覚統合障害」とよびます。**「感覚統合障害がある」ということは、脳に損傷や病気があるという意味ではありません。感覚統合障害とは、エアーズ博士の言葉にあるように、「脳が消化不良を起こしている」、または「脳の中が交通渋滞になっている」状況をいいます。**

このような障害を持つ子には、次のようなことが起こっている可能性があります。

- 中枢神経系が、感覚の情報をうまく受信、または感知しない。
- 脳が、感覚情報を効率的に統合、調整、整理、識別しない。
- 脳が混乱し、誤った動作の出力を送る。そのため、動作からの感覚フィードバックも不正確となる。その結果、その子は、その場に見合った意味ある行動をとることができず、見る、聞く、注意を払う、人や物とかかわる、新しい情報を処理する、記憶する、学ぶ、といったことがスムーズにできない。

子どもが持つ感覚統合障害のタイプを正確に理解することは、最適な対応方法を決めるために、とても重要なことです。

もっと詳しく知りたい！ 感覚の調整の問題

感覚が非常に敏感
感覚刺激を避けるタイプ
（ビクビクちゃん）

　このタイプの子は、1つまたは複数の感覚系からやってくる感覚情報に対して非常に敏感で、「感覚過敏」「感覚防衛」などとよばれることもあります。

　特に、触覚や聴覚刺激に対して過敏になるケースは、「触覚防衛反応」「聴覚防衛反応」として取り上げられることもあります。多くの感覚が影響している場合には、「感覚防衛反応」と、まとめてよぶこともあります。

　感覚が非常に敏感な子の脳は、感覚を効率的に抑制することができません。役に立たない刺激も含めた、すべての刺激に気を留めてしまうので、かなり注意散漫な子にみえます。

　また、このタイプの子は、必要以上に興奮したり、緊張してしまい、重要な感覚の中から重要ではない感覚をより分けることが難しいこともあります。そして、多くの感覚刺激にイライラし、わずらわしさや、ときには危険さえ感じて防衛反応を示してしまいます。

　たいていの人は、何かが軽く触れたり、マッシュポテトの中に何かかたまりを感じたときのような「新たに感じた感覚」に対して、一瞬注意を払いますが、すぐに無視できます。

　ところが、感覚が非常に敏感な子にはそれができません。普通なら「あれ、今の何だったっけ？」と軽くあしらえるような状況でも、「イヤだー！　やめてー！」と過敏に反応してしまうのです。

　たとえば、ブンブン飛ぶ蜂がいたり、怒鳴り声が聞こえるなどの恐ろしい状況では、もちろん大部分の人が「闘争」「逃走」「硬直」「恐怖」といった反応を示しますが、それらの反応も時間がたてば収まります。しかし、感覚が非常に敏感な子の場合は、そのような反応が極端に強く、収まりにくいのです。

　それでは、「闘争」「逃走」「硬直」「恐怖」反応とは、どのような行動のことでしょうか。

　「闘争反応」 とは、猛烈な抵抗や敵対心で反応することです。否定的や反抗的になって無茶をすることもあります。

　「逃走反応」 とは、回避しようとすることで

す。感覚に対して反感や嫌悪感を持ち、その感覚を何が何でも避けよう、追い払おうと反応します。走り去る、飛び退く、テーブルの下に隠れる、家具の上に登る、必死で抜け出そうとする、という行動をとって、危険な兆候だと認識したその感覚から積極的に逃げようとしたり、自分を苦しめる人々や物を、ただ避ける、というように"消極的な"方法で逃げる場合もあります。決してそれらに近づかないか、自分がそこから立ち去るのです。

「硬直反応」とは、その場で体が固まってしまい、動いたり、話したり、ときには呼吸さえもできなくなってしまうような反応を示すことです。

「恐怖反応」を示す子は、世界中が恐ろしい場所となってしまう可能性があります。ですから、すべてのものがその子をもみくちゃにして泣かせてしまいます。なかには、物事におびえたり用心深くなって、自分が知らない人々や状況を、自分の世界から締め出してしまう子もいるかもしれません。

このように、感覚刺激に非常に敏感な子は、一般に、このような感覚刺激を避ける可能性が高く、特に触覚と動きの感覚刺激には耐えられないことが多いようです。このタイプの子は、さりげない接触を、命を脅かす一撃のように誤解し、軽く突かれただけでも地球から落ちていくように感じてしまうのです。また、毎日の日課の変更や、大きな音、混雑した環境などにも苦痛を感じる子がいます。

また、感覚が非常に敏感な子は、よくかんしゃくを起こしがちです。何時間、あるいは1日中かんしゃくが続くこともあるかもしれません。

感覚が非常に鈍感
感覚刺激に無関心なタイプ（ノンビリちゃん）

感覚の調整の問題には、感覚に非常に鈍感なタイプもあります。このタイプの子は、感覚に対する反応が鈍く、日常レベルの注意力や緊張感を保つためだけにも、たくさんの刺激を必要とします。

このような子は、内に閉じこもっているようにみえ、物事にうまくかかわることができなかったりします。一見、「ボーッとしている」ようにみえるこの子たちは、物事に対して受

け身で、自発性に欠け、何かをやり始めることが苦手です。

なかには、すぐに疲れて眠くなったり、赤ちゃんのように眠って眠って眠りすぎてしまう子もいます。満腹感をうまく感じることができず、食べて食べて食べまくるということも、あるかもしれません。

また、ほかの子が簡単に気づくようなサインや合図を見逃すことも多いでしょう。目の前に机があったり人がいても、それを"避けるべき物"として、タイミングよく知覚できないので、ぶつかってしまうかもしれません。「熱い」や「尖っている」という感覚が、「苦痛を伴う刺激」として脳に登録されていないために怪我をすることもあります。シャツの袖口やおもちゃなど食べられない物を噛むことで、口を通して足りない感覚情報をもっと得ようとする子どももいます。

さらに、身振りなどの非言語による合図に気づかなかったり、暗黙の情報に対する反応が鈍かったりします。その結果、他人の顔の表情や身振りを読み取ることができなかったり、ピエロのおどけた仕草に笑えない、先生が建物の中へ入るよう手招きしているのに気づかない、人が眉をひそめたり動物がうなり声をあげている意味がわからない、といった問題を持つことになりがちです。

感覚の刺激を非常に求めるタイプ（モットちゃん）

感覚が非常に鈍感な子の中には、足りない感覚を求めて、ほかの子よりも多くの刺激を得て初めて満足する子もいます。その子が「もっと、もっと、もっと！」と叫ぶのは、その刺激が必要だからです。

一方、感覚が非常に敏感な子も、自分を落ち着けるのに効果がある感覚をたくさん求めようとします。このような子は、ぶら下がったり、布団の間に入り込んだり、重い物を投げたり、固い物を噛んだりと、「固有感覚」や「触圧覚」の感覚刺激を強く求める傾向があります。

ですから、こうした子の中にはとても敏感な子も、逆に鈍感な子も含まれているのです。

このタイプの子どもたちは、触りたがり屋で感じたがり屋、ぶつかり屋で、破壊屋のこ

ともあります。げっぷやおならをするのが好きだったり、よく話し、鼻歌を歌うのが好きだったりする子もいます。自分の指、シャツの袖口や襟などを噛んで、より多くの感覚入力を得ようとする行動も、このタイプの子によくみられます。

また、動きの刺激を強く求め、タイヤのブランコに乗って非常に長時間回り続けるというような激しい遊びをしたがる子もいます。

この子たちは、フラフラ感やめまいを感じにくいことが多く、マットレスに頭をつけ、逆立ち状態のままでいるのが好きだったりもします。何かに登るのが好きな子の場合は、登る対象が公園のうんていの上や、本棚、車の屋根の上だったりします。

このような感覚追求型の子どもは、せわしないテレビの画面、カメラのフラッシュ、大きな音、動く物がたくさんある遊園地などの場所を好みます。唐辛子や、辛い料理、葱やレモンなどの強い味が大好きかもしれません。

このタイプの子たちは、危険を冒し、向こうみずで、衝動を抑えるのが苦手な傾向があるので、よく問題児扱いされがちです。

感覚刺激に対する過敏性と鈍感性の混合タイプ

感覚の調整の問題を持つ子は、感覚に対する過敏性と鈍感性を併せ持つことが多いように思われます。つまり、両方の間を脳が行ったり来たりしてしまうのです。これは、脳の感覚情報の調整の仕方が安定しないためと思われます。

感覚に対する反応が不規則に変わるので、公園の遊具を使ってグルグル回転するといった激しい感覚体験を求めながら、その一方で、次の瞬間には、そういう刺激に耐えられなかったりします。また、ある日は激しい感覚を求めるのに、あくる日には同じ感覚をいやがることもあります。

この「ある時はよくて、ある時はダメ」という反応は、時間、場所、何を食べたか、睡眠時間、感覚刺激の種類などによって左右されがちです。

こういった子と接する大人は、その子の行動に唖然とするかもしれません。この子たちは、好きなことに対しては素晴らしい注意力をみせるかもしれませんが、ある感覚がじゃ

まをすると、そこで「おしまい」なのですから。いつ、どうやってその子を支援してやればいいのか、大人には、なかなかつかめないので、このタイプの子を育てたり教えたりするのは大変です。

こうした自己調整の問題を抱える子どもの中には、家では自分の気分や行動をうまく調整できるのに、学校では問題を起こしてしまう子、あるいはその逆の子もいます。ある場所では安心して自分を調整できるのに、違う場所では不安になって自己調整ができなくなってしまうのです。

このタイプの子の一番の問題点は、他人や物や出来事などを「自分がコントロールしている」と感じることでしか、自分自身をコントロールできないことです。

もっと詳しく知りたい！感覚の識別の問題

感覚情報の識別が難しいタイプ（ワカンナイちゃん）

このタイプの子どもたちは、中枢神経系が感覚情報の違いを正確に区別しないために、周囲の環境に合わせてスムーズに生活することができません。物事や出来事の重要さも誤って判断してしまいがちです。

この子たちは、感覚の意味を「正しくつかむ」ことができないので、ほかの子のように感覚情報を使って、自分の身を守る、物事を習得する、他人とうまくかかわる、といったことが苦手になりがちです。

この障害を持つ子たちの中には、空間の配置を正しく理解することが非常に困難な子もいます（これは、「視空間認知の障害」ともいわれます）。物や人が空間の「どこにある／いる」のか判断できず、本に記載された大切な視覚的記号、社交上で使われる重要な視覚的サインなどを見逃してしまうのです。

また、聴覚による識別に問題がある子の場合は、似たような音の単語、口頭による指示などに、すぐ混乱してしまいます。

　このように感覚をごちゃ混ぜにしてしまうタイプの子は、自分の体の位置が認識できなかったり、よく転んだり、自分を抑制することが苦手だったりします。

　たとえば、鉛筆を使う、おもちゃを扱う、ほかの子と遊ぶ、といったときに、適切な力を使うことができず、鉛筆の芯を折ってしまい、ブロック遊びに四苦八苦し、不注意から人や物にぶち当たってしまうこともあります。

もっと詳しく知りたい！
姿勢や器用さの問題

　感覚統合障害には、「感覚の調整の問題」「感覚の識別の問題」のほかに、体の動きに大きく影響する「姿勢や器用さの問題」があります。

姿勢の問題を持つタイプ
（グニャグニャちゃん）

　このタイプの子は、触覚、動き、体の配置についての正確な情報が、何らかの理由で、脳と体の間をうまくつながらないので、感覚情報を正確に理解することができず、体をうまく使うことができません。

　特に、前庭感覚と固有感覚に問題があり、自分の体が空間のどこにあるのか、自分の体が、今何をしているのかを正確に感じることができない子どもたちは、筋肉の緊張度が低く、しまりがなく、グニャっとした感じの体つきをしていることが多いでしょう。こうした子は、前かがみで机やテーブルにもたれかかりながら座ったり立ったりします。そして、

まるでその子の体全体を強力な「重力の怪物」が取り囲んで、地面の方へ引っ張っているかのように、どんな動作もスローだったり、ぎこちなかったりします。

このタイプの障害を持つ子は、必要に応じて体の左右両側を一緒に、または別々に使って直立姿勢を保ち、パッと行動に移るという基本的な体の動きができないことがよくあります。

そして、体の左右両側からの感覚を結ぶ過程がうまくいかず、体の両側を協調させて使うことも苦手です。たとえば、スキップをしたり、自転車をこぐことが上手にできません。

また、自分の体を適切な位置に持っていきバランスを保つことが苦手なので、ひっくり返らずにひざまずいたり、つま先で歩くといったことが苦手な傾向があります。

さらに、このタイプの子は眼球運動にも問題があることが多く、左右の目を一対として同時に協調して使うこと（両眼視）がスムーズにできないことも多くあります。両眼視の問題は、奥行きを感じたり、体を動かしたり、物に手を伸ばしたり、といった動作を難しくさせます。

また、体の中心線を越える動作（紙いっぱいに水平線を描いたり、野球のバットを振る）が上手にできないこともあります。

器用さの問題を持つタイプ
（モタモタちゃん）

このタイプの子は、不器用で行動がぎくしゃくしています。これはある動作をするために、自分の体を組み立てたり調整することが苦手だからです。

たとえば、階段を登ろうとしたり、ソーダの缶を手で取ろうとするときに、この子たちは必要以上の動きをして、失敗しがちです。このような問題を「オーバーシュート」といいます。

感覚統合障害が、いかに行為機能（体をうまく使う能力）の発達を妨げるかについては、次のChapter 3以降で、多くの例を紹介しながら詳しく説明します。

Chapter 3

触覚の情報処理が
うまくいかないと…

- 3人の幼稚園児
  （ロバート、リーナ、パトリックの園でのサークルタイムの様子）
- 触覚の働き
- 触覚は日常生活にどう影響するの？

Chapter 3

触覚の情報処理が
うまくいかないと…

> ### 3人の幼稚園児
> （ロバート、リーナ、パトリックの園でのサークルタイムの様子）

　ある幼稚園でのこと。サークルタイムの時間になり、園児たちが集まってきました。ベイカー先生は、カーペットの真ん中に、いろいろな種類のカボチャを並べています。ドングリカボチャ、黄色いひょうたん形カボチャ、パティパンカボチャ、オレンジ色の大きなカボチャ、ヘチマカボチャ、ズッキーニです。
　園児たちは1人用の正方形の敷物の上にそれぞれ座り始めました。
　けれども、ロバートは脇へ寄って、みんなが座り終わるまで待っています。やがて彼は、自分が座る敷物を恐る恐るつかんで壁のほうへ押しやりました。それから、プラスチックの小さな恐竜をポケットから取り出して握り締めました。そしてようやく敷物の上に座りましたが、隣のリーナからはかなり離れた場

所です。

　パトリックも自分が座る敷物をみつけましたが、そこへ座る代わりに体ごと飛び込み、カボチャを並べたカーペットの上にうつ伏せに寝そべりました。そして手足を投げ出して、「ほらみて！　車のワイパーのマネだよ！」と、カーペットの上で手足を大きく振り回し始めました。

「パトリック、自分の敷物の上に座りなさい」とベイカー先生が言いました。

　パトリックは座りましたが、今度は隣の男の子とレスリングを始めて、先生に「ジッとしなさい！」と怒られてしまいました。

　やがてサークルタイムが始まりました。先生は、カボチャを順番に園児たちに回し、それぞれのカボチャがどんな手触りか感じてみるように子どもたちに言いました。

　パトリックは自分が手にしたカボチャをすべて強く握り締めました。ヘチマカボチャを手の中で転がし、自分の足にこすりつけたかと思うと、次はドングリカボチャをなめて、ズッキーニをかじります。

　先生がパトリックに言いました。「手で触るだけよ、パトリック。口に入れちゃダメ。そのカボチャをリーナに回しなさい。次は彼女の番よ」

　ところが、リーナは話を聞いておらず、窓をジィーッとみていました。パトリックが彼女の膝へカボチャを次々と放り投げると、リーナはビックリして自分の膝を見下ろしました。そして、そのカボチャをじっくり触ることもなく、さっさと隣のロバートに回してしまいました。

　しかし、ロバートはカボチャを触りたがりません。リーナが最初のカボチャを渡そうとしたとき、彼は握っていた恐竜を彼女の顔の前に素早く突き出しました。

　リーナは恐竜にびっくりして跳ね返り、カボチャを落としてしまいました。ロバートがカボチャを手で受け取らないとわかった彼女は、次々と回ってくるカボチャを彼の前に置くだけにしました。ロバートは、自分の恐竜を使って、そのカボチャを遠くへ押しのけました。

　やがて、ベイカー先生が、カーペットの真ん中にすべてのカボチャを戻して一列に並べました。「ハイ、みんなこっちをみてちょうだい。カボチャを触ってどんな感じがしまし

たか？」

　園児の何人かが感想を言いました。「オレンジのカボチャはおもかったー」「ズッキーニはスベスベしていたよ」「パティパンカボチャはデコボコ！」

　「そうね、よくできました！　じゃあ、リーナはどう？　何かほかに感じたことはある？」と先生が言いました。

　彼女はモジモジしていましたが、やがて「カボチャは6個……」と答えました。

　「そのとおりね！」と先生。そして、「ほかにはない？」ともう一度彼女に尋ねました。「ない……」

　先生は次にロバートのほうを向いて「ロバートは何かある？」と尋ねました。

　彼は「こんなのつまんない」と言いました。「つまんないことないよーっ！」とパトリックが大声で叫びました。彼はカーペットのほうへ突進し、そこにあるカボチャをみんな積み重ねて、その上に転がりだしました。「おもしろいじゃん！」

　先生はカボチャをパトリックから取り上げ、「さぁ。カボチャはもう向こうへやって。今度は歌を歌いましょう。そのあとは教室の中で自由時間よ」と言いました。

　こうしてサークルタイムが終わりました。

彼らの行動にみられる問題点

　うわべだけを見れば、ロバート、パトリック、リーナは、典型的な幼稚園児にみえるかもしれません。3人の行動を目にして、「幼稚園児とはこんなものだ」と言うのは簡単なことです。

　しかし、この子たちの様子をもう少しじっくり観察してみると、「それぞれが、とても変わっている」と思う方もいるでしょう。

　ロバートは、触ることや触られることに苦痛を感じています。彼は、ほかの園児たちのそばに寄ることを避け、プラスチックの恐竜で自分の身を守っています。また、自分が座る敷物を触るのもいやがっていました。そして、手でカボチャを触ろうとしませんでした。

　一方、パトリックは、触ることや触られることが大好きです。彼は全身を使って、教室のカーペットの感触を感じようとしていました。そして、ほかの園児にぶつかって喜んで

いました。さらに、カボチャを乱暴に扱ったり、口に持っていったり、手の中で転がしたりしていました。

　また、リーナは、物を触ってその特徴を理解する、ということが得意ではありません。カボチャにわずかな注意を払っただけで、それらが重いのか軽いのか、大きいのか小さいのか、デコボコしているのかスベスベしているのか、といったことに気づきません。彼女が唯一注目したことは、カボチャの質ではなく数でした。

　この3人は、それぞれとても違っているようにみえますが共通点もあります。"触覚の情報処理があまりうまくいっていない"ということです。

　それでは次ページから、触覚とは本来どのように機能するべきか、そして、ロバート、パトリック、リーナに影響を与えている感覚統合障害のタイプについて説明します。

触覚の働き

触覚がスムーズに働くと…

　触覚とは「触った感じ」のことで、人間の身体的行動、精神的行動、情緒的行動を大きく左右する重要な役割を果たしています。

　心身の調和をとって人間らしく健全に機能し続けるために、私たちの誰もが、赤ちゃんの頃から絶え間なく触覚刺激を必要としています。

　触覚情報を最初に受け取るのは、体中の皮膚の中にある「感覚受容器」とよばれる触覚刺激を受信する細胞です。軽いタッチ、強い圧力、皮膚の伸び、振動、毛の動き、温度、痛みなどの感覚が、触覚受容器のスイッチをオンにします。

　私たちは絶えず、ほかの人々や家具や衣服やスプーンなど、何かに触ったり触られたりしています。たとえ素っ裸だとしても、足が地面に接していますし、空気が皮膚に触れていますよね。

　エアーズ博士は触覚について、次のように述べています。

「どのタイプの感覚についてもいえることですが、感覚を知覚することを促すためには、その過程で触覚による情報がかかわる必要があります。

　人類が進化する間、ずっと主要な感覚の1つであり続けた触覚は、今でも人間の出生時においては最も重要な感覚です。そして人間が人間として機能するために、触覚はおそらく一般に知られている以上に重大な役割を生涯果たし続けます」

　触覚系は、このようにとても重要な感覚系なのです。私たちは触覚を使って、自分が住む世界とつながり、他人と心を触れ合わせているのですが、それは生まれて初めて母親の胸に抱かれたときから「皮膚と皮膚の接触」

という形で始まっています。

　また、私たちは触覚の情報を使って、身体各部の認識、行為機能（体をうまく使う能力）、視覚による識別、言語、学力、情緒の安定、社会的能力を発達させていきます。

触覚の2種類の働き
防衛機能 (大丈夫！ or 危ない！) と識別機能 (なるほど！)

　触覚は2種類の要素から成り立っています。まず1つは「**防衛（保護）系**」です。その役割は、**害を与える可能性がある刺激、あるいは、よい効果を与える可能性がある刺激を、私たちに知らせる**ことです。

　この防衛系の感覚受容器は、頭、顔、生殖器の有毛皮膚に散らばっていて、軽いタッチや微かな接触による刺激が、感覚受容器のスイッチを入れます。

　たとえば、軽い接触の中には、皮膚の上に蚊がとまった、というように注意しなければならない接触があります。このような場合、「危ない！」と神経系からのメッセージが伝わると、私たちは自分の身を守るために、その接触から逃れようとします。

　また、軽い接触には、恋人の優しい愛撫といったようなウットリするものもあります。この場合、神経系は「大丈夫！」と伝えます。そして、私たちは"種の保存"という目的のために、その接触を喜んで受け入れるのです。

　一般的に、他人や物とかかわればかかわるほど、触覚の調整能力は向上していきます。そして、大したことのない感覚は無視し、小さい頃は気に障ったかもしれない取るに足らない接触に対して我慢したり、無視したりすることを身につけていくのです。

　触覚のもう1つの要素は「**識別系**」です。その役割は、**今感じている接触がどんな種類のものなのかを私たちに教える**ことです。

　たとえば、お母さんの皮膚の温かさ、お父さんの無精ヒゲの荒々しさ、足元にある小石のジャリッとした感触などを感じることで、私たちはこの世界についての理解や直感や知識といったものを得ることができるのです。「この接触は前にどこで感じただろうか？」「さっきの接触の意味は何だろう？」「その接触に対して、どう反応するべきだろうか？」など、いろいろな接触の意味を記憶し解釈す

る能力を使って、私たちは徐々に触覚による識別機能を発達させていきます。

触覚の識別機能のおかげで、私たちは次のようなことを認識できます。

- ●自分が何かに触っている、または何かが自分に触れている。
- ●体のどこに触っているか。
- ●それは、軽い接触か、強い接触か。
- ●今、触っているその物体の特質（大きさ、形、重さ、密度、温度、触感など）。

触覚受容器は体中の皮膚の中にありますが、特に手のひら、指先、足の裏、口、舌の上に集中しています。これらの受容器を反応させるのは触圧刺激です。

触覚がスムーズに働かないと…

●触覚の調整の問題

触覚刺激に非常に敏感で、触覚防衛反応を持つ子は、予期しない軽い接触に対して、冷静さを失い、興奮状態になる傾向があります。

> ウィル（3歳）は、幼稚園へ行く用意の最中ですが、お父さんが髪をとき、顔を洗おうとすると尻込みしました。そして、お父さんを押しのけ、「なんでボクをいじめるのー！」と泣きわめきます。
> ウィルは、何かが接触することに対して、未だに防衛反応が先にたってしまいます。そのため、彼はいやな状況に対して、赤ちゃんのように抵抗したり逃げたりしてしまいます。
> 彼は朝食の間もずっと取り乱していました。

事例1●触覚が非常に敏感な子の行動例

こうした反応は、実際の接触だけでなく、「触られそう」と思ったときでも同じように起こります。このような子は、触られると不快感や恐れを感じて、「闘争」「逃走」「恐怖」「硬直」といった形で過剰に反応します（**事例1**）。

たとえば、服を着せられたり体を持ち上げられたりすると、腕の中で暴れ、服を脱ごうとするかもしれません。その子に優しくしようとそばに寄ると、キックやパンチをしたり、悲鳴をあげたりすることもあるかもしれません。そのほか、指に絵の具やノリをつけるのをいやがったり、ペットや人から逃げたりする子も、触覚刺激に非常に敏感な可能性があ

ります。

　また、このような子の中には、お風呂に入るのを怖がって泣いたり、洗面所でシャツの袖がぬれてしまうと、どうしていいのかわからなくなって、その場で立ち尽くしてしまうような子もいます。

　さらに、このような子の中には、自分に苦痛を与える物や人からひたすら逃げたり、それらに絶対近寄らないという方法で触覚情報に対処している子もいます。

＊　　＊　　＊

　人は誰でもみんな、自分が住むこの世界のことを知るために、触覚の情報を必要とします。では、このように触覚が非常に敏感な子たちは、どのようにして触覚の情報を得るのでしょうか。

　彼らも「触ること」で触覚情報を得ようとします。「えっ、触覚に対して非常に敏感なのに、物に触ることができるってどういうこと？？」と思われるかもしれませんね。

　触覚が非常に敏感な子は、触ることより触られることのほうが苦手なのです。特に、軽いキスのような予期しない接触や、軽い接触、そして自分が触るのではなく、誰かや何かに触れられる接触をいやがることが多いのです。このタイプの子にとって、キスはとても不快なもので、キスされたらこすり落とそうとするかもしれません。

　また、軽い接触をいやがる一方で、ギュッと抱きしめられるような強い接触（触圧覚）については受け入れるだけでなく強く求めるのも、触覚が非常に敏感な子にみられる特徴です。このような子は、強く抱きしめられることで、しっかりした接触と強い圧力を感じ、気分がよくなるだけでなく、軽い接触への過剰な反応を抑えることもできます。

　しかし、そのように強く抱きしめられたいにもかかわらず、自分の「大丈夫リスト」に入っていない人から抱きしめられることは拒否する子もいます。「大丈夫リスト」に入る可能性が高い人とは、保護者、そして顔見知りで、かつ信用できる人です。「大丈夫じゃないリスト」に入る可能性があるのは、クラスメイト、ベビーシッター、親戚の人々です。そして、その中にはお爺ちゃんやお婆ちゃんでさえも含まれるかもしれません。

触覚がうまく処理されている子どもは、朝、目覚めて1日を普通に過ごしている間に十分な触覚の情報を得ることができますが、触覚が非常に敏感な子の場合、受け入れることができる触覚が限られているため、ほかの子どもよりも触覚情報を得る機会をたくさん必要とします。

そのため、このタイプの障害を持つ子の中には、脳が必要とする刺激を得ようと、自分が心地よく感じる表面や質感の物をさかんにくり返し触る子もいます。たとえば、スヌーピーの漫画に出てくる"ライナス"という男の子みたいに、ある毛布をどんなときでも絶対に放さないような子です。

また、おもちゃなどをいつも手に持っていたり、絶えず口にしている子なども、もしかしたら触覚が非常に敏感かもしれません。その子たちがそういった物や行動を必要とするのは、おそらく周囲の予期しない触覚刺激から自分の身を守るためかもしれないのです。

これに対して、**触覚が非常に鈍感な子**は、接触に対して無関心だったり、気づかなかったりします。その接触が心地いいものであっても苦痛を伴うものであっても、気に留めな

> ジョルジオ（6歳）は自転車から落ちてしまいました。
> 両膝を深く擦りむきました。触覚が健全に抑制されている子どもなら、痛くて足を引きずるぐらいの怪我でした。
> しかし、彼は怪我のことがほとんど気になりません。そして、サドルに再びまたがって自転車に乗り続けました。
> ベビーシッターが彼の怪我に気づき、手当てをしようとしても、彼は彼女を押しのけ、「痛くない！」と言いました。

事例2●触覚が非常に鈍感な子の行動例

い傾向があるのです。

このような子は、赤ちゃんのときに母親に抱かれてあやされていても、気持ちよさそうな反応を示さないので、抱っこは全然効果がないかもしれません。歩くようになって、足のつま先をぶつけても、泣かずに、全然平気だったりします。

触覚が非常に鈍感な子は、接触に対して、自分の身を守るために必要な反応をスムーズにできません。実際このタイプの子は、とても強烈な接触でない限り、自分が物や人と接触していることを全く感じていないようにみえます（**事例2**）。

＊　＊　＊

　子どもが自分たちの住むこの世界について学ぶためには、どの子もみんな、さまざまな感覚を体験し、感覚が伝える情報をたくさん得る必要があるのですが、触覚の調整の問題がある子の中には、この触覚をうまく処理できないために、**強い触覚刺激を非常に求める子**もいます。

　このような子は、ほかの子に比べて、より強い、より多くの皮膚接触を必要とし、目にするものすべてを触って感じようとします。そのため、家具や壁を触ったり、「触ってはダメ」とわかっている物でも手にしてしまうかもしれません。壊れやすい食器や、熱いろうそくのように手に取るべきではない物でさえも、彼らは"触ってみたい"のです。

　触覚刺激を非常に求める子は、人が不快に感じるような表面や質感の物にも触れたがるかもしれません。荒々しい木の皮を触ったり、裸足で砂利の上を歩いたりするのが好きかもしれませんし、食べ物を口いっぱいに詰め込むのが好きな子もいます。

　他人に必要以上に近寄って触ったり、相手がいやがっても、ぶつかったり、撫でたりするような子も、このタイプかもしれません。

　また、服や体が汚れるような遊びが大好きで、水たまり、泥、粘土、のり、絵の具などを絶えず探しまわっている子もみかけます。そういったものがたくさんあればあるほど、ハッピーなのです。

　このタイプの子は、しつこく懲りずに自分の好きな触覚刺激を探しまわるため、問題を起こしがちです。たとえば、服や体を汚す素材で遊ぶことに集中して、自分の服、ゴミ箱、教室などをメチャクチャにしてしまい、まわりの人を不快にさせることがあるかもしれません。

　もちろん、このタイプの子は人を激怒させるためではなく、自分の神経系が必要とする感覚刺激を得るために、そのような行動をとっているわけです。

　しかし言うまでもなく、その子の行動は、たいていの人に理解してもらえません。そして当然、その子は自分が触覚への刺激を必要としていることを説明できないので、周囲の人はみんな、その子のことを「悪いことをしている」と怒るのです（100ページの**事例3**）。

> ブライス（5歳）は、幼稚園で指絵の具遊びに使われるシェイビングクリームで遊ぶのが大好きです。今日もクリームの泡を手や腕、のど、顔に塗りたくっていました。
> やがて彼は、近くにいたトロイに泡を塗りつけ始めましたが、「やめて！ 先生に怒られるよ！」と注意されてしまいました。作業台に戻り、今度は、ほかの子たちのスペースへ泡クリームを広げだしました。みんながいやがったので、先生はブライスを止めに入りました。

事例3●触覚の刺激を非常に求める子の行動例

> コーディ（10歳）は、友だちのピーターの家で、ベタベタする生地を使ったプレッツェル作りを楽しんでいました。ピーターとなら何をやっていてもおもしろいとコーディは思いました。
> ところがそのとき、ピーターのお姉さんがサクソフォーンを吹き始めました。キーキー鳴り響く大きな音は、コーディをイライラさせ、お楽しみはそこでおしまいです。彼は、手についた生地にもう一秒たりとも我慢できなくなりました。
> 彼は流しへ走り、手をゴシゴシ洗って、「ありがとう」も「さようなら」も言わずに、ピーターの家を飛び出してしまいました。

事例4●触覚刺激に対する過敏性と鈍感性が混合している子の行動例

このような子に対してのセラピーは、安全で適切に、そして楽しく簡単にできる「触覚を使った、さまざまな遊び」を提供し、家庭や学校でもできそうな遊びを提案します。

感覚の調整の問題を持つ子の中には、**感覚刺激に対する過敏性と鈍感性の両方をコインの裏表のように持ち合わせているような子**もいます（**事例4**）。

ある瞬間は、その子は髪をブラッシングしてもらったり抱きしめられるのが大好きなのに、次の瞬間には、それが大嫌いになってしまうのです。誰かに腕を触られると悲鳴を上げるのに、鎖骨が折れても平気だというような子もいます。

●**感覚の識別の問題**

触覚情報をうまく処理できないために、物や人についての物理的な特徴に注意を向けることが苦手な子もいます。感覚の調整能力に問題があると、その子の中枢神経系は、ある特定のことに対処するので忙しくなり、それ以外のことが留守になりがちになってしまうのです。

たとえば、触覚を避けるタイプの子の場合、その子の手は、物を触ってその特徴を知るといった機会が少なくなる可能性があります。

　また、触覚を非常に求めるタイプの子の場合、目に入る物すべてをきちんと区別せずに扱ったり、誤って扱ってしまいがちです。

　もちろん、触覚情報の調整がうまくいかない子がすべて識別機能に支障をきたすというわけではありませんが、その子の識別系が本来、果たすべき役割をきちんと果たさなくなる可能性があるのです。

　さらにこのタイプの子は、触覚による識別機能がスムーズに働かないために、学校で道具を扱うときなどのような、さらに複雑な目的のために触覚を使うことが難しくなります。

　たとえば、ブロックをきれいに積んだり、バインダーに紙をはさむ際、そのブロックやバインダーの重さや質感や形がよくわからず、それらの物を何度もくり返し触る必要が出てくるのです。

　触覚情報の識別がうまくいかないと、自分自身の手をまるでよく知らない付属品か何かのようにぎこちなく使ったり、上手に本を指差せなかったり、ボタンを留めるのに、その

> 　幼稚園児のパッツィ（5歳）は、箱とゴムバンドを使って、おもちゃのギターを作っていました。
> 　しかし、各ゴムの違い、「大きい・小さい」「太い・細い」「きつい・ゆるい」を理解することができません。触覚の識別機能に問題があるため、どのゴムも同じにみえてしまうのです。
> 　一本のゴムを箱に引っ掛けることでさえ苦戦してしまうので、彼女はギター作りをあきらめてしまいました。

事例5 ● 触覚の識別に問題がある子の行動例

部分をじっと目で見ながらでないと上手に手や指を動かすことができなかったりする可能性があります。そのために、新しい手作業を習う、用具や機材を試す、教室で使う器具を扱う、日常的な作業をする、といったことが苦手になります。

　さらに、怪我をしても、どこを怪我したのか、痛みがひどくなっているのかマシになったのか、といったことを感じにくい子もいます。空腹感やトイレに行く必要性などがわからない子もいます（**事例5**）。

触覚は日常生活にどう影響するの？

　私たちは触覚を使って、自分の身を守り、物を識別し、しなければいけないことをやり遂げます。

　触覚情報は、日常生活をスムーズに過ごすために欠かせない以下のような、さまざまなスキルを身につけるためにも必要なのです。

自分の体の全体像と、体の各部分についての実感や認識

　私たちは、自分の体の各部分が互いにどうかかわっているのか、また周囲の状況とどうかかわっているのか、ということについて、固有感覚や触覚を使って無意識に認識しています。

　子どもは、このような感覚情報を使って、自分の体の全体像や各部分についての認識を発達させていきます。それは、自分の体についての地図のようなものです。その地図をもとにして、子どもはやがて意識的に、そしてスムーズに動くことができるようになり、今、自分がどこにいるのか、何をしているのか、といったことを意識できるようになっていくのです。

　このような情報をうまく処理できない子は、自分の体の全体像や体の各部分を十分に実感することができず、生活環境の中で自分の体をうまく使うことが苦手です。

　このような子は、着替えのために自分の手足を正しい方向に持っていくことができなかったり、予測ができない集団に入り混じる危険を冒すよりは、どこかの角で１人立っているほうを選んでしまうかもしれません。

　何に対しても「ジィーッと静止して立っているほうがよっぽどマシだよ」と中枢神経系が指示してしまうのです（**事例６**）。

> 音楽の時間、小学3年生のロジャーは、しかめ面をしながら後ろの列でへたり込んでしまいました。
> 彼は「頭肩ひざポン」の手遊び歌が嫌いです。歌にあわせて自分の体の部分に手を動かすとき、いつも混乱して恥ずかしい思いをするからです。
> 授業が終わり、コートを着ることに集中しましたが、これは彼にとって未だに難しい作業です。手袋をはめるのはあまりにもややこしいので、手をポケットに突っ込んで教室の外へ出ました。

事例6● 触覚情報をうまく処理できず、自分の体を十分に認識できない子の行動例

行為機能（体をうまく使う能力）

　今までしたことがないような新しい動きをするためには、行為機能（体をうまく使う能力）が必要です。

　初めてジャングルジムを登るとき、初めてズボンにベルトを通すとき、発音しにくい難しい言葉を口にするとき、子どもは意識して努力し、自分の動作を「計画する」はずです。そして何度も練習するうちに、これらの動作や行動がうまくできるようになります。

> ラーズ（4歳）は、朝ノロノロと起きてきました。お母さんが用意したジーンズとベルトは、自分で履くのが難しすぎるので、無視してお気に入りのゴムウエストのスウェットパンツを四苦八苦して履きました。
> 自分の部屋から1階までの階段を、走って駆け下りるのではなく、1段1段、まず右足、そして左足……というふうに、慎重に降ります。
> 朝食でグレープフルーツを食べましたが、スプーンを突き刺すと、お皿がテーブルの上を滑っていってしまいました。片手でグレープフルーツを押さえ、もう一方の手を使ってスプーンですくって食べることが難しいのです。
> 学校へ行く時間になったので、彼は一生懸命車に乗り込んで、お母さんがシートベルトを締めてくれるのを待ちました。まだ自分ではできないからです。そして学校に到着すると、お母さんにシートベルトをはずしてもらい、車をゆっくり降りました。

事例7● 触覚情報をうまく処理できず、行為機能が十分に働かない子の行動例

　なぜなら練習を重ねることで、自分の足と、手の下にあるジャングルジムの棒の感触をつかむといったように、触覚情報を統合することができるからです。

　一方、自分の皮膚が触れている物の情報が

うまく得られない子どもは、手足をうまく動かすことができず、行為機能の問題を抱えてしまう場合があります。このような子は、動きがぎこちなく、自分の動作を計画して形作ることができません。そして、自分の行為機能を発達させるために必要な行動を避けてしまうという悪循環に陥りがちです（**事例7**）。

行動を起こさないと、できるようにはなりません。行為機能の問題を抱える子は、行動を避けてしまうので、できることが増えていきにくいのです。

> キム（10歳）は、1人の子がボールを頭の上から次の子へ渡し、次の子が体を前に曲げてボールを足の下からその次の子に渡す「上下ボール渡し」が苦手です。キム自身の動作が遅くてぎこちないのに加えて、彼女がボール渡しのスピードを落としたり、ゲームを中断させてしまうと、ほかの子たちが怒るので、「体を動かすゲームは、ちっとも楽しくない……」と、彼女はゲームに参加するのをやめてしまいました。

事例8 ● 触覚情報をうまく処理できず、粗大運動コントロールが十分にできない子の行動例

● 粗大運動コントロール

私たちがスムーズに動くためには、行為機能（体をうまく使う能力）が必要だと説明してきましたが、私たちの動作は大きく2種類に分けられます。

1つ目は「粗大運動コントロール」といい、これは**体の中心にある大きな筋肉をスムーズに調整すること**です。これによって私たちは、体を曲げる、起こす、ねじる、伸ばすといった動作ができ、ハイハイしたり、走ってある場所から別の場所へ移動したり、自分の手や足を動かすことができたりします。

触覚や、体や手足を動かす固有感覚情報をうまく処理することができない子どもは、自分の体や周囲の物の実態を把握することがうまくできないために、粗大運動能力の発達に遅れがみられがちです（**事例8**）。

● 微細運動コントロール

行為機能（体をうまく使う能力）は、もう1種類の動作である微細運動のコントロールにとっても欠かせません。

「微細運動コントロール」とは、**手足の指、舌、唇にある小さな筋肉、そして口の筋肉の精密**

な動きをコントロールすることです。一般に、粗大運動能力の発達を基盤として微細運動能力が洗練されていきます。

触覚情報をうまく処理できない子は、箸や、はさみ、クレヨン、鉛筆など、日常で使う道具をうまく扱うことが苦手です。

そして、文字を書くなどの微細運動を必要とする課題に多くの時間が費やされる学校では、このような子は、やる気をなくしてしまいがちです。また、着替えや道具の操作が苦手で、食べかたが下手だったり、言葉の発音が明確でなかったりすることもあります。

視覚による識別機能

触覚は、視覚による識別（目で見たものを脳が解釈すること）機能の発達に、とても重要な役割を果たします。

子どもは触ることで、物の特徴や、物と物との関係を記憶します。たとえば、私たちが雨でできた水たまりを見て、実際に触らなくても、それが「入ると濡れて、冷たくて、中をジャブジャブ歩くと楽しいものだ」と理解できるのは、以前に水たまりを触ったり、その中に入ったことがあるからです。

一般に、幼い子どもは目で見たものに触り、そして自分が触っているものを見ます。物や人にたくさん触るという経験は、視覚による識別機能の基礎になります。

しかし、触覚からの情報を脳が不正確に処理してしまったら、触覚と視覚のメッセージをうまく統合することができません。すると、今、目にしている物がどんな感触を持っているのかについての基本的な情報がわからず、物を見ることはできても、見ている物について理解することができない、というようなことが起こる可能性があるのです。

言語能力

触覚は、言語の発達にもつながっています。たとえば、赤ちゃんは触ることで周囲の世界と交信します。幼い子どもは、動き回って物を触りながらその交信を広げ、やがて自分がしていることに対する他人の言葉を理解するようになるのです。

「それはヒナギクよ。そうっと触りなさい」
「それを強く引っ張って。もっと引いて！」
「足をかして。ママが靴をはかせてあげるよ」
「ボールはどこかな？　あっ、ソファーの下だったね。ほら、ボールをとって。パパにボールを投げてごらん」
「あら、ひっくり返っちゃった！　怖かったわねぇ。でも大丈夫よ。さぁ、こっちへ来てごらん。体をはたいてきれいにしようね」

　自分に向けられたこのような言葉を耳にしながら、子どもはそれぞれの言葉を行動、体の部分、物、場所、人、感情などと結びつけ、やがて動詞、名詞、代名詞、形容詞、副詞、感情表現の言葉などを学んでいくのです。

　また、口や唇、舌からの触覚情報がうまく処理できないと、口や舌をうまく動かせず、言語行動に必要な音を出したり、音をつなげる能力に支障をきたしてしまうこともあります。これは口腔失行症と呼ばれる感覚運動障害の1つです。

　触覚情報がうまく処理できないと、言語発達にどのような影響を与えるかについては、**事例9**を参照してください。

　食べることが好きな中学2年生のグラヴィン（13歳）は、家庭科の授業は選択科目として自分にピッタリだと思っていました。
　ところが、先週のタコス料理の授業では大変な思いをしました。彼は行為機能と触覚の識別機能に問題があったので、材料の扱いかた、軽量スプーンや包丁の使用などがうまくできず、不器用にすべてをごちゃ混ぜにしてしまったのです。
　今日の授業で先生は、先週のタコス料理の手順を思い出してレシピを書き出すように言いました。今そのレシピを書こうとしているのですが、料理の手順はあいまいだし、それを表現する言葉がみつかりません。うまく書きたいと思っていることを先生に伝えたいのですが、どうやって伝えればいいのかもわかりません。
　結局、彼は「肉を料理する。野菜を切る。盛りつける」とだけしか書けませんでした。

事例9●触覚情報をうまく処理できず、言語能力が十分に発達していない子の行動例

学　業

　触覚情報は、学校での勉強にも大きく影響します。学校には手で触って取り扱わなければならない物がたくさんあります。教材、楽

器、ボール、チョーク、鉛筆、紙……。こうした物に触る体験を楽しむことが、新しい物を試して知識の基盤を作ることにつながり、それは生涯続いていきます。

　触覚が非常に敏感な場合、たとえば後ろにいる子が手にした物が自分の背中に触れるのが気になって、静かにしていなければならないときでも落ち着かなかったり、ほかの子に対してイライラしたりするかもしれません。

　このような子は、コンパス、金づちなどの道具をうまく使うことを要求される授業が苦手です。そのために、図工や体育、音楽の授業が苦痛に満ちたものになってしまう可能性もあります。

感情の安定と社会スキル

　私たち人間が生まれて最初に学ぶことは、健全な神経系を使って、自分の世話をしてくれる人（たいていはお母さん）から触れられるのを喜ぶことです。ですから、私たちは普通、抱きしめられると安心します。

　自分の面倒を一番みてくれる大人（1人または2人）との親密な接触は、その子の将来の人間関係すべての土台となります。自分が愛され常に気にかけてもらっていると感じる子どもは、感情の基盤が安定し、思いやりある感情をやりとりすることを学びます。

　さらに、自分自身の気持ちに"触れる"ことで、他人に共感できるようにもなります。たとえ自分が好きではない人でも、トゲが刺さるとその人は痛みを感じ、お風呂に入るとその人はいい気分になる、ということを知るようになるのです。

　触覚情報をうまく処理できない子にとって、強い愛着を確立することは、とても大変なことです。なぜなら、日常的にみられる愛情や優しい気持ちに対して、感覚が非常に敏感な子はそれを避けますし、感覚が非常に鈍感な子はそれに気づかないことがあるからです。

　感覚が非常に敏感だと、他人が不快を感じないところで痛みや苦痛を感じますし、逆に、感覚が非常に鈍感だと、他人が不快を感じるところで痛みや苦痛を感じません。そこで、自分の気持ちと他人の気持ちとを関連させることができず、他人に共感することも難しくなります。

> お昼の時間、カーティス（8歳）はランチルームへの列に並ぶとき、自分の後ろに誰も来ないよう、いつも列の最後に並ぶようにしています。しかし、今日はイーライが列の最後に並びました。
> ランチルームへ向かっている途中、イーライは後ろからカーティスに軽くぶつかりました。それに過剰に反応したカーティスは、イーライを殴ってしまいました。イーライも殴り返し、言い争いが始まりました。
> そこで先生が中に入り、2人を引き離しました。カーティスは「イーライからやってきたんだ。彼が悪いんだ」と言いました。イーライは「ついぶつかっただけじゃないか！」と言い返します。
> カーティスは、クラスメイトが自分のそばにくると不安になるので、みんなとうまくかかわることができないのでした。

事例10● 触覚情報をうまく処理できないため、日常生活に支障をきたしてしまう子の行動例

また、人との接触をうまく受けとめることができないと、人間関係の楽しさや感激や喜びを体験することも難しくなります。触れあうことが少ないと、相手が自分は拒否されていると感じてしまうかもしれませんし、逆に必要以上に触れすぎて、相手に生理的な拒否感を感じさせてしまうかもしれません。

このように、触覚情報がうまく調整されることは、他人とうまくかかわっていくために欠かせないことなのです。

私たちは、まず母子の絆を結ぶことで、自分以外の人に接触し始め、触れたり触れられたりすることを喜び、心地よく思うようになります。そうして、人々のそばにいることを楽しむようになり、他人と遊ぶことを身につけていきます。この「ほかの人々といることを楽しみ、一緒に遊ぶ」ということは、人間独特の特徴の1つです。このようにして私たちは有意義な人間関係を築いていくのです。

触覚情報がうまく処理できないと、集団生活や社会生活にどのような影響を与えるかについては、**事例10**を参照してください。

＊　　＊　　＊

触覚情報をうまく処理できない子の特徴を、別冊の「感覚統合発達チェックリスト」にまとめています。すべての特徴が当てはまるわけではありませんが、「よくある」欄にチェックの印が多い場合は、その子に感覚統合障害がある可能性が高いと言えますので、専門家に相談されることをお勧めします。

Chapter 4

前庭感覚の情報処理が
うまくいかないと…

- 2人の小学1年生（ジェイソンとケヴィンの遊園地での様子）
- 前庭感覚の働き
- 前庭感覚は日常生活にどう影響するの？

Chapter 4

前庭感覚*1の情報処理がうまくいかないと…

2人の小学1年生
(ジェイソンとケヴィンの遊園地での様子)

　ジェイソンはひっきりなしに動き回っている子ですが、口のほうはあまり動きません。彼は「よく動くけれども言葉が少ない」子どもです。言葉を言い始めたのは3歳頃で、「シュッシュッ」や「プップー」など彼が言葉を口にする対象は電車でした。お父さんから「小さな機関車クン」と呼ばれるほど彼は電車や汽車が大好きでした。

　ケヴィンはジェイソンの友だちです。ケヴィンも電車が好きでしたが、彼の行動は車掌さんのようです。彼は「よくしゃべるけれども動きが少ない」子なのです。

---

*1：前庭感覚とは、私たちが感じるすべての感覚のもとになる感覚です。この感覚が働くことで、私たちはさまざまな感覚からの情報を統合し、自分の頭や体と、地表との位置関係を把握することができます。

この2人が一緒に遊ぶときは、ケヴィンが威張り散らしてジェイソンに命令し、ジェイソンは機嫌よくケヴィンに従います。

　ある日のこと、三輪車をつないで電車を作ろうと、ケヴィンが提案しました。2人ともかなりの不器用で、ロープの扱いに四苦八苦しましたが、どうにか3つの乗り物をつなぎ、その電車を自宅前の歩道からガレージに続く坂で滑らせようということになりました。坂の上から電車を押すようにケヴィンがジェイソンに言いつけます。

　ところがジェイソンは電車を押さず、赤の三輪車に乗りました。そして「プップー！」と叫びながら勢いよく坂を滑り降りたのです。

　ケヴィンは恐怖で固まってしまいました。彼は手も足も出ず、ジェイソンが乗った電車が手がつけられないほど疾走するのをみつめるしかできませんでした。

　ドタッと地面に落ちたジェイソンでしたが、すぐに体を起こして言いました。「今のスゴイや！　サイコーだったよ！　ケヴィンもやってみる？」

　口が達者なケヴィンも、このときだけは何も言うことができませんでした……。

＊　　＊　　＊

　さて、今日はジェイソンの6歳の誕生日で、2人はジェイソンの両親に連れられて遊園地に遊びにきています。ジェイソンは観覧車やメリーゴーランドに乗るのが好きで、ジェットコースターは一番のお気に入りです。大きなコーヒーカップに乗ってグルグル回転したり、体が傾いたりすると、最高に幸せだと感じ、もちろん目が回るなんてことは絶対にありません。

　一方、ケヴィンはそれほど夢中ではありません。彼は遊園地を楽しい所だと思ったことは一度もなかったのでした。スピードを出したり、高いところまで上がったり、回転したりといった動きをする乗り物は大嫌いです。自分がひっくり返ったり高いところから落ちたりするなんて恐怖以外のなにものでもなく、そういうことを考えただけでもゾッとします。彼が好きなのは遊園地のまわりをゆっくり回る小さな汽車だけでした。

　彼らはまず、高い傾斜台の上から、小型のそりに乗って滑り落ちるアトラクションのところにやってきました。

ジェイソンは急いで階段を上がろうとしているのですが、一段ずつのぼるので、まるで階段の上で足踏みをしているようです。そして、慌てたために、2回つまづいてしまいました。

ケヴィンのほうは、ジェイソンのお母さんと一緒に、下のほうで乗り物を見ながらグズグズしていました。彼はその小型の乗り物に乗る気はなかったのでした。

誰かが傾斜台から降り始めるたびに、両腕を上げて「ゴー！」と叫ぶケヴィン。

「ジェイソンと一緒に乗ってきたら？」と、ジェイソンのお母さんがケヴィンに声をかけました。

「いえ、ボクはいいんです」とケヴィンは言いました。「ほら、ボクはここにいて、みんなに出発の合図をしなきゃいけないから。ボクがそりに乗ったら、みんながちゃんとやってるか見る人がいなくなるでしょ」

やがて、ジェイソンとお父さんが下まで急降下してきました。「ワァーッ、すごかった！」と大満足のジェイソン。「じゃあ、今度はジェットコースターに乗りに行こうよ。遊園地じゃ、なんてったってジェットコースターが一番だからね」

けれどもケヴィンは「いやだよ、汽車にしようよ。汽車のほうが楽しいし、子どもが乗っても大丈夫だからさ」と言いました。

ジェイソンはガッカリしましたが、ケヴィンの言うことには何でも賛成します。

「プップー！　シュッシュッ、シュッシュッ、さぁ出発！」ケヴィンとジェイソンは一緒に歩き出しました。

2人の行動にみられる問題点

ケヴィンとジェイソンは「動き」の刺激に対して全く違った反応をしていますが、2人の行動にはどちらにも少し変わった点がみられます。

まずケヴィンですが、彼は動くことや、誰かや何かに動かされることを怖がっていましたね。坂を滑り降りることや、速く動いたり回転する乗り物に乗ることが嫌いで、高い所を怖れて足がしっかり地面についている状態をいつも維持しようとしています。また、ませた言葉遣いを利用して、自分のまわりをコ

ントロールする様子がみられます。

　ケヴィンに当てはまるのは、感覚の調整の問題です。前庭感覚の刺激に対して非常に敏感なため、動くことに対する許容範囲が極端に狭く、重力不安もみられます（詳しくは、118〜121ページ参照）。

　ケヴィンとは対照的に、ジェイソンは動くことが大好きで、誰かや何かに動かされると大喜びしていました。速く動いたり回転するような遊びや行動を絶えず、そして衝動的に求めていますが、頭がクラクラするようなことはない、というのが彼のパターンです。

　ジェイソンが抱える問題も感覚の調整の問題ですが、彼の場合は、動きの感覚を非常に求めるタイプです。しかし、彼の動き自体はぎこちなく調和がとれていません。

　そして、どちらの少年にも調整の問題に加えて、姿勢や器用さの問題があるようです。

　ケヴィンに当てはまるのは、行為機能（体をうまく使う能力）の問題です。そのため、3台の乗り物をつなげて電車を作るといった作業に四苦八苦していました。

　ジェイソンも、電車をロープでうまくつなげなかったり、階段でつまづいたりしていましたが、彼の場合は行為機能の問題の中でも、両側協応の問題が目立ちます。

　また、彼には言語能力の問題もあるように思われます。彼はコミュニケーションの手段として、頭を振ったり、父親の袖をグイと引っ張ったりというようなジェスチャーをよく使いますが、電車に乗って坂を滑り降りたあとや、遊園地の小型そりに乗ったあとのような「前庭感覚への強い刺激を受けたあと」は、いつもよりおしゃべりが増える傾向があるようです。

　ではこれから、前庭感覚とは本来どのように機能するべきなのか、そして、ケヴィンやジェイソンが普通とは少し違う行動をしてしまう原因である、前庭感覚の情報がうまく処理されないと、どのような症状がみられるか説明していきます。

前庭感覚の働き

前庭感覚がスムーズに働くと…

　前庭感覚（平衡感覚ともよばれます）とは、**「どちらが上でどちらが下か」「今、自分は直立しているのかどうか」といったことを私たちに教える感覚**です。この感覚が働くことで、私たちは感覚情報によって自分の頭や体と、地表との位置関係を把握することができるのです。

　バランスや動きについての感覚メッセージを中枢神経系に送ったり、筋緊張の調整（詳しくは、124～125ページ参照）をするのも、前庭感覚情報処理の役割です。

　また、自分が動いているのか静止しているのか、物が自分の体に対してどのように動いているのか、自分が動いている方向や、自分がどれくらい速く動いているのか、といった情報も前庭感覚によるものです。

　こういった情報は、すばやく逃げなければならない状況では絶対に必要なものです。

　敵と戦う「闘争行動」、危険から逃れる「逃避行動」、エサを探す「狩猟採集」といった原始的な行動には、前庭感覚の正確な情報が欠かせません。

　エアーズ博士は「前庭感覚系は、生物が最も原始的なレベルの時代から、生きるために必要不可欠な機能として存在し、その重要性は今でも、感覚統合において前庭感覚が果たす役割の中に反映されています」と述べています。

　前庭感覚の受容器は、内耳の中にある有毛細胞（特殊な繊毛が生えた細胞）です。私たちが動くと、その変化のすべてを、この内耳の受容器が感知します。この内耳にある受容器を刺激するのは、重力と加速です。

　エアーズ博士の言葉を借りると、重力とは「私たちの世界のあらゆる場所に存在する最

も不変の力」で、私たちのすべての動きをコントロールしています。

人間は進化の過程で、重力に対する反応を発達させてきました。人類の先祖といえる、この世に一番初めに現れた魚類は、重力に対する受容器を頭部の横側に発達させました。その目的は次の通りです。

- まっすぐの姿勢を保つこと。
- 効率的に動くため、自分の動きを感じること。
- 水中に起こるさざ波の振動を通して、ほかの生物の危険な動きを察知すること。

それから何百万年たった今、振動が水ではなく空気を伝わることを除いて、私たち人間は未だこれと同じ目的で重力に対する受容器を持っています。

さらに人間は、内耳のほかに、外耳と大脳皮質を持っているため、より正確な前庭感覚と聴覚（動きと音の振動）を処理することができるのです[*2]。

自然は人間の前庭感覚を、非常に繊細な機能として作り上げました。事実、食べ物や心地よい肌触りや、母と子のつながりの必要性よりも、自分が地球のどこに位置しているのかを感じて理解することのほうが、私たち人間にとってはより重要で、優先的に必要とされます。

エアーズ博士は、前庭感覚について次のように説明しています。

「私たち人間は、自分が重力とつながっていること、この世界と自分が物理的につながっていることを、前庭感覚を使って感じています。これは前庭感覚が伝える情報の中でも非常に基礎的なもので、私たちが感じるすべての感覚は、この前庭感覚の情報をもとにして処理されます。

つまり、前庭感覚が働くことで、1つの物事に対して、さまざまな感覚からの情報が統合され、私たちは物事を多面的に把握することができるのです。

---

*2：振動はあらゆる種類の反応を引き起こします。ある日の音楽の時間、大きなドラムを叩いて子どもたちとリズム遊びを行っていたときですが、3歳の女の子は「わぁー、（ドラムの音が）骨に響いてるよ！」と言いました。すると「ボクも！」と小さな男の子。彼は「ボクは、おなかにまで響いている！」と言ったのでした。

前庭感覚の情報処理がうまくいかないと…　　Chapter 4

ですから、神経系全体が効果的に機能するためには、前庭感覚の入力が最も重要のように思われます。前庭感覚系が一貫性を持って正確に機能しなければ、ほかの感覚に対する解釈はすべて矛盾して不正確なものとなり、神経系全体の働きが根本からおかしくなってしまいます」

フーッ！　なんて大変なことでしょう！　今まで耳にしたことがないものが、実はとても深く広く影響しているとは、本当に驚きですね！　すべての感覚の基盤となる前庭感覚系を通して、私たちはこの世界の中で、自分の存在や自分の立場というものを感じることができるというわけです。

なお、ほかの感覚と同じように、前庭感覚にも防衛的な要素があります。たとえば、自分がひっくり返りそうだと感じた赤ちゃんが、この前庭感覚に対して「おっとっと……」と反応し、何かつかまるものを探して腕と足を伸ばす、といった状況です。これは、赤ちゃんの体全体が、反射的に防衛反応を示したことの表れです。

子どもは成長するにしたがって、前庭感覚情報を識別することも身につけていきます。「自分が動いている方向や、自分の動きが速いのか遅いのかが、ボクわかるようになってきたよ！」といった感じです。

前庭感覚情報の識別ができるようになった子どもは、バランスのくずれを感じとると、今度はバランスを取り戻すことを学びます。すると、その子はやがて重力に対抗して両足で直立することができるようになります。

子どもが発達させていく能力の中で、前庭感覚を必要とするものはまだまだあります。たとえば、内耳で振動するそれぞれの音を識別し、物の音や人の声を意識的に注意して聞くこともその1つです。視覚による情報に気づいて体の動きを調整したり、自分が見ているものを識別する能力の発達にも前庭感覚が欠かせません。

前庭感覚がスムーズに働くことで、子どもたちは前後、左右、上下といった、さまざまな種類の「動き」を楽しむこともできます。こうした重力に対してそれほど逆らわない、ゆっくりした直線状の動きというのは、一般に気持ちのいいものなのです。

たとえば、赤ちゃんを心地よい気分にさせるには、ロッキングチェアーや揺りかごに乗

せてゆっくり揺らしたり、やさしい振動を与えたりするといい、という親であればたいてい知っている昔からの知恵があります。事実、子どもたち（大人たちも同様）の中には、気分が動揺したときに、自分の体を揺らして気持ちを落ち着かせる子がかなりいます。

また、別の種類の動きに、回転運動があります。たとえば、片足を地面につけて素早くターンしたり、メリーゴーランドに乗ったり、ブランコで高く揺れたりする動きは、すべて回転運動です。

多くの子どもは、タイヤのブランコに乗ってグルグル回るといったような遊びが好きですし、中には目がまわるまで楽しむ子もいますよね。回転運動は前庭感覚系を刺激しますから、その刺激はたいてい気持ちのいいものです。だからこそ、子どもたちは楽しんでグルグル回ったりするのです！

前庭感覚がスムーズに働かないと…

前庭感覚情報がうまく処理されないと、子どもは、「重力」「バランス」「空間での動き」に関する情報をうまく処理することができません。

このような子は、直立姿勢を保つために必要な姿勢反射が、十分に発達していないことがよくあります。

なかには、赤ちゃんのときにハイハイや腹ばいを全くせず、歩き始めるのが遅かったという子もいるでしょう。床の上にだらんと手足を伸ばして寝そべったり、グニャッと前かがみで座ったり、テーブルの上に肘をついて手で頭を支えながら座る、といった姿勢をよくとるのも、前庭感覚情報がうまく処理されていない子どもにみられる特徴です。

このような子は、公園での遊びもぎこちなかったり、要領が悪かったりします。ちょっとしたことですぐに転んだり、つまづいたり、ぶつかったり、バランスを崩しやすい子もよくいます。

また、目の動きが前庭感覚に影響されることから、前庭感覚に問題がある子は見ることも苦手な場合があります。安定して物をジッと見ることがうまくできないために、動いている物に焦点を合わせたり、自分が動きながら静止している物に焦点を合わせる、という

ことが苦手になるのです。そのため、学校生活の中で、顔を上げ下げして黒板と自分のノートをくり返し見るといった動作に混乱することもあるでしょう。

さらに、目を左から右へ動かすために必要な脳の機能が発達しないと、字を読むのも苦手になる可能性があります。

そのうえ、この情報がうまく処理されないと、言語情報の処理にも支障が出てくる可能性もあります。

動くことには鎮静効果もあり、体を動かしたら気分が落ち着いたという経験は、みなさんにも覚えがあると思います。

しかし、前庭感覚の情報を脳がうまく調整できないと、気持ちをしずめることが難しくなったり、体をスムーズに動かせなくなり、それが子どもの行動、注意力、自尊心、感情にも悪影響を与えてしまうことがあります。

● 前庭感覚の調整の問題

前庭感覚が非常に敏感な子は、激しく動くことを嫌ったり、自分が動かされるかもしれない状況をいやがって、感情的になったり極端に興奮したりします。

このタイプの子は、動きの感覚を脳がうまく調整できず、前庭感覚に大きな負担がかかりすぎてしまうのです。特に、頭や目が動くと、感覚情報が脳になだれこんで、うまくその感覚を脳が調整できなくなるのです。

前庭感覚が非常に敏感なタイプの子は、動くことに耐えられなかったり、不安が強かったりします。

前庭感覚が非常に敏感な子の中には、**動くことに全く耐えられない子**もいます。感覚情報処理が正しく行われないために、ちょっとした動きに対しても「ダメー！　ボクを動かしちゃヤダー！　そんなに速く動くとコワイよー！」と反応してしまうのです（**事例1**）。

このような子は、よく乗り物酔いを起こしがちです。また、自転車に乗ったり公園で滑り台やブランコで遊ぶのが嫌いな子もいます。

このような子たちにとって、回転運動は、さらに強い苦痛のもととなります。たとえば、タイヤのブランコなどに乗ると、すぐにフラフラして吐き気をもよおしたり、輪になって歩くだけでも頭痛や胃痛が起きる子もいます。

そのため、このような子たちは動くことを避けてしまうので、ちょっとしたことで息切

> 今日、園児たちは「みんなが座れる椅子取りゲーム」をしています。椅子の数は減らさずに、音楽が鳴っている間、椅子のまわりを動き、音楽が止まったら椅子に座るというルールで、誰一人「負け」はなく、みんながずっとゲームに参加できる遊びです。
> 　ショーン（4歳）は、音楽やリズム遊びの時間が嫌いです。「みんなが座れる椅子取りゲーム」が特に嫌いです。
> 　音楽がスタートし、ほかの園児たちが椅子のまわりを自由に動き回っているときも、==彼は椅子の上にしがみつきながらジリジリとしか動けませんでした。==
> 　椅子のまわりを2周した時点で、彼は額に汗をかき、胃がムカムカしました。==ようやく音楽が止まり、彼はホッとため息をついて椅子に座りました。==
> 　そして、==音楽がまた始まっても、彼は動かず椅子に座り続けていました。==

事例1●前庭感覚が非常に敏感で、動くことに耐えられない子の行動例

れがしたりすぐに疲れるようになるかもしれません。

　また、自分の動作を計画したり、感覚と動作を協調させることに対しても、自信を持って行えなくなることもあります。

　　　　＊　　　＊　　　＊

　自分がこの地球とつながっていると感じることは、私たち人間が生存していくために最も必要なことです。

　私たちは、地面と自分との位置関係を前庭感覚系からの情報で感じています。自分がこの地球と重力でつながっているという信頼感や安心感のことを**「重力安定感」**といいます。

　一般的に子どもは「自分が重力に逆らって自由になると、どうなるか冒険してみたい」といった意欲を持っているものです。ですから、ジャンプやブランコやでんぐり返しなどの、地球とのつながりから一瞬離れるような動作や遊びに挑戦するわけです。

　ただ、これはどんな動きや姿勢をとっても、"元どおりの状態に戻る"とわかっているからできるのです。そして、このような基本的な安心感によって、子どもは安定した感情を発達させていきます。

　感覚を調整する能力が不十分な子の中には、この**重力に対して安定感を持たない子**がいます。このような子は、自分の足が地面から離れると、どうすることもできないように感じてしまいます。そして、地球とつながっているという基本的な安心感が無いために**「重力**

不安」という問題を抱えることになります。

重力不安とは、**自分がどこかから落ちたり転倒するかもしれないという状況に対して、極端に苦痛や不安を感じること**をいいます。重力不安は、生理的または本能的に感じる恐れです。

重力不安を抱える子は、脳が重力の変化に対して過剰に反応してしまうので、立っているときのような安定した状態でも、自分が転倒するかもしれないという不安から逃れることができません。

このような問題を持つ子にとって、動くということは楽しくないばかりか恐ろしいものなのです。自分の頭が動いただけでも「わぁ～、体が落ちるぅ～！」と反応してしまい、そういった刺激に対して過剰に抵抗したり、逃げたりせずにはいられません。

このような子は、苦痛を感じる刺激に対して抵抗するかもしれません。たとえば重力不安を持つ赤ちゃんは、抱き上げられたり揺らされたり、ベビーカーに乗って動かされたりすると、極端にいやがる様子をみせます。車に乗ったり、丘を滑って遊んだりすることに誘われると、怒って聞き入れないような子ど

> クラスのみんなと小さな山をハイキングしていたときのこと。
> ブラッド（9歳）は、自分の一歩一歩を慎重に確かめながら歩いていました。**彼は不平が多く、無口で動きがノロノロしています。**
> 木のつるにぶら下がって順番に遊んでいるクラスメイトを横目で見ながら、それにかかわらないよう離れていましたが、**自分の番が来たので、つるをイヤイヤつかみました。でも動けません。**
> 「どうしたんだよ！ おもしろいからやってみろよ！」と誰かが叫びました。
> ブラッドは**足が地面から離れると、まるで空間に落ちるかのように感じるのです。**
> 結局、彼は「こんなバカみたいな遊び、つまんないね」と言ってつるを離し、そこから歩き去りました。

事例2●前庭感覚が非常に敏感で、重力の変化に不安を感じる子の行動例

もにも、重力不安があるかもしれません。

また、苦痛を感じる刺激から逃げる子もいるかもしれません。このような子は、自分が動くことに対して極端に警戒し、動かないようにしています。「頭は上で足は下」という姿勢を維持して、植物のようにしっかり地面に根づくことを好みます。

こういった子は、「かごめかごめ」のよう

な輪になって動く遊び、自転車に乗ること、滑り台、水泳などをやりたがらないかもしれません。また、砂浜のような不安定な地面をいやがったり、公園の網登りを怖がるというのも、このような子によくみられます。

こうした子どもたちは、転んだり落ちたりすることの心配ばかりして、遊んだり、社会の中で交流したりといったことに、自分の気を向けることができないので、融通が利かず物事をコントロールしたがったり、社会的や感情的な問題を持ちやすくなります（**事例2**）。

　　　＊　　　＊　　　＊

一方、前庭感覚の調整に問題がある子の中には、**前庭感覚が非常に鈍感な子（動くことに対する感覚が極端に鈍い子）** もいます。「動くことに対して苦痛を感じない」のではなく、「自分が動いていることに気づいていない」ようにみえるタイプの子です。

このタイプの子は、赤ちゃんの頃とても育てやすかったかもしれません。誰の腕の中でも体を丸くして眠り、いつも長い間お昼寝をしていたからです。しかし大きくなるにつれて、その子には活発に動こうとする意欲が欠けているようにみえてくるはずです。

この障害を持つ子は、自分の動作を「軌道に乗せる」ために、ほかの子よりも多くの動きが必要なのですが、動きの刺激を求めるということをしません。しかし、いったん動き始めると、とてもイキイキしだします。

また、**自分の体が転倒する感覚に気づかない子**もいます。この場合、手足を伸ばして姿勢を立て直すというような転倒に対する効率のよい反応ができません。ですから、この問題を持つ自閉症の子には、転んでできた打撲のあとやアザがよくあったりします（**事例3**）。

> 自閉症児のキャメロン（13歳）は、水中療法を受けにプールに来ています。
> セラピストのほうへ向かってノシノシ歩いているときに、彼は水たまりの上で滑ってしまいました。自分が転倒するという感覚に気づかず、自分の身を守る動作も遅いので、彼は壁にはじき飛ばされ、プールデッキの上に倒れてしまいました。
> セラピストがキャメロンに走り寄り、彼がカッとなって我を忘れる前に、痛みを和らげる水の中へ入るよう導きました。

事例3● 前庭感覚が非常に鈍感な子の行動例

Chapter 4

前庭感覚の刺激を非常に求める子は、ほかの子どもたちが十分だと感じる「動き」の刺激にも決して満足することがありません。つまり、動くことに対する許容範囲が広すぎるのです。ですから、自分の感覚の要求を満足させるために、けたはずれに激しい動きを探し求めて楽しむのが、このタイプの子どもたちの特徴です。

このような子の中には、ちょっと変わった方法で、重力に逆って前庭感覚を得ようとする子がいます。たとえば、上下逆さまの姿勢になる、ベッドの縁にぶら下がる、床に頭をつけて軸にして回る、などが一例です。

ジャングルジムのてっぺんから飛び降りたり、穏やかなペースで走る状況でも全速力で走ったり、といった激しい動きの感覚を絶えず求めている子もいます。何かに登ることが好きでたまらない子もみかけますが、その子にとっては身のまわりのすべてが"ハシゴ"なのでしょう。

また、長い間、揺れ動くのが大好きな子もいます。このような子は、グルグル回ったり、頭を左右に激しく振ったり、公園のメリーゴーランドやタイヤブランコに乗って回るよ

ビリー（3歳）は、お母さんとプールへ来ていました。

彼は大人用プールからジャンプしようとし始めましたが、お母さんに止められて、子ども用の囲いがある浅いところへ連れていかれました。

ところが、お母さんがプールの監視員と、ビリーの初めての水泳レッスンについて話をしているときに、彼は逃げ出しました。そして、高い飛び込み台へよじ登り、台の縁をヨタヨタ歩いて、深い水の中へ飛び込もうとしました。

彼がいないことにお母さんが気づき、飛び込み台へ飛び乗って、もう少しで水の中へ落ちる寸前の彼を捕まえました。

事例4● 前庭感覚の刺激を非常に求める子の行動例

うな、回転運動を特にやりたがります。

また、常に動き回って、危険などに対する注意を十分に払わなかったり、子どもの動き自体がぎこちなかったりすることも多くみられます（**事例4**）。

前庭感覚は日常生活にどう影響するの？

前庭感覚から得る情報は、日常生活に必要な以下のようなスキルを身につけるためにも欠かせません。

動きとバランス

前庭感覚とその他の感覚が中枢神経系で正しく統合されると、調和のとれた動きやバランスを自動的にとれるようになります。

前庭感覚系が働くことによって、私たちは自分が今いる空間のどちらが「上」かを把握し、その方向に向かって体が自然に直立しようとします。

この直立状態を維持するためには、胴体と手足の非常に細かい姿勢調整が自動的に行われる必要があります。この繊細な姿勢調整によって、私たちは自分の体を安定させ、バランスを直したり維持したりして、スムーズに動くことができるのです。

前庭感覚情報をうまく処理できない子は、スムーズに動いたり、バランスをとることがうまくできません。動きが小さすぎたり大きすぎたり、動くときに過剰な注意を払ったり、または注意が全く足りなかったりします（**事例5**）。

ジョー（10歳）は、毎日一生懸命練習しているにもかかわらず、スケートボードに乗るコツを全くつかむことができません。

彼は自分が転倒しそうになるのを感じるのですが、それを防ぐことができません。というのは、胴体と手足による繊細な姿勢調整がうまくできないために、絶えずバランスを崩してしまうからです。

事例5● 前庭感覚情報をうまく処理できず、動きやバランスが十分にとれない子の行動例

筋緊張

「筋緊張」とは、筋肉の張り具合のことです。私たちは意識を失わない限り、筋肉が"完全に"リラックスした状態になることはありません。普通の生活の中で適度に運動している人なら、体が休まっている状態のときは、筋肉の緊張もそれに合った適度なものとなっています。

前庭感覚系は、固有感覚系とともに、この筋緊張に大きく影響しています。脳から筋肉に伝えられる神経情報を前庭感覚が調節することで、筋肉がどれだけ緊張すればよいのかという指令が正確に伝わります。それによって、私たちは重力に対して適切に逆らって、さまざまな作業をすることができます。

通常、筋肉は張りすぎたり緩みすぎたりということはなく、いつもちょうどよい具合に緊張しているので、私たちはそれほど意識したり努力しなくても、自然に体を動かしたり直立姿勢を保ったりすることができるのです。

ところが、前庭感覚からの情報をうまく処理できない子は、グニャッとした体つきをし

テッド（4歳）は、ベッドの上に座って、お父さんに靴下を履かせてもらっていました。年相応の子どもなら、靴下やスニーカーが1人で履けて、人の手を借りるのは靴ひもを結ぶときぐらいのものですが、テッドにはまだ、どちらもできません。

彼の足を靴下に押し込もうとしながら、お父さんが言いました。「テッド、父さんに協力してくれよ。まるで父さん1人が靴下と格闘してるみたいじゃないか」

テッドは、お父さんに協力しようとするのですが、自分の思うように足が動きません。やっと靴下が履けました。

次にスニーカーを履かせようと、お父さんがテッドの足をくねくね動かしていると、彼はベッドにダランと仰向けに寝そべってしまいました。

「頼むから、協力してくれよ」とお父さんが言っても、テッドは「疲れちゃったよ」と返事するだけでした。

事例6 ● 前庭感覚情報をうまく処理できず、筋緊張が低下している子の行動例

ている、つまり筋緊張が低下していることがよくあります。

こうした子の筋肉の構造には、何も問題ありません。筋肉に「活力」を与える脳からのメッセージがうまく伝わらないことが原因なのです。脳からの「活力」が届かない筋肉は、体をスムーズに動かすために必要な準備や緊

張を十分に備えることができません。

このような子はテーブルの上に突っ伏したり、手足をダランと伸ばして床に寝そべったり、背中を丸めて座ったりしていることがよくあります。

また、重力に逆らうことに多くのエネルギーを使わなければいけないので、筋緊張が低い子どもは疲れやすい傾向があります（**事例6**）。

両側協応（体の左右両側を協力させて動かす能力）

両側協応とは、**両手や両足など体の左右両側にある部分をチームワークのように協力させて動かすこと**です。健全に調整された前庭感覚系が働くことで、体の左右から送られてくる感覚メッセージが統合されて、両側協応ができるようになります。

「正中線」とよばれる体の中心を通る直線を超えて動くことを、子どもは3歳か4歳頃までに身につけます。この動作は、脳が体の両側を協調させて動かす準備ができたことを意味します。

両側協応の問題を持つ子には、たとえば絵を描くときに、紙の左側と右側を分ける真ん中の地点で、筆を片方の手からもう片方の手へ持ち替える、といった様子がみられます。

また、利き手が定まらず、食事、お絵描き、文字の書きとり、ボール投げなどのときに、左手を使っているかと思えば突然右手を使いだすという子もよくいます。

景色を見渡したり動いている物を目で追ったりするときにも、途中で目が止まったり、まばたきをして焦点を合わせ直す必要がある子もいるでしょう。

両足を同時に使って何かの上からジャンプしたり、両手を同時に使ってボールを受けたり手をパチパチたたく遊びをすることがうまくできないのも、両側協応の問題のせいかもしれません。紙を手で持ちながらハサミで切ったり、字を書くときにもう一方の手で紙を固定したりといった作業で両手を協調させて動かすことが苦手な子もいます。

両側協応の問題は、姿勢や器用さの問題の1つですが、このようなことに困難をみせる子どもが、学習面や行動面でも苦労していることは、事実よくあることです（**事例7**）。

セリア（8歳）はピンクのバレンタインカードを作ろうとしています。
厚紙のハートのふちをなぞっているのですが、型紙を固定するのに苦労しています。ペンでなぞり終わったハートの輪郭はガタガタでしたが、それで作業を進めなければいけません。右手で紙を左手でハサミを持ちました。
あっ、まちがいです。彼女は紙とハサミを持ち替えました。そしてぎこちない手つきで紙を切っていきました。左手で紙を回す代わりに、ハサミを持つ右手が紙のまわりを動いています。
できあがったハート型のカードは、あまりよい出来ではありませんでしたが、お母さんは気に入ってくれるだろうと彼女は思いました。

事例7● 前庭感覚情報をうまく処理できず、両側協応が十分にできない子の行動例

リビィ（7歳）が所属しているガールスカウトでは、今日、ダンスの「マカレナ」を練習しています。このダンスには、手や腕を空中で方向を変えながら動かして、体のいろんな部分へ順番に持っていったり、両腕を少し前に出して肩を前後に交互に動かし、4分の1回転しながらジャンプをするなど、複雑な動きがあります。
ところが、彼女は行為機能に問題があるので、腕や手を動かすことは、ややこしくてストレスがたまります。動きが難しすぎるところは、ただ体をブラブラさせていました。
また、4分の1回転ジャンプをしようとしたら、全然違う方向にいってしまいました。
ダンスをやめて、ほかの女の子たちが踊っているのを見ても、その複雑な動きを覚えられそうにありません。
みんな毎回新しいことに挑戦することなんてやめて、慣れ親しんだ活動をずっとやっていればいいのにと、リビィは思わずにはいられませんでした。

事例8● 前庭感覚情報をうまく処理できず、行為機能が十分に働かない子の行動例

行為機能（体をうまく使う能力）

これまでに何度かお話ししてきましたが、行為機能（体をうまく使う能力）とは、慣れない動きが複雑に組み合わさった行動を頭の中でイメージし、体の動きを調節して、実行する能力のことです。

さまざまな動きをイメージして頭の中で組み合わせるためには、体の各部位の位置や動きについて脳が正しく理解している必要があります。そして、脳が体の各部位を正しく理解するためには、前庭感覚と触覚や固有感覚

が神経系を通してうまく統合されなければなりません。これらのことすべてがきちんと行えて初めて、自分がしようとした動作を実行できるのです。

前庭感覚情報がうまく処理できないと、「こういうふうに動けば、体がどう感じるのか」という情報を脳が正しく記憶することができません。

ですから前庭感覚に問題がある子は、すでに習得したスキルを参考にして、それに似た新しいスキルを身につけることが、ほかの子のように簡単にはできない可能性があります（事例8）。

感情の安定

前庭感覚情報がうまく処理できない子は、情緒がしっかり安定しない場合があります。自分がどこに立っているのか、自分が空間をどのように動いているのか、といったことを正確に感じることができず、いろいろな状況で自分の行動や感情が混乱してゴチャゴチャになっている可能性があるのです。

また、このような子は、自分に自信がないこともあります。何気ない日常の作業が自分の能力を超えていて、毎日「そんなこと、できないよ〜」とばかり口にしているかもしれません。やってみようと試すことすらしない子もみかけます。

＊　　＊　　＊

前庭感覚情報をうまく処理できない子の特徴を、別冊の「感覚統合発達チェックリスト」にまとめています。

すべての特徴が当てはまるわけではありませんが、「よくある」欄にチェックの印が多い場合は、その子に感覚統合障害がある可能性が高いと言えますので、専門家に相談されることをお勧めします。

Chapter 5

固有感覚の情報処理がうまくいかないと…

- 9歳の男の子（トニーのプールでの様子）
- 固有感覚の働き
- 固有感覚は日常生活にどう影響するの？

Chapter 5

固有感覚*¹の情報処理がうまくいかないと…

9歳の男の子
(トニーのプールでの様子)

　トニーはこれまで何度も団体スポーツに挑戦してきましたが、体をスムーズに動かして運動するということがとても下手です。
　自分のきょうだいも含め、ほかの子どもたちから「タイミングを合わせるのが本当にヘタだよなぁ」とか「オマエみたいなやつ、誰もチームに入れたがらないや」などと意地悪を言われ、彼はとても辛くなります。
　トニーがどれほどスポーツをやりたがっているのかを知っているお母さんは、近所のプールで行われている初級者用水泳チームに参加するように彼を説得しました。水泳用

*1：固有感覚とは、自分の動きや体の位置を感じる感覚です。この感覚が働くことで、私たちは自分という存在を認識し、体を安定させたり、動かすことができます。

ゴーグルとチームの水着と新しいカバンを買うと、トニーは水泳なら自分でも大丈夫かもしれないと思い始めました。

　さて練習の初日。彼はノロノロと更衣室へ入っていきました。ほかの少年たちが冗談を言ったり笑ったりしながら更衣室の中を出たり入ったりしています。

　その中でトニーはモタモタしながら着替えをしました。彼は自分の動きひとつひとつを慎重に目で確かめます。水着の履きかたがおかしなところを、ほかの子たちに笑われたくなかったので、水着のひもを結ぶときは特に注意しました。

　ようやく着替えを終えたトニーは、コンクリートのプールデッキに出て、コーチのいるほうへ向かいましたが、彼の歩き方はギクシャクしています。かかとをドスンと落としながら、自分が進む方向を見ずに自分の足を見ながら歩いていて……案の定、椅子にぶつかってしまいました。ガチャンという音がプールデッキ中に響き渡ります。

　コーチがチラッと見て手招きをしながら彼を呼びました。

　「こっちだぞ！　ゴーグルをはめてプールに飛び込んで！　さぁ、練習を始めよう！」

　けれども、ゴーグルをはめるのはトニーにとっては大変なこと。というのは、自分のしていることが目で確認できないからです。彼がなんとかゴーグルを調整してはめた頃には、ほかの子どもたちは、すでにプールに飛び込み、かなり向こうのほうまで泳ぎ始めていました。

　プールへの飛び込みかたを知らないトニーには、プールに入ること自体も大変です。プールの端のハシゴのところへ行き、水のほうを向いてハシゴに立ちました。そして、腕を後ろに伸ばして手すりを握り締め、前向きの姿勢でハシゴを降りようとしました。

　しかし、トニーは途中で、ハシゴは前向きではなく、後ろ向きで降りなければいけないことを思い出しました。ハシゴの段を足で恐る恐る探りながら体の向きをようやく変えることができた彼は、ジワジワと水の中に入り、ようやく泳ぎ始めることができました。

　以前に水泳のレッスンを受けたことがあるので、泳ぎの基本は知っているトニーですが、ストローク（手のかき）のバランスがとれません。右腕はうまく伸ばせますが、左の肘が

固有感覚の情報処理がうまくいかないと…　　●　Chapter 5　●　131

曲がりすぎて体が左に傾いてしまいます。ですから、左へ左へと泳いでしまい、すぐにロープにぶつかってしまいました。

息継ぎもうまくできません。右腕、左腕、息継ぎ、右腕、左腕、息継ぎ……と、彼は一生懸命集中するのですが、順番がこんがらがってしまいます。そして、息継ぎをするときは右腕の動きがストップしてしまうので沈みそうになるのでした。

プールの端にたどりついたとき、トニーはもうクタクタでした。ほかの子どもたちは、すでにもう一方の端に戻り始めています。

何をやってもいつもビリになってしまうトニー。彼は水泳もやっぱり自分に向いていないのかもしれないと思いました……。

トニーの行動にみられる問題点

トニーは、体の動きの情報がうまく処理できないので、動作にいくつかの問題がみられます。

まず、彼はプールデッキにかかとをドスンと打ちつけて歩いていました。まるでロボットのようですが、これは筋肉や関節により多くの感覚情報を伝えるためです。

また、彼は自分の体の全体像を十分に認識できていないようです。体の各部分が空間のどこに位置し、どのように動くのかを実感することができません。そして視覚に頼って自分の体を動かしています。水着を着るのに長い時間がかかるのは、自分の手を見ながら着替えなければいけないためです。目の上にゴーグルをはめるといっただけのことが大変な作業になってしまうのも、自分がしていることを目で確認できないからです。

プールの中に入ることもトニーにとっては一苦労でした。プールのハシゴを降りるために自分の体をハシゴに合わせることがパッとできません。ハシゴは後ろ向きで降りるべきなのに、自分が前向きの姿勢で降りようとしていることに気づき、ハシゴの上で体の向きを変えようとしますが、足の置き場所を探すのにもモタモタしていました。

トニーの泳ぎもスムーズではなかったですね。両腕の動きを合わせるのが困難なため、彼のストローク（手のかき）はちょっと変わっています。

水の中が好きで上手に泳げるようにと一生懸命練習するトニーでしたが、簡単に挫折し、自分は水泳に向いてないと決め込んでしまいました。自分の体をしっかり認識してスムーズに動かすことができない彼は、固有感覚からの情報処理がうまくいかないのです。こうした子は、行為機能（体をうまく使う能力）に問題を抱えることが多く、前庭感覚からの情報処理がうまくいかないことも多いようです。

　ではこれから、固有感覚とは本来どのように機能するべきなのか、そしてトニーをプールの中だけでなく、さまざまな苦境におとしいれる原因となっている、固有感覚障害について説明していきましょう。

固有感覚の働き

固有感覚がスムーズに働くと…

　固有感覚とは、自分の動きや体の位置を感じる感覚で、たとえると「体の中にある目」のようなものです。固有感覚によって私たちは次のようなことを把握します。

- 自分の体全体や体の部分が空間のどこに位置するのか。
- 体の各部分がお互いどのようにかかわっているのか。
- 筋肉がどれくらいの力と速さで伸びているのか。
- 自分の手足が空間でどれだけ速く動いているのか。
- 自分の動作のタイミングは十分かどうか。
- 筋肉がどれくらいの力を出しているのか。

　どんな動作をするときにも、これらの情報は欠かせませんね。反射神経、無意識による反応、意識的に行う行為なども固有感覚の情報に左右されます。私たちは固有感覚を使って、自分という存在を認識し、自分に与えられた仕事をするのです。バイオリンの名人、ダウンヒル競技のスキーヤー、サラダ専門のシェフから、三輪車に乗り始めた幼い子、ママの目を盗んでクッキーを食べようとしている男の子、読書感想文を書いている女の子まで、みんな一緒です。

　固有感覚には、無意識に働くものと意識的に働かせるものとがあります。まっすぐな姿勢で座っているときには無意識のうちに固有感覚が働いています。椅子から立ち上がるため組んでいた足を元に戻すのは、意識的に固有感覚を使った動きです。

　固有感覚は「運動感覚」や「位置感覚」、「深部感覚」などともいわれます。固有感覚の感

覚受容器は主に筋肉と皮膚ですが、関節、靭帯、腱、結合組織（体内のさまざまな器官や組織の間を結んで隙間を満たす組織）の中にも受容器があります。

　これらの受容器が受け取る刺激は「伸び縮み」です。筋肉や皮膚が伸びたり縮んだりして、体のどこかの部分が曲がったり、まっすぐになると、今、体のどこでどんな動きが起こっているのかというメッセージが中枢神経系に送られるのです。

　固有感覚への刺激を最も多く、そして最もよい状態で受け取るには、重力に逆らった動きをして、筋肉を活発に緊張させ、伸ばすことが一番です。たとえば、腕立て伏せ、洗濯物が詰まった籠を持ち上げるといった重作業がよい例です。

　それに対して、靴屋さんの店員に足を持ち上げてもらって新しい靴を履くといった「受け身の動き」のときは、固有感覚への刺激はそれほど多くありません。

　また、静止した状態でも、私たちは意識することなく固有感覚のメッセージを受け取っています。たとえば椅子に座って目を閉じてみてください。あなたが今「椅子に座っている」と感じることができるのは、視覚ではなく固有感覚によってです。足を踏み台の上にのせているのか、この本を手で持っているのか、といったような情報を"足や手を見ることなく"感じることができるのは、固有感覚のおかげなのです。

　固有感覚系を通して感じる筋肉への刺激は、触覚系や前庭感覚系と深くつながり、触覚と動きの感覚との統合が促されます。専門家が時々「触覚固有」「前庭固有」という言葉を用いて話すほど、固有感覚は触覚や前庭感覚と互いに深く影響し合っています。

　触覚固有（「体性感覚」ともいいます）とは、**触覚と、身体位置に関する感覚とを同時に処理して知覚する感覚のこと**です。コップに入ったミルクの重さを判断する、文字を書くために適切な力で鉛筆を握る、などの日常作業には、この感覚を識別する能力が必要です。

　前庭固有とは、**活発に動いているときに、頭の位置に関する感覚と、体の位置に関する感覚を同時に処理して知覚する感覚のこと**です。この感覚を識別する能力は、ボールを投げたり受けたりするときや、階段を昇り降りするときに必要です。

それにしても固有感覚とは、一体何のために必要なのでしょうか。**固有感覚の役目は、自分の体を意識し実感することを促すこと、そして運動制御や行為機能といった動きに関するコントロールを統括することです。**

　視覚を識別することにも固有感覚が影響します。というのは、より多く動けば動くほど、自分が目にするものをより確かに理解することができるからです。

　また、動作を順序づけて行ったり、体を効率よく最小限の力で動かすためにも固有感覚が欠かせません。スムーズに歩く、速く走る、スーツケースを運ぶ、座る、立つ、体を伸ばす、横になる……これらの動作ができるのも、すべて固有感覚のおかげです。

　そして、自分の体を信頼できることは安心感や安定感につながります。つまり、固有感覚は感情の安定にも役立っているのです。

　固有感覚が行う重要な働きはまだあります。それは、脳の活動レベルの調整です。活動レベルが低くなりすぎると、固有感覚を使うことでそれを上げたり、反対に活動レベルが高くなりすぎると、それを下げることができるのです。

　また、ほかの感覚に対して敏感または鈍感になりすぎたときも、固有感覚への刺激によってバランスを取り戻すことができます。たとえば、1日中座り続けて覚醒水準が低くなっている人は、壁を押す、太いゴムのチューブを引っ張る、または空中ブランコの棒にぶらさがる（！）などの動きをして固有感覚を刺激することで、意識がハッキリするでしょう。そして同じような刺激によって、騒がしい教室の中で自分の感覚に負担がかかりすぎている子の気を静めることもできるのです。

　また、固有感覚の入力によってもたらされた落ち着きや安定感は数時間続くことがありますので、私たちはこれを使って自分の行動をよりよくすることもできます。

　この現象を知っている学校の先生や、保護者、セラピストが、子どもたちをおはなしの時間にジッとさせたり、集中して宿題をさせたりする前に、その子たちに体を伸ばしたり、重力に逆らった動きを十分にさせたりするのは、その一例です。

　固有感覚には、動きを時間的観点や空間的観点で識別するという機能もあります。たとえば、靴ひも結びがよい例です。靴のひもを

結ぶには、指の筋肉の固有感覚が正確に働かなければいけません。そして指の筋肉の固有感覚を調整するには、靴ひもを見て（視覚）、触って（触覚）、いろいろな情報を識別することが必要です。靴ひもの端をいつ引っ張るのか、どのくらい大きな輪を作るのか、その輪のどの部分を指で押さえておくのかなど、すべてに固有感覚の働きが関係しています。

大人になれば、暗闇の中や半分眠りながら靴ひもを結べるかもしれませんが、それも固有感覚が正確に働くからこそできるわけです。

固有感覚がスムーズに働かないと…

固有感覚がうまく働かないと、筋肉、皮膚、関節を通して知覚する感覚が、効率的に処理されません。

このような問題は、たいていの場合、触覚や前庭感覚などの情報がうまく処理されない問題と一緒に現れます。触覚だけ、または前庭感覚だけがうまくいかない子はよくみられますが、固有感覚だけうまくいかない子は非常にまれです。

自分の体の位置や動きについての感覚は無意識に感じる日常的な感覚ですが、固有感覚に問題があると、この体の位置や動きの感覚を中枢神経系がスムーズに調整しないため正確に解釈することができません。ですから固有感覚がうまく働かない子は、体の位置や動きに関する情報を使って周囲に適応した行動をとることが難しくなります。

よくみられるのは、自分の体の各部分が、どこにあるのかを認識したり、自分の動きの加減やスピードを識別することが困難なために、全身を使った大きな運動（粗大運動）や手先を使った細かい運動（微細運動）で使う各筋肉の動き加減を正しく調整できない、いわゆる「不器用な子」です。

このような子は物を操作することが苦手で、物を力強く扱いすぎたり、逆に、力が足りなかったりします。ドアノブを回すのに四苦八苦したり、おもちゃを壊したり、鉛筆の芯を折ったりするのはしょっちゅうです。いつもミルクやジュースをこぼしてしまう子もいるでしょう。水の入ったバケツのような重い物や、フォークやくしなどの軽い物を、適切な力で握ることができない子もよくみかけます。

また、自分の体の各部分がどこにあるのかを実感できないために、目（視覚）を使って自分の体がしていることを確認する必要があるところも、固有感覚に問題がある子によくみられる特徴です。

　このような子は、体の片側の動きをもう片側の動きと合わせて同時に動かす、といった動作も、ひとつひとつ目で確かめなければできません。姿勢を安定させることが難しいので、物と物との間や、人混みの中を動くことを怖がる子もいます。このような子は、新しい動きや姿勢をとるたびに体がグラつき不安定になるので、自分の感情を安定させることが苦手です。

　固有感覚がうまく働かない子は、感覚による調整機能、識別機能、運動機能のいずれの面にも何らかの問題があり、その子のひとつひとつの動作すべてに影響する可能性があるのです。

●固有感覚の調整の問題
　固有感覚が非常に敏感な子によくみられる傾向の1つは、体の筋肉を伸ばしたり縮めたりするのをいやがることです。その結果、自分の体の各部分をしっかり認識することができず、体が硬くて緊張し、動きがぎこちない子もいます。

　このタイプの障害を持つ子は、ジャンプ、片足跳び、走る、跳ねる、這う、回転するなどの感覚情報をたっぷり味わえる動作をいやがります。ですから、公園遊びなどを避けようとするかもしれません。

　さらに、自分が動くことだけでなく、強く抱きしめられたり誰かに手や足を動かされたりというように、他人に動かされることにも不安を感じる子だっています。

　固有感覚が敏感なことが原因で偏食をするケースもあるかもしれません。口の筋肉が、力強く噛むような感覚を嫌うので、固い食感の物を食べることができなくなるというわけです。

＊　　＊　　＊

　固有感覚が非常に鈍感な子は、動いたり遊んだりする意欲がないようにみえます。

　また、触覚－固有感覚（体性感覚）の識別機能が低かったり、姿勢や行為機能の問題を

持つこともよくあります。

　こうした子は、先ほど紹介した固有感覚が敏感すぎる子と同じく、自分の体を認識する「体内の目」がうまく機能せず、おもちゃや物の扱いが非常に不器用だったりします。

　しかし、固有感覚に鈍感すぎる子は、固有感覚に非常に敏感な子と違い、不安定な姿勢で長時間座っていても違和感を感じません。自分で手足を適切に動かして着替えができず、着替えを手伝ってくれる人が自分の腕や足をどこへ動かしても、全く何も気にならない、といった様子もよくみられます。

　保護者や学校の先生の中には気づいている人もいるでしょうが、固有感覚が非常に鈍感な子は、重い物を押すなどの力仕事をすると、そのあと、いつもより機敏になり、きちんとした行動がとれるようです。

　しかし言うまでもなく、このタイプの子が何かの作業をするためには、まず誰かがその子のエンジンをかけてあげる必要があります。いつもボーッとしている彼らの脳の活動エンジンをしっかり働かせるためには、家庭での雑用、教室での手伝い、その他、固有感覚のフィードバックを十分得られるような提案が

　デスティニー（12歳）は1日中同じ姿勢のままで『指輪物語』の本に没頭していました。
　夕食の準備を手伝うようお母さんに呼ばれたので、ぎくしゃくと立ちあがり、よろめきながらキッチンへ行きました。
　彼女はよくお皿を割ったり包丁で指を切ったりするので、お母さんは怪我をせずに感覚へ刺激を与えられる作業を彼女にさせます。
　ジャガイモを洗ったり、ミートローフの材料を混ぜたり、レモンを絞ったり、サラダをあえたり、ゴミを外へ捨てに行ったり……。
　そうしているうちに、ようやく彼女はボンヤリした気分がとれてきました。

事例1 ● **固有感覚が非常に鈍感な子の行動例**

とても有効です。

　固有感覚が非常に鈍感な子がどのような行動をとるのかについては、**事例1**を参照してください。

　固有感覚が鈍感だったり、触覚や前庭感覚が非常に敏感な子には、それを調整する手助けを得ようとして、**固有感覚の刺激を非常に求める**様子もよくみられます。

　このような子は「ぶつかり屋の破壊小僧」のようにみえます。押したり、引いたり、激

> チェイス（5歳）とお母さんは、スーパーマーケットの野菜売り場にいます。
> 　急いでいたお母さんが、彼をカートに乗せて買い物しようとすると、チェイスはグズっていやがりました。
> 　お母さんは仕方なく、カートを押して歩かせることにしましたが、==彼はカートを押したり引いたりして行ったり来たり。前かがみになってカートの取っ手にくり返し頭を打ちつけます。そして、進行方向が見えていなかった彼は、ピーナッツの入った大きな樽にぶつかってしまいました。「わぁ、いい気持ち！」今度は、わざとメロンの棚へ向かってカートを乱暴に押しやります。==
> 　お母さんは慌てて彼にカートを押すのを止めさせました。今度チェイスを連れて買い物にくるときは、必ず十分に時間をとって、買い物の前に彼を走ったり遊ばせたりしようとお母さんは思いました。

事例2 ● 固有感覚の刺激を非常に求める子の行動例

　このような子は、固有感覚への刺激を絶えず欲しがって、噛む、蹴る、たたくなど攻撃的にみえる行動をとることもあります。なかには、自分の皮膚を噛んだり、ベッドや壁に自分の頭を打ちつけるなど、自分で刺激を作る子もいます。

　この子たちには、固有感覚の入力をたくさん提供できる感覚統合療法を中心とした作業療法が有効です。

　固有感覚の刺激を非常に求める子が、どのような行動をとるのかについては、**事例2**を参照してください。

しい動きをしたがり、地面に身を投げ、壁やテーブルや人に向かって突進していきます。

　また、筋肉や関節への「受け身の刺激」も大好きで、強く抱きしめてもらう、押される、締めつけられる、悪ふざけでたたきつけられる、といったことをしてもらいたがる子もいるかもしれません。

固有感覚は日常生活にどう影響するの？

固有感覚は、触覚や前庭感覚と深くかかわりながら働いているので、次に挙げる固有感覚の機能は、触覚や前庭感覚の機能とも重なり合っています。

自分の体の全体像と、体の各部分についての実感や認識

固有感覚が効率的に機能することで、私たちは自分の体の全体像や各部分について実感し認識することができます。

固有感覚がうまく働かない子は、自分の体の位置や姿勢、体の各部分について正しく理解できないことがあります。

運動制御

運動制御とは、**スムーズな体の動きをするために、筋肉の動きを監視し調整する能力のこと**をいいます。これには、固有感覚による情報が欠かせません。

固有感覚がうまく働かない子は、全身を使った大きな運動（粗大運動）から、物をつかむなどの細かい運動（微細運動）まで、さまざまな運動に困難をみせます。

動作の力加減

日常のさまざまな物事を「適切な力加減」で行うためにも固有感覚が必要です。**適切な力加減ができるということは、「筋肉の曲げ伸ばしに従ってどれだけの力が出るのか」と**

いうことを正しく知覚できるということです。
この固有感覚による情報が正しく伝わることで、何かをするときに筋肉をどれだけの量や質で動かすべきか、そしてどれだけ力強く動くべきか、ということを判断することができるのです。

たとえば、綿ぼこりの玉をつまむ、重いダンボール箱を持ち上げる、固い引き出しをグイッと引っ張って開ける、といった動作をそれぞれ適切な力加減で行うことができるのは、固有感覚がうまく働いている証拠です。

別の例を紹介しましょう。みなさんはピクニックに来ていて、自分のレモネードのコップを、誰かが使った空のコップの横に置いたとします。しばらくしてレモネードを少し飲みたくなり、そのテーブルに戻りましたが、空のコップのほうを取ってしまいました。

そのとき、すぐにみなさんは「そのコップは自分のものではない」と感じるはずですね。なぜならそのコップには飲み物が一杯入っているようには感じないからです。どうしてそれがわかったのでしょうか。固有感覚が働いたからです！

ところが、固有感覚がうまく働かないと、

ルース（7歳）は、キャンプ場にある自転車置き場のペンキ塗りを手伝おうと、片手に持ったペンキのハケを落とさないよう強く握りしめています。

キャンプの指導員が彼女にペンキの入ったバケツを渡しました。

しかし、彼女はバケツがどれくらい重いのか把握することができず、バケツを持って直立姿勢になるように筋肉を緊張させられません。

結局、彼女は体が片方に大きく傾いた格好で、その重いバケツを何とか運びました。

事例3 ● 固有感覚情報をうまく処理できず、適切な力加減で体を動かすことができない子の行動例

筋肉や関節からのメッセージを効率的に受け取ることができないため、それぞれの動作に必要な、適切な力加減を細かく調節することが難しくなります（**事例3**）。

姿勢の安定

固有感覚が働くことで、私たちは無意識に自分の体について認識し、これによって座っているときや立っているときや動いていると

> 夕食の時間になりました。アダム（10歳）は安定して座るため、一方の足を曲げて椅子の上におき、もう一方の足を床につけて、椅子に座ります。
> テーブルに肘をついて食べることを、お母さんからダメだと言われていますが、そうせずには自分の体を安定させることができません。

事例4 ● 固有感覚情報がうまく処理できず、姿勢を十分に安定させることができない子の行動例

> コリン（6歳）は、運動会で行う1年生全員の入場行進の練習をしているとき、列の一番後ろでウロウロしていました。
> 彼は、「イチ、ニ、サン、シ」と声に出しても、行進のリズムに自分の膝を合わせることができません。腕ふりを加えて速く歩くなんて難しすぎてイライラします。
> 「こんなの、できないよ……」とブツブツ言いながら、彼は足を引きずって歩きました。

事例5 ● 固有感覚情報をうまく処理できず、行為機能が十分に働かない子の行動例

きに、自分の体を安定させることができます。

ところが、固有感覚がうまく働かない子は、自分の姿勢を安定させることが困難で、日常的な行動をするための基本的な姿勢調整ができません（**事例4**）。

行為機能（体をうまく使う能力）

上手に行為機能を働かせるためには、固有感覚からのメッセージを正確に調整し、識別することが欠かせません。

行為機能がうまく働かない子どもや、特に固有感覚がうまく働かない子は、動作を計画し、その動作を順序だてて行うことに困難を覚えます（**事例5**）。

感情の安定

固有感覚は、私たちの感情を安定させることにもかかわっています。

自分の体のさまざまな部分がどこにあるのか、自分の体を使って自分が今何をしているのか、ということを正しく認識できることが、感情の安定につながるからです。

固有感覚がうまく働かない子は、自分の体について確信を持つことができないため、感情面が不安定になりがちです。

　　　　＊　　　＊　　　＊

　固有感覚情報をうまく処理できない子の特徴を、別冊の「感覚統合発達チェックリスト」にまとめています。

　すべての特徴が当てはまるわけではありませんが、「よくある」欄にチェックの印が多い場合は、その子に感覚統合障害がある可能性が高いと言えますので、専門家に相談されることをお勧めします。

　一般的に、このような子は、触覚の問題（詳しくは、Chapter 3 参照）や、前庭感覚の問題（詳しくは、Chapter 4）を併せ持つことが多いです。

Chapter 6

視覚の情報処理が うまくいかないと…

- 2人の中学1年生（フランシスカとチャリティの学校での様子）
- 視覚の働き
- 視覚機能は日常生活の中で、どのように使われているの？

Chapter 6

視覚の情報処理が うまくいかないと…

2人の中学1年生
(フランシスカとチャリティの学校での様子)

　フランシスカは学校中の1年生の中で一番の読書家です。チャールズ・ディケンズの『二都物語』のような古典文学が好きで、毎日ひたすら本を読んでいる彼女ですが、そんな彼女に視覚の情報処理の問題があると思う人はほとんどいないでしょう。

　今日も彼女はカフェテリアでさっさと昼食を済ませ、急いで大好きな図書館へ向かいました。廊下は足早に歩く生徒たちで混雑していたので、みんなにぶつからないよう身をかがめて歩きます。

　図書館に着いた彼女は、凧についての本を数冊見つけ、閲覧スペースの一角へ行きました。そして床に体をしずめて本棚にもたれ、真っ白い壁のほうを向いて、自分の鼻を本にうずめるようにして本を読み始めました。

この静かで落ち着いた図書館は、フランシスカにとって天国のようです。ここでは目を細めて物を見なくてもいいし、頭痛も起きません。チカチカする蛍光灯が使われている教室とは違い、この図書館には天井にフルスペクトル・ランプ（自然光に最も近づけた明かり）が使われているからです。また、彼女が腰をおろしている一角では、太陽の光が窓のブラインドを通してチラチラ光ることもなく、目も刺激されません。
　しばらくすると、友だちのチャリティが、フランシスカを探してやってきました。実はチャリティも、パッと見ただけではわかりませんが、視覚情報処理の問題を抱えています。
　目の前にある障害物に、ほとんど気づかず歩いていたチャリティは、本が積まれた荷台をひっくり返してしまいました。飛び散った本をぎこちない動きでかき集め、荷台の上に無茶苦茶に積み上げます。
　彼女は、しょっちゅう自分が空間のどこにいるのかわからなくなくなってしまいます。方向感覚も全くありません。また、本の文字に注意を払うことや、ある行から次の行へ目をスムーズに動かすことも苦手です。

　けれども、彼女は聞く能力に優れていて、フランス語やスペイン語、そして詩や音楽は得意です。フランシスカはそんな彼女を「ディケンズのような天才」とよびますが、読書という点では、それは当てはまりません。
　チャリティがやってくるのを耳にしたフランシスカは、チラッと彼女のほうを見て微笑みました。
　チャリティは、凧についての本を何冊かフランシスカに頼んでいました。というのは、本棚を見渡して本を探し出すといったような目を使った細かい作業ができないからです。「何かいい本あった？　何か素敵なデザインみつけてくれた？」と、彼女はフランシスカにささやきました。
「ほら、この蝶の模様がいいんじゃない？」とフランシスカ。「それから、これは私が使おうと思っている鳥の模様よ」
　2人はそれぞれの絵にみとれ、美術のクラスで作る予定の凧についてヒソヒソ声で話しました。彼女たちはワシントンDCへの遠足を楽しみにしています。遠足では、桜フェスティバルのパレードを見て、国会議事堂前の公園で自分たちの作った凧を揚げる予定です。

昼休みが終わり美術の時間になりました。2人は自分の凧を作ろうとしましたが、すぐ問題にぶつかってしまいました。1つ目の問題は、本の図案と作業中の凧をくり返し見ることです。2つの物を行ったり来たりしながら集中して見ることは、彼女たちにとって簡単なことではありませんでした。

　もう1つの問題は、自分たちが選んだ図案を凧の羽部分に写すことです。2人は本に載っている蝶と鳥の図を、凧の羽の上にどれだけ大きく引き伸ばせばいいのかを視覚化することができません。なぜなら、ある物について、その一部分が全体と比較してどのくらいの大きさ、どこに位置するのか、などを認識することが、2人にはまだできないからです。

　先生が2人のテーブルにやってきました。そして彼女たちの少々無茶な試みに眉をひそめましたが、何かよいことを言おうと考えます。「2人とも、一生懸命がんばっているわね」
　2人は心配そうに先生をみつめました。チャリティは先生が怒っているのではないかと思い、先生の顔色をうかがいましたが、よくわかりません。

「そうねぇ……」と先生。「次の授業でいいから、もう少し簡単なデザインでやり直してみたらどうかしら。"過ぎたるは及ばざるが如し"で、あまり頑張り過ぎずホドホドにするほうがいいときもあるわよ」
「そうですね、先生。もっと簡単なデザインにします」とチャリティは納得しました。彼女は少しホッとしました。先生の声が、少なくとも怒っているようには聞こえなかったからです。

　フランシスカもため息をついて言いました。「私も鳥のデザインはやめて、大きな水玉模様だけにします」

　授業終了のベルが鳴って、教室を出ようと自分たちの荷物をまとめている2人に、先生は思いやりを込めて微笑みました。

　それにしても、この2人のような賢い生徒が、なぜ自分の力で十分にできるはずの美術作品に苦労するのか、先生にはわかりませんでした。どうして、彼女たちは自分の目の前にあるイメージを理解することができないのだろう、と先生は思いました。

2人の行動にみられる問題点

フランシスカとチャリティが、自分たちの目に見えるものを理解できないのは、なぜでしょうか？

2人の行動にはいくつかの問題がみられます。まずフランシスカですが、彼女は**視覚が非常に敏感**で、それを補うために視覚の基本的な能力の1つである「目の調節機能」（詳しくは、153ページ参照）を酷使しているようです。なるほど、彼女は本を読むのが得意ですが、視覚への刺激に対して、たいていいつも負担を感じています。

また、混雑した廊下をサッとうまく通り抜けたり、蛍光灯のチカチカする光を我慢したり、人と目を合わすことが苦手です。

一方、チャリティも視覚情報をうまく処理できません。彼女は、自分が何を見ているのか、それが空間のどこにあるのか、それと自分との位置関係、といったことがよくわかっていないようです。

彼女が持つ問題の1つは、自分の視界に入る全体像を見ずに、いちどにたった1つの物にだけしか焦点を合わせられないことです。これは「図と地の識別」（詳しくは、155ページ参照）に支障をきたす原因となります。そのため、彼女は自分が歩く途中にある本の荷台に気づくことができず、本棚に並ぶ本のタイトルや本に書かれた活字を目で見て理解することもできないのです。

また、彼女は、顔の表情という視覚的なサインをまちがって解釈してしまいます。

さらに、2人とも「視覚－運動統合能力」（詳しくは、155〜157、160〜161ページ参照）に問題を抱えています。脳が、視覚情報の入力と動作情報の出力の接続を効率よく行わないために、視覚情報を使って物事に対する適切な反応をパッと行うことができないのです。だから彼女たちは、本に載っていたイラストを拡大して凧の羽部分に写すといった「自分の動きを誘導して、計画を実行するために視覚を使うこと」に四苦八苦していたのです。

ではこれから、視覚とは本来どのように機能するべきなのか、そしてこの2人の世界観を「ぼんやりとさせてしまう」原因になっている視覚情報処理の問題について説明していきます。

視覚の働き

視覚がスムーズに働くと…

　視覚は複雑な感覚系です。私たちは視覚を使うことで、今、目に見えている物が何であるかを識別し、それら目に見えているものがどうなるのかを予測し、それに対して反応する準備をすることができます。

　私たちが視覚を使う第1の目的は、**物の明暗や境界や動きに気づく**ためです。これは自分の身を守るために必要だからです。

　第2の目的は、**自分の動きを誘導し管理する**ことです。これは私たちが自分のまわりの物や人とうまくかかわったり、物事を学んだりするために必要なことです。

　視覚が働くきっかけとなる刺激は、光または光の変化です。光は体の外からやってくる刺激ですが、触覚や、動きにかかわる前庭感覚や、筋肉や関節にかかわる固有感覚への刺激と違い、私たちの体は実際に光と物理的接触をするわけではありません。

　視覚特有の特徴は、時間と空間についての情報を同時に処理することです。私たちは何かを見るとき、ある程度の時間それを見て、それを、ある程度まとまった物として認識します。たとえば本を読んでいるとき、私たちは目を、ある言葉のまとまりから次のまとまりへと動かします。目を新しい位置に移動させると、また別の言葉のまとまりを見て、それを取り入れます。視覚は膨大な空間にある多くの情報を瞬時に処理するのです。

　視覚が今日の私たちにとって非常に重要な感覚であるということは、実は驚くべきことです。というのは、人類の進化という観点で見ると、視覚は神経系の中では新規参入組だからです。

　私たちの古代祖先が生きていた頃は、自分がどこにいるのか、自分のまわりで何が起

こっているのか、今まさに何が起ころうとしているのか、ということを知るためには、主に嗅覚を使っていました。多くの動物にとって嗅覚は今でも同じ役割を果たしていますが、現在私たち人間は、主に視覚を使って、そのような情報を得ます。

なお、視覚とは「視力」のことではありません。視力は視覚の一部にすぎません。視力とは、壁にかかった視力表の文字を見るために必要な基本的能力ですが、これは生まれつき備わっている能力で、視覚が機能するために必要な条件の1つなのです。「（何かを）見る」ということ自体は、習ったり教えてもらったりしてできるものではありません。

視力と違って、視覚情報処理は生まれながらに備わっている能力ではなく、感覚の統合に従って徐々に発達していくものです。私たちは成長とともに「自分の目に映る物を理解する」ということを学んでいきます。

では、どうやって学ぶのかというと、答は「動くこと」によってです！　動くことはすべての学習の基礎ですが、体を動かすことによって、目が「視界にある物を理解すること」を学ぶのです。じっと座って本を読んだり、コンピュータの画面を見たりすることだけでは、目は何も学びません。

動きにかかわる前庭感覚系と、筋肉や関節にかかわる固有感覚系は、視覚情報処理に大きな影響を与えています。横たわったり、起き上がったり、両足で立ったりするたびに、正しい姿勢を保つための筋肉を収縮すると、固有感覚がいっせいに脳に情報を流し、目の動きを促進します。

また、動き回ったり、方向を変えたり、体や頭や目の位置を変えることで、視覚の能力が強化されます。そして、目的を持った行動をとるとき、私たちの目はよりスムーズに動きます。このように、動き、バランス、筋肉のコントロール、姿勢反射は、視覚を適切に発達させるために欠かせないものなのです。

触覚もまた、視覚に大きく影響します。たとえば、赤ちゃんは自分の手が足のつま先に軽く触れると、つま先の方向を見ます。

また、オレンジを手にしている幼い子は、その「触った感じ」を目で見て注目します。そしてあくる日、その子は別のオレンジを見ても、それが丸くて荒い感触の固い物で、つかんだり握ったり、転がしたり投げたりする

COLUMN

視覚情報処理についての興味深い事実

- 私たちが取り入れる情報の80%が目からやって来ます。

- 視覚を処理する機能の80%は「何を見ているのか」を知覚するために働いています。残りの20%は「どこで見ているのか、どうやって見ているのか」についての情報を処理しています。

- 両目を開いているとき、脳の活動の67%が視覚に当てられています。毎秒30億のインパルス（神経線維を伝わる活動電位）が中枢神経系にやって来ますが、このうちの20億は視覚に関するものです。

- 人間のコミュニケーションの93%が非言語によるものです。また、コミュニケーションの55%が話し手の顔の表情やジェスチャーを見ることによるものです。

- 学校の教室で習うことの75〜90%が視覚に依存しています。

- 視覚に関する問題の90%は医学的に診断されないまま見過ごされています。

- 学齢期の子どもの25%が未診断の視覚情報処理の問題を抱えています。

のにちょうどよいサイズの物だと理解します。

　小学生くらいになると、ピラミッド、警察官、ペパロニピザ（サラミの一種を乗せたピザ）といったものを、本物を触ったり見たりしなくても、思い浮かべることができるようになります。見ることを十分に機能させるには、触覚による具体的な経験を数え切れない

ほど体験することが大切なのです。

　聴覚も視覚に影響を与えます。私たちがある音を耳にすると、その聴覚情報が、音がする場所についての視覚を処理するよう促すのです。たとえばドアがバタンと閉まったとき、友だちに名前を呼ばれたとき、小鳥がさえずるとき、私たちは振り返って、その音がどこ

からする、あるいは、したのかを探して、そちらの方向を見ますよね。

また、聞くことは、いま言われたことについての視覚を処理することも促します。たとえば、「リンゴ」という言葉を聞いたり言ったりすることは、リンゴのイメージを思い浮かべるきっかけになります。

ようするに、ほかのすべての感覚が、視覚を発達させるためには必要なのです。

視覚の2種類の働き
防衛機能 (大丈夫！ or 危ない！) と識別機能 (なるほど！)

ほかの感覚と同じように、視覚もまた2種類の要素から成り立っています。第1の機能は、もちろん **「保護（防衛）系」** です（詳しくは、Chapter 3 の 95 ページ参照）。

そもそも視覚とは、主に私たちを危険から守るために働く感覚です。何かの光が目に届いたとき、私たちは即座に、その光をはっきり見ることができるよう反射的に視覚を調整します。これは無意識に行われる適応反応ですが、危険から身を守るには、物を明確に見ることが欠かせないためです。

視覚の基本的な機能とは、主に次のような能力を指しますが、これらはすべて無意識に機能しています。

●視力
・物の詳細を見ることができる能力。

●明暗順応
・暗い光から明るい光を見たとき、または、それとは逆のときの順応力。
（例：薄暗い部屋から太陽の下へ出たとき、など）

●目の調節機能
・近くの物や遠くの物など、いろいろな距離から物に焦点を当てることができるように左右の目を調節する能力。
（例：机と窓の外の景色を交互に見る、黒板に書かれた問題をノートに書き写す、など）

●察知力
・動く物を察知する能力。
（例：壁を這うクモ、道を降りてくる車、教室の中を動くクラスメイト、など）

視覚の情報処理がうまくいかないと…

●両眼視
- 両目を一緒にサッと動かし、1つのチームのように使うこと。両目が別々に記録したイメージから1つのイメージを作り上げる能力。
（例：1つの月を見るために2つの目で空のほうを見る、など）

●眼球運動（視線を移動させる能力）
- 【輻輳（ふくそう）】両目で焦点を合わせながら1つの物を集中して見ること。
- 【衝動性眼球運動】ある点から別の点または文字から文字へ効率的に目を動かすこと。
- 【追視】空中のボールなど動いている物を目で追うこと。

そして、これらの視覚能力が健全で自動的に働くことを前提に、視覚のもう1つの要素である「識別系」が機能します。

視覚の「識別系」では、高度な認知機能を意識的に働かせる必要があります。

視覚の識別機能とは、簡単に言えば、目で見たものを理解する能力のことです。視覚の識別機能がうまく働くことで、私たちは「自分が今、目にしているものは何なのか」「それは空間のどこにあるのか」「それと自分との位置関係」についての詳細を認識して理解することができます。そして、この視覚による「何」「どこ」「自分との関係」の情報をもとにして、自分がいま見ている物に対して適正な反応をするのです。

視覚の識別機能とは、主に次のような能力を指します。

●周辺視

目の周辺部を使って、自分の周囲の視界に気づく能力。主に何かの「動き」を察知する能力。

●奥行き知覚
- 周囲にある物や空間を三次元で見て、物と物または自分と物とのだいたいの距離を感じとる能力。階段を下りる、道路のひび割れを踏まないようにする、といった動きのために使われる。

●静止と運動の識別
- 自分の視野の中で、どの物体が動き、どの物体が静止しているのかを識別する能力。

● 空間認知

物がどのくらい自分の近くにあるのかを感じとったり、左右、前後、上下を認識する能力。

● 視覚の区別

大きさ、形、模様、外見、位置、色などの類似や相違を区別する能力。

● 恒常性

大きさや位置や質感が変わっても、同じ外見、記号、形を認識する能力。

● 視覚的図と地の識別

中心になる物（図）と背景になる物（地）を識別する能力。本の文字列からある1つの言葉をつかみだす、群集の中からある1つの顔を見分ける、といった場面で必要とされる。

● 視覚の集中力

読書、指示に従う、物や人を見るなど、ある活動をするのに十分な時間、目と脳と体を一緒に使う能力。

● 視覚の記憶

以前に見たことがある物の視覚的な詳細な情報を、認識したり、連想したり、記憶したり、思い出したりする能力。

● 視覚の連続記憶

文字や絵を順序立てて理解したり、順序正しく記憶したりすること。読書や単語綴りをするために必要な能力。

● 視覚化

・物や人や状況の像を心の中（心の目）で形成したり扱ったりすること。言語発達に欠かせない能力。

● 視覚と、その他の感覚との統合

・触覚、動き、バランス、姿勢、聴覚、その他の感覚と、視覚とを統合させる能力。

「防衛系」と「識別系」の両要素を使い、私たちは単に物を見るだけでなく、社会的や物理的な環境の中で、自分が目にするものに対して適切に反応します。

このような視覚情報の識別をもとにして体を動かすことを、**「視覚－運動統合能力」**と

いいます。これらの能力は徐々に発達し、私たちは見ることと動くことを結びつける、つまり行為機能（体をうまく使う能力）を身につけていきます。そしてたくさんの練習を積んだあと、視覚による「何」「どこ」「自分との関係」の情報を使って、粗大運動や微細運動をスムーズに行えるようになるのです。

たとえば、目の前の道に広くて深いくぼみがあるのを見つけて、そこを避けて歩いたり、靴下についている綿ぼこりが目に入り、それをつまみとったりする動作は、その一例です。「視覚－運動統合能力」には、次のようなものがあります。

> ●目と手の協応
> 目を使って、手や指を使った微細運動をコントロールすること。
> （例：おもちゃを扱う、道具を使う、食べる、着替える、文字を書く、図案に従ってビーズを通す、ブロックで何かを作る、など）
>
> ●目と足の協応
> 目を使って、足を使った粗大運動をコントロールすること。
> （例：ケンケン遊び、お風呂にへりをまたいで入る、ボール蹴り、など）

> ●目と耳の協応
> 目を使って文字を見てから、その視覚メッセージと記憶している聴覚情報とを統合させて、発音したり、その文字を使って単語を作ったりすること。

視覚の「識別機能」と「視覚－運動統合能力」が十分に発達した子どもは、自分の周囲を見回し、あちこちに移動して、さまざまな種類の感覚を使った体験を積み重ねていきます。

やがて、その子は物が空間のどこにあるのかを正確に判断したり、ブロックで塔を作ったり、素晴らしい橋のデザインを三次元でイメージしたりできるようになります。

また、文字やマークの形などを、それが右肩上がりになっていようが上下逆さまになっていようが関係なく認識できるようにもなります。

このような子は、数字をきれいに一列に並べ、文字と文字の間をバランスよく調整して文字を書くことができ、学校生活もうまくやっていけるでしょう。教室や校庭をサッとスムーズに横切ることができ、全生徒で行進

するときは、ほかの子たちと同じ方向へきちんと歩くことも問題ありません。学校から家に帰れば、自転車に乗ってどこかへ出かけ、絵を描いたり、本を読んだり、地図を読んだりすることを、楽しみながらスムーズにできるはずです。

視覚がスムーズに働かないと…

エアーズ博士や彼女のあとに続く研究者たちは、学習障害を持つ子の多くが、何らかの形で視覚の問題を抱えていることを発見しました。

たいていの場合、そのような子どもたちの脳は、視覚の識別や視覚－運動統合能力を、動きにかかわる前庭感覚や、筋肉や関節にかかわる固有感覚や、姿勢調節の機能とスムーズに協調させることができません。別の言いかたをすれば、目と体がうまく統合されていないのです。

このような視覚情報処理の問題は、自閉症の子どもにもよくみられますが、見過ごされがちです。自閉症の子はたいてい人と目を合わせることがうまくできず、周囲の物や人に関心を向けて意味づけすることが苦手です。

また、視覚的にストレスを感じると、目を細めて自分の手を目の前でヒラヒラさせるという自己刺激的な行動をとる子もいますが、この行動によって視覚空間が広がり、緊張しすぎた視覚をリラックスさせることができるからだと考えられています。

もちろん、自閉症ではない子どもの中にも、視覚情報処理がうまくいかない子はたくさんいます。そしてその問題が、動き（何もないところでよくつまずく）、姿勢（よく机にグッタリともたれかかる）、自分の体に対する実感や認識（左右の区別がつかない）などと関係しているようであれば、その子の視覚情報処理は感覚の統合に関係する可能性が高いと思われます。

●感覚の調整の問題

視覚刺激に非常に敏感な子（視覚防衛反応を持つ子ども）は、光の明暗差、光の反射、光沢のある表面、明るいライトなど、周囲にありふれた害のない刺激に対しても敏感に反応してしまいます。

> ドロシー（11歳）は、公園で近所の男の子の面倒をみています。
> 　男の子に引っ張られて、彼女はブランコのほうへ向かいました。
> 　ところが、ブランコに乗った子どもたちの速い動きを見て頭がクラクラし、目を閉じてしまいました。
> 　そのとき、ブランコに乗った1人の子どもがうっかり彼女と男の子にぶつかり、2人は地面に倒れてしまいました。

事例1●視覚が非常に敏感な子の行動例

たとえば突然の光、鮮やかなライト、チカチカする明かりなどから目をそむけて、手やサングラスや帽子の日よけなどで目を覆うといった動作もみられます。

また、ベッドの上でブラブラ揺れるベビートイや混雑した中で慌しく動く人々など、動いている物を見ることも苦痛に感じる子もいるでしょう。走っている子どもやボールが自分のほうへ向かってくると、身をかがめる子もみかけます（事例1）。

一方、街でクリスマスのデコレーションが始まったり、教室の家具の位置が変わっていたり、といった昨日までとは違う新しい景色や光景に気づかない子どもは、**視覚刺激に対して非常に鈍感**なタイプである可能性があります。

このような子は、お手玉を投げ渡されるといったように、何かが自分のほうへ向かってきても素早く反応できません。

また、明るいライトや太陽の光に気づかない子は、まぶしい光を見ても、まばたきをしたり目をそむけたりしないようです。まるで何も見ていないような視線で物をジィーッと見続けたり、そこに何もないかのように人の顔を見つめたりする子もいます。

視覚刺激を非常に求める子は、テレビやコンピュータの画面の前に長い間いたがるといった様子がみられます。カメラのストロボ、窓のブラインドから漏れてくる太陽の光のような明るい光やチラチラする光に引きつけられる子もいます。

● 視覚の識別の問題

視覚の識別に問題がある子は、人や物の違いを見て区別することが苦手です。視覚による情報を、聴覚、触覚、動きの感覚と関連づける脳の働きがうまく機能せず、それらの

メッセージをまちがって結びつけてしまうかもしれません。たとえば、視覚と聴覚のつながりがうまくいかないと、先生の声が聞こえても、どこを見ればいいのかわかりません。

もし、視覚と触覚のつながりがうまくいかないと、「見るだけ」で、爪が尖っているとか金づちが重いということがわかりません。

また、視覚と動きの感覚がうまくつながらないと、何かにぶつかりそうになるのをパッとよけることが難しくなるでしょう。

このように、ひとつひとつの感覚が脳の中で正しくつながり、すべてが協調して働かなければ、自分の目が記録する物に対してすぐに適応的に反応することが、とても難しくなってしまうのです。

このような子は、色、形、数字、文字、言葉などを、合わせたり分けたりすることが苦手な傾向にあります。紙に書かれた文字を識別できず、自分の名前でさえもわからない場合もあります。

大きくなってからは、似たようなシンボル（▲と▼）、文字（「ツ」と「シ」）、数字（1,000と1,000,000）などにまごつくかもしれません。そして、写真、パズル、ブロックの組み立てかたの説明書、歴史の本、図形の証明、食べ物のレシピ、縫い物のパターンなどの細かい部分に、焦点を合わせて集中することができず苦労したりします。

また、物の奥行きがわからなかったり、中心となる物と背景となる物との区別ができない子もいます。このような子は、『ウォーリーをさがせ！』のような絵本（人が入り乱れた細かい絵の中からウォーリーや仲間たちを見つけ出すゲーム本）やジグソーパズルを楽しむことができず、人混みの中から友だちを見つけ出すことが苦手だったりします。

なかには、顔の表情やジェスチャーなど、社会生活を送るうえで重要な視覚的サインをまちがって読み取ってしまう子もいます。人間のコミュニケーションの半分以上は、表情やジェスチャーによるものです。そのため、他人がしかめ面をしているのか笑顔をみせているのかを区別できないということは、日常生活を送るうえで非常に困った問題になるのです。

●**視覚－運動統合能力の問題**

　体を効率的に動かす、ある地点から別の地点へ移動する、簡単な絵やブロックの説明書を見て真似をする、物を見て手を伸ばしてつかむ、といったような動作をするためには、視覚と運動能力が統合する必要があります。

　ところが、「視覚－運動統合能力」に問題がある子は、目で見る情報を使って自分の動きを誘導することができません。「ベッドの中で寝返りをして目覚まし時計を見る」というような複雑な動きを組み合わせた動作を、視覚化（イメージ）して計画し行うことができないのです。

　このような子は、いつも物をとるのに腕を伸ばしすぎてしまったり、階段でつまずいたりしてしまいます。平均台を歩く、自転車に乗る、靴ひもを結ぶ、紙から形を切り抜く、トーストにバターをぬる、針に糸を通す、などの作業が苦手な子もいるでしょう。いつもオロオロしていて、感情が不安定で、空間の中で迷子になってしまったかのようにみえる子もいます。

　目と手の協応に問題があると、目と手を同時に使うことがスムーズにできません。この

> 　保育園でのおやつの時間、フレディ（3歳）はジュースをコップに注ぎましたが、ジュースがコップからあふれ出すまで自分の手を止めることができませんでした。
> 　先生は、あふれたジュースを片付けて、そのあと4ピースの簡単なパズルを出してくれました。
> 　彼はそのピースをはめようとしましたが、どれもうまくはまりません。
> 　年相応の子なら、苦戦しながらもやり遂げて、もっと難しいパズルに挑戦したりするものですが、彼の場合は、4ピースの簡単なパズルでさえ、やり遂げることができず、しまいにはイライラして、パズルをテーブルの向こうに押しやってしまいました。

事例2●目と手の協応に問題がある子の行動例

ような子は、おもちゃや学校の教材を扱う、ボールを受ける、クレヨンや鉛筆を使う、服のボタンを留める、といった作業に悪戦苦闘するでしょう（**事例2**）。

　目と足の協応に問題がある場合は、スムーズに歩く、走る、公園や屋外で楽しく遊ぶ、といったことが困難になります。

　目と耳の協応に問題があると、文字や言葉を見てそれらを発音する、ということがうま

> 　小学2年生のカート（7歳）は、友だちのハービーとおもちゃの兵隊で遊んでいました。
> 　ハービーは想像力を膨らませて、砂場に戦場を作り、小石や小枝をそこに加え、戦いが有利になるように兵隊を所々に分散させて並べています。
> 　一方、カートは自分の頭の中で兵隊の配置や作戦を思い浮かべることができません。
> 　彼は視覚による情報を順序だてたり、視覚的イメージを使って何かをしたりということが苦手なのです。
> 　カートは、自分の兵隊の配置や作戦をハービーに考えてもらいました。
> 　その結果、彼の戦場はほとんどが広々とした空き地になってしまいました。

事例3 視覚情報をうまく処理できず、行為機能が十分に働かない子の行動例

> 　小学1年生のクラーク（6歳）は、机にもたれかかっています。
> 　練習帳を読むのに楽な姿勢を探して椅子の上で身をよじり、頭をあっちこっちへ傾けます。
> 　彼には、練習帳の上で文字が動いているように見えているのでした。

事例4 視覚情報をうまく処理できず、姿勢を十分に安定させることができない子の行動例

　両側協応や姿勢反射に問題があるために、視覚と運動能力の統合がうまくいかないこともよくあります（**事例4**）。視覚－運動統合能力を促すためには、体の左右両側の協調や、頭や体幹の安定を必要とするからです。

　　　　＊　　　＊　　　＊

　このような視覚情報処理の問題については視能訓練士による視能訓練も役立ちます。このセラピーによって、視覚－運動統合能力や、視覚の識別力、目と手の協応能力などが向上する可能性があります（詳しくは、Chapter 8の216～217ページ参照）。
　また、前庭感覚や固有感覚、姿勢の問題の

くできないため、発話能力や読み書きに問題が起こるかもしれません。

　視覚を使った行為機能に障害がある子どもは、物事をイメージして、何かを計画したり、問題を解決したりすることがうまくできないかもしれません。ある物や材料を見て、それを使って何かができるということはわかるのですが、それを実現するために必要な視覚の機能がうまく働かないのです（**事例3**）。

改善を目的として、感覚統合理論を用いた作業療法によって、視覚能力も向上することがよくあります。

もしそのようなセラピーが選択肢にない場合は、視覚を使う体験を十分に取り入れた感覚統合ダイエット[*1]が欠かせません。**「動くことによって見ることを学ぶ」**ということを忘れないでください！

[*1]：感覚統合ダイエットとは、感覚統合障害を持つ子に対して、その子の神経系の問題に対処したり、神経系が必要とする特定の感覚を満たしてあげる活動のこと。作業療法士などの専門家が、その子に合った活動の計画やスケジュールを個別に作成する。詳しくは、Chapter 9 の 227 ～ 230 ページ参照。

視覚機能は日常生活の中で、どのように使われているの？

　自分の身を危険から守るために、視覚の各機能すべてがどれほど大切かは、次のような状況を想像すると理解できるでしょう。

　　　　＊　　　＊　　　＊

　緑あふれる公園の歩道を歩いていたデイブは、反対側の道へ横断する斜めの小道に気づきました。彼は自分が歩いている歩道からそれて、その小道を通ることにしました【方向感覚】。

　小道を歩きながら、両目をサッと動かし【両眼視】、左から右を見て【眼球運動】、公園の穏やかな様子を感じとります。

　そのとき彼は、ベンチに横たわる赤い毛布に包まれた大きなかたまり【視覚の区別】が少し動くのを、視界の角で【周辺視】とらえました【察知力】。

　そのかたまりに気づかれないように自分の動きをピタッと止めるデイブ。

　そのかたまりは横たわっている人だろうか？【恒常性】

　以前に見たことがある、ほかのかたまりのようにも見えます【視覚の連続記憶】。

　彼は自分の視覚がぼやけないように、そのかたまりに焦点を当てました【輻輳(ふくそう)】。

　そして、そのかたまり、ベンチ、木、小道を見つめ、自分が目にする光景の全体像に注意します【目の調節機能、視覚による注意】。

　この状態は安全なのか、それとも危険なのだろうか？

　そのかたまりと自分がいる場所との位置関係、自分と安全な大通りとの位置関係は？【空間認知】

　自分はその公園から出る道を見つけることができるだろうか？【視覚探索】

　すると突然、そのかたまりがわずかに動き、デイブは飛び上がりました【視覚防衛】。

それと戦うか、逃げるか、仲よくするか、など一切考えず、躊躇することなく自己防衛の適応反応をしたデイブ。彼は自分の体を反対方向に向けて、走り出しました【目と足の協応】。

　　　　＊　　　＊　　　＊

　視覚情報をうまく処理できない子の特徴を、別冊の「感覚統合発達チェックリスト」にまとめています。

　すべての特徴が当てはまるわけではありませんが、「よくある」欄にチェックの印が多い場合は、その子に感覚統合障害がある可能性が高いと言えますので、専門家に相談されることをお勧めします。

Chapter 7

聴覚の情報処理が
うまくいかないと…

- 小学3年生の女の子（メイの音楽のクラスでの様子）
- 聴覚の働き
- 聴覚機能は日常生活の中で、どのように使われているの？

Chapter 7

聴覚の情報処理が うまくいかないと…

> ### 小学3年生の女の子
> （メイの音楽のクラスでの様子）

　今日は連休明けの月曜日です。小学3年生のメイはお腹が痛くなってきました。月曜日は講堂で3年生全員による音楽のクラスがあるので、学校に行きたくなかったのです。

　彼女は、怒りっぽい音楽のクロス先生が大嫌いでした。先生は、授業の初めから終わりまで生徒たちをジッと座らせ、メイのような「動きながら何かを学ぶ」タイプの子のことを全く考えてくれません。

　このところ生徒たちは春のコンサートの練習をしています。講堂に入ると、まず座って歌を歌うのですが、メイは声を出さずに口をパクパクさせて歌うフリをします。

　というのは、クロス先生が「きちんと音程通りに歌わないなら、大きな声で歌ってはダメ」と彼女に言ったからです。できることな

ら、もちろん音程通りに歌いたいのですが、彼女には「それができない」ということを先生は理解できていません。

そして歌の次は楽器の練習です。メイは縦笛が嫌いです。自分が吹いている音が正しいのかどうか全くわからないからです。彼女は音感が悪く、音の高さや低さというものがどうもピンときません。たとえば、「シ」の音を吹こうとしても、彼女の笛は時々「ド」に近いような音を立ててしまいます。すると、ほかの生徒たちがそっとメイの側を離れていき、先生が彼女を睨むわけです。

縦笛に比べれば打楽器は少し簡単ですが、彼女はリズム感、タイミング、音の強弱といったこともわかりません。太鼓をたたくとタイミングが遅れ、音の拍子をつかんだり維持することもダメで、ピアニッシモで弱く打つところをフォルティッシモで強く打ってしまう始末です。とにかく音楽を奏でるということは、メイにとってすべてがチンプンカンプンなのでした。

さて、いつものように講堂へ入ってきた生徒たちは、今日そこに違う先生がいたので驚きました。生徒たちが席につくのを微笑みながら待って、ハーモン先生が話し始めました。「クロス先生は事情があって学校へ来ることができなくなったので、今日からこのクラスは僕が教えることになりました。クロス先生から授業の進めかたを聞きましたが、それは窓の外へ放り出すことにして、僕は今までとは違うやりかたで教えていきたいと思います。それは、全身で音楽を表現するということです。じゃあ、みんな立って！　まずは体を動かそう！」

ハーモン先生の指示に従い、生徒たちはその場に立ってドレミの音階を歌い、音が高くなるのに合わせて天井に向かって体を伸ばし、音が低くなるのに合わせて床に向かって体を曲げるといったふうに体を動かしました。

そのあとは、講堂の中を動き回りながら歌いました。ゆっくり歌うときは歩き、早く歌うときは走り、大きな声で歌うときは足を踏み鳴らし、小さな声で歌うときは爪先歩きをするのです。

メイは先生の指示をすぐに理解することができず、ほかの生徒たちがやっていることを少しの間見ていました。

けれども、いったん動き出すと、彼女は体

をかがめたり伸ばしたり移動したりすることを楽しめるようになりました。そして、音楽が自分の耳に入ってくるだけでなく、音楽に合わせて自分の体を動かせるようにもなってきたのです。メイの中で、すべてが意味を持ち始めてきました。

ようやく体と声の準備が整い、生徒たちはそれぞれ楽器を手にしました。音程やリズムを体で感じるという新しい理解の仕方で、メイは自分が感じた音の感覚を音に移すことができました。縦笛を吹くことも今日はそれほど難しくないように感じました。

次の月曜日、おそらくメイは早く学校へ行きたくなるでしょう。「音楽の日にお腹が痛くなる？　そんなこと聞いたことがないわ！」なんて言うかもしれませんね。

メイの行動にみられる問題点

メイは「音を処理する」ということがスムーズにできないようです。これは聴覚の問題で、感覚の識別に関する問題の1タイプです。

歌ったり縦笛を吹いたりすると音がはずれてしまうメイですが、これはそれぞれの音程の違いを区別することができないからです。

音のタイミングやリズム感も理解できない彼女は、打楽器を鳴らしても皆とテンポがあいません。

そして、ハーモン先生が生徒たちに指示したとき、彼女はしばらくほかの生徒たちの様子を見なければいけませんでした。というのは、耳で聞くだけでは先生の言ったことがよくわからず、視覚による情報で補う必要があったからです。

このような子は、感覚調整の問題も併せ持つことがよくありますが、メイの場合は違います。彼女は音に対して敏感すぎたり、音に気付かないというわけではありません。大きな騒音を求めたり、ずっと何かの音を聞いていたいという様子もみられません。

また、彼女はやや不器用ですが、ハーモン先生の指示をいったん理解するとスムーズに動くこともできます。

それでは、次ページから、聴覚とは本来どのように機能するべきか、そしてメイが音楽の授業で苦労する原因となっている聴覚情報処理の問題について説明します。

聴覚の働き

聴覚がスムーズに働くと…

聴覚系と前庭感覚系は一緒に働いて、それぞれ音と動きの感覚を処理します。どちらの感覚も、まず初めに耳にある受容器の中の有毛細胞によって処理されるので、音と動きの感覚は密接に関連しあっています。

音を受け取る能力のことを「聴力」といいますが、私たちはこの基本的な能力を生まれながらに持っています。

聴覚は、赤ちゃんがお母さんのお腹の中にいるときから発達し始めます。まず初めに聴覚にかかわる神経系が機能するようになり、それから前庭感覚系と一緒に、聴覚系は体中の筋肉とつながり、動きやバランスの調整を促していきます。

聴覚は身体的な発達に、とても大きく影響します。聴覚の働きは、聞くことやバランス感覚や柔軟性にとって必要なだけでなく、両側協応、呼吸作用、発話、自尊心、社会とのかかわり、視覚、学業の発達にとっても欠かせません。

聴覚の2種類の働き
防衛機能(大丈夫！or 危ない！)と識別機能(なるほど！)

これまでにお話ししてきたほかの感覚と同じように、聴覚もまずは私たちの身を危険から守るために機能します。

赤ちゃんの頃は、たいてい誰もが大きな音や予期しない音を聞いてドキッとしますが、徐々に私たちの脳は、その音の感覚を調整できるようになります。ある音に対して、それが楽しんだり使ったりできる音なのか、それとも安全のために避けるべき音なのかを区別する能力が発達していくのです。そして、た

とえばその音が単にドアを閉めた音で危険でないとわかったら、落ち着きを取り戻し、その音に集中していた意識を、再びほかの方へ向けられるようになります。

　音を聞く能力と、音の刺激を調整する能力とは、「周囲のさまざまな音を聞いて、それらの音の意味を解釈する能力（聴覚の識別機能）」の基礎になります。

　この能力は生まれながらに備わっているものではなく、前庭感覚と聴覚の統合に従って身につけていくものです。自分の周囲とうまくかかわりながら、徐々に私たちは自分の耳に入る音を解釈することを学び、聴覚の識別機能を磨いていくのです。

　子どもは、動いたり、触ったり、その他いろいろな感覚を使う体験をしながら、聴覚の識別機能を発達させていきます。聴覚の識別機能とは次のような能力のことを指しますが、「その音は何なのか」「その音はどこからくる／きたのか」について詳細に認識するためには、これらの機能すべてが欠かせません。

●**音源定位**
お母さんの声や、「やったぁ！」と叫ぶ友達の声など、音源を特定し、その音源と自分との距離を判断する能力。

●**聴覚追従**
空を飛ぶヘリコプターや家の周りを歩く足音など、音を追う能力。

●**聴覚記憶**
会話、方角、宿題の内容、歌詞など、聞いたことを記憶し、それをすぐに思い出して使ったり（短期記憶）、またはしばらくたってから思い出して使ったり（長期記憶）する能力。

●**順序だてた聴覚情報処理**
いくつかの音を、順序をまちがえることなく知覚し、復唱することができる能力。

●**聴覚の識別機能**
ミキサーの音と掃除機の音や、「イマ」と「ヒマ」、「イチ」と「ニチ」のような似たような音を持つ言葉の違いを区別したり、比較する能力。

●聴覚的図と地の識別

中心になる音（図）と、それ以外の音（地）を聞き分ける能力。周りの雑音に邪魔されず必要な音を聞き取るために欠かせない能力。

●関連付け

・新しい音をなじみの音と関連させる能力（例：隣の家から聞こえる子犬の鳴き声を聞いて「犬」というカテゴリーと結びつける）。

・聞いたことを視覚による記号と関連させる能力（例：特定の音をドレミの文字や音符と結びつける）。

●聴覚思考

さまざまな情報や考えを繋ぎ合わせて、1つの大きな全体像を認識する高度な聞き取り能力。言われたことから推測したり、なぞなぞ、ジョーク、だじゃれ、口頭による算数問題などを理解したり、授業で先生の言ったことをノートにまとめたりするのに欠かせない能力。

●聴覚注意

先生の説明、会話、物語などを聞くのに十分な注意力を維持する能力。さまざまな聴覚処理スキルを統合させるために必要な能力。

　防衛機能と識別機能が協調して働くことで、私たちは音に対して適切に反応することができます。「それは何の音か」「その音はどこから聞こえるのか」ということを知り、以前聞いた音をもとにして推測したりもできます。

　そして、この「聴覚による"何"と"どこ"」の情報を使って、私たちは「聴覚－運動統合能力」[1]を発達させ、「その音に従って、いつ、どのくらい動けばよいのか」を学んでいきます。

　たとえば、赤ちゃんがお腹をすかせて泣いている声を聞いたお母さんは、食事を与える準備をしますよね。厳しい批判を耳にして身が縮んだり、交通渋滞の中で鳴り響くクラクションの音でイライラすることも、その一例です。

　また、モーツァルトの曲のような明確で整然とした音楽を聞くと、意識がハッキリし、動作に調和がとれたりもします。

　そして私たち人間は、音を処理することによって、話したり言語を使ったりします。これは人間独特のものです。「話すこと」と「言語を使うこと」とは密接に結びついていますが、同じものではありません。

＊1：著者は「耳と体の協応」とよんでいる。

話すこととは、音によって生み出されるもので、喉、舌、唇、顎の筋肉のスムーズな機能に左右されます。これらの繊細な筋肉が、前庭感覚、固有感覚、触覚によってコントロールされることで、明瞭な発話ができます。

　一方、言語とは、単語を「意味を持って」使う利用法のことで、物や考えを表す記号だといえます。つまり、言語とは、ある単語が意味することや、その単語をどのようにほかの単語と関連させて使うかを解読するためのコードなのです。

　聞くことや読むことなどによって、言語を自分の中に取り込んで理解する能力のことを、「言語理解」といいます。言語理解には、他人の声や自分の周囲の音など、主に外部の音が関係します。

　また、話したり歌ったり書いたりと、言語を外に出してコミュニケーションをとる能力を、「言語表出」といいます。言語表出に関係する主な音とは、自分自身の中で聞こえる音を、声を通して、できる限り正確に再現した音だといえます。

　私たちは耳を使って聞き、動き、話し、読みます。ですから、周囲の音を処理する能力を高めることは、自分の体を実感し認識すること、バランス能力、運動協応、筋肉のコントロール、姿勢反応、物事の順序付け、言語力、計画性、問題解決能力などの向上につながります。

聴覚がスムーズに働かないと…

　聴覚情報がうまく処理されないと、聴力は十分でも、聞こえた音を処理するのが遅かったり正確に処理できないという問題が起こります。

　感覚統合障害を持つ子の中には、聴覚を調整したり識別したりすることがうまくできない子がいます。リズム感や物事を行うタイミングが悪く、動くことや読むことやコミュニケーションなどに支障を持つ場合にも、聴覚情報処理の問題が原因となっていることがあります。

　このような問題は言語にも影響します。自分が言いたいことを思い出す、自分の考えを順番に並べる、言葉を口に出すといったことが難しくなるのです。

また、口や唇や舌の感覚が鈍くなって、他人が理解できるよう言葉をはっきり発音することに支障を持つ子もいます。

　口や唇や舌の筋肉をスムーズに動かすことができず、たとえば「サカナ」を「タカナ」、「ラッパ」を「ダッパ」と言ったりするのです。

● **聴覚の調整の問題**

　たいていの人は大きな音が聞こえると、その音の振動を遮るために、内耳の筋肉が収縮するのが普通です。この仕組みによって、私たちは音に圧倒されたり、聴力を失ったりせずにいます。

　しかし、何か危険を感じるときや、「闘争」「逃走」「硬直状態」（詳しくは、Chapter 2の81～82ページ参照）になるときは、この内耳の小さな筋肉は引き締まりません。一瞬にして、すべての音に対して鋭い注意を払うことが緊急の優先事項となるからです。

　聴覚が非常に敏感なため防衛反応が働き、いつも警戒態勢でいる子は、すべての音に耳をかたむけてしまいます。どんなことにでもすぐに気を散らされ、何でもない普通の音に全身で驚く子もいます。そして、この絶え間のないピリピリした警戒心のために、エネルギーは使い果たされ、物事を学ぶことができず、言葉の発達や他人とのかかわりが難しくなるのです。

　自閉症スペクトラムの子は（もちろん、ほかの子にもあてはまることですが）、聴覚が非常に敏感、つまり聴覚防衛反応をみせることが多いようです。鳥のさえずりや葉っぱがサラサラ揺れる音のような、一般的に人をよい気持ちにさせるような音でも、彼らにはまるで鼓膜が傷ついたように感じられるのです。

　自閉症であるかどうかに関係なく、聴覚が非常に敏感な子は、大きな音や突然の音を嫌い、その反応の仕方はとても素早くて強いものです。身の周りのほとんどすべての音にビクビクし、たいていの人には聞きとれないような小さい音や高音にも反応します。そして、サイレンが鳴り響いたり、ブロックで作った塔が倒れて壊れたり、または誰かが何かを噛んでいる音が聞こえると、苦痛を訴えたり耳をふさいだりするのです。

　また、大きな音が鳴るかもしれないと絶えず警戒し、そのような不安がその子の行動に影響することもあります。たとえば、ギター

> 小学1年生のネリア（10歳）は、学校から帰ると自宅のトイレに駆け込みます。
> 彼女は絶対に学校のトイレを使いません。トイレの音で耳が壊れそうに感じるからです。トイレの水が流れる音は、ナイアガラの滝のように彼女の耳をつんざきます。
> また、彼女は床に鉛筆が落ちたり、ドアノブがカチッと閉まるだけで、ギクリとして飛び上がり、手で耳をピシャリとふさぎます。
> このように、音に対して非常に敏感な彼女のことを、まわりのみんなは「臆病ネリー」と呼ぶのでした。

事例1● 聴覚が非常に敏感な子の行動例

> 幼稚園児のフランキーは、ジャングルジムの下にしゃがみ、夢中でトラックを走らせて遊んでいました。
> 彼はジャングルジムに登っていた友だちのジェッドが「とびおりるよー！ あぶないよー！」と叫んだのが聞こえましたが、それには反応せず、トラックで遊び続けました。
> ジェッドが飛び降り、フランキーのすぐそばに着地しました。
> ビクッと驚いたフランキーは、「コワイからやめてよ……」と今にも泣きそうな小声で言いました。
> ジェッドは「とびおりるからあぶないって言っただろ！」と言い返しました。

事例2● 聴覚が非常に鈍感な子の行動例

の弦をはじく音で耳が壊れそうに感じる子は、皆と一緒に歌うことをいやがるかもしれません。風船が割れる音に異常なほどの苦痛を感じる子は、友だちの誕生日会に行きたがらないかもしれません。

また、コンサートでは大きな音がするので、そういう場へ出かけるよりも家で1人で夜を過ごすほうを選ぶ子もいるでしょう。うるさい大騒ぎから逃れることができず、その音を掻き消すために、「毒をもって毒を制す」で自分の声を張り上げて叫びだす子もいます（**事例1**）。

一方、**聴覚が非常に鈍感な子**は、ほかの人には聞こえたり、誰もが耳を傾けたりする音に気づかないようにみえます。

この子たちの「レーダー探知機」には、静かな音や小さな声、ささやき声などが、ひっかからないのです。日常的な音や声、他人の質問やコメントに対しても、反応しないようにみえる子もいます（**事例2**）。

> カニーシャ（7歳）は、友だちのシーアとテレビの音のことで意見があいませんでした。シーアは音を小さくしたがりましたが、カニーシャは椅子に座った自分に音の振動が伝わってくるくらいの大きなボリュームでテレビを見たかったのです。
> しかし2人は喧嘩を避け、代わりに「スプーン・ベル」を作ることにしました。これは、1メートルほどのひもの真ん中にスプーンを結び、ひもの両端を人差し指に結んで耳に近づけ、ぶら下がったスプーンを物に軽く打ちつけて、ひもを通して耳に伝わる振動を楽しむ遊びです。
> キッチンを歩きまわって、カウンターやテーブルにスプーンを軽く打ちつけて2人は遊びましたが、その振動に満足できなかったカニーシャは、オーブンの棚を引っ張り出して力強くスプーンをたたきつけ、大きな衝撃音を立てました。「すごーい！」金属の大きな反射音はとても心地よく、カニーシャの耳にはまるで音楽のようでした。

事例3 ● 聴覚の刺激を非常に求める子の行動例

その結果、**聴覚の刺激を非常に求める子**もいます。このような子は、群衆の中や、カーレース、パレードのような騒々しい場所が大好きです。大きな音が聞こえると喜び、たいていその音量をもっと上げたがります。

また、自分で大きな音を立てることもあり、教室や台所で「公園で叫ぶような」大きな声を出したり、騒々しく手をたたいたり歌ったりすることもあるでしょう（**事例3**）。

● **聴覚の識別の問題**

聴覚の識別がうまくできない子は、言葉の類似や相違に気付きにくい傾向があります。周囲の音に気を散らさず、先生の声を聞き取ったり先生の言うことに集中するのが苦手な子もいます。

聴覚の識別機能の問題は、言語理解に悪影響を及ぼすかもしれません。このような子は、人の話を聞けず、文章を読むのにも苦労することがあります。

なかには規則を守らないようにみえたり、きちんと指示に従えない子がいますが、これは自分に言われたことを解釈できないためかもしれません。

● **体を動かすことが言語能力に与える影響**

また、**言語表出に問題がある子**の場合は、会話に参加したり、質問に答えたり、自分の考えを書いたりすることに困難を覚えるで

> 小学4年生のケイトリンは、休み時間中、落ち着きなく教室の中を歩き回っていました。雨が降っていて外で遊ぶことができなかったからです。
> 休み時間が終わって算数の授業が始まると、彼女は眠くなり、先生が簡単な質問をしても、答えることができませんでした。
> 次の日は晴れて外で遊ぶことができたので、ケイトリンは休み時間中ブランコで遊びました。
> そのあとの算数の授業で、先生が彼女にまた質問をすると、今度は答えることができました。
> 先生はなぜケイトリンがその日によって注意力がしっかりしたり、ボーッとしたりするのかわかりません。

事例4 体を動かすことが子どもの聴覚情報処理に影響する例

しょう。

あまり話さない子や、うまく話せない子が、体を動かした途端に言葉数が多くなる、という現象がよくみられます。たとえば、走ったりブランコに乗ったりすると、突然叫んだり歌ったり話しだしたりするのです。自分の考えを言葉にするために、聴覚情報処理をうまく行えるよう、急に立ち上がって部屋の中を歩き回る子もいます。活発に動くことが原動力となり、言葉がスムーズに出始めてくるのです（**事例4**）。

前庭感覚情報処理と言葉の問題がある子に、それぞれの問題に対応するセラピーを同時に提供することは、大きな効果をもたらします。

言語聴覚士の中には、セラピー中に子どもをブランコに乗せただけで目覚ましい効果があると言う人もいます。前庭感覚を発達させるセラピーを行っていると、バランス、動き、体をうまく使う能力とともに、その子の言語能力も伸びると言う作業療法士もいます。

また、聴覚情報処理を向上させる訓練を行うことで、以下のような面で効果がみられる子もいます。

- 注意力の持続、集中力
- 社交能力
- 発語能力、口や舌の運動のコントロール
- 聴覚による識別機能、感覚の調整力
- 音楽の表現力
- 自尊心、情緒、意欲
- 話し言葉の理解
- 読む能力、綴り、書く能力

- ●両側協応
- ●身体的なバランス能力、姿勢

　聴覚情報処理がうまくいかない子に対して学校で支援する方法としては、騒々しい教室の音をカーペットなどを使用してやわらげる、教室のドアや水槽などから出来るだけ離れた席に座らせる、視覚的な合図を使って聴覚への情報を補う、などがあります。

　いろいろな方法を紹介してきましたが、適切なセラピーを受けるためには、このような問題の原因を見極めることが大切です。

　感覚統合障害が原因で聴覚に問題がある場合は、感覚統合療法を学んだ言語聴覚士や作業療法士によるセラピーを受けるのが正しい選択です。

　原因が感覚統合障害ではない場合は、小児科医、耳鼻科医、言語聴覚士による助言やセラピーを受けましょう。

聴覚機能は日常生活の中で、どのように使われているの？

　エイミーは、子どもの学校の運動会に来ています。200人もの大人と子どもが動き回ったり、話したり、笑ったりしていました。周囲はかなり騒々しくなっていましたが、エイミーは平気でした。

　しかし突然、彼女の真後ろで、体育の先生が拡声器を使って何か叫んだので、エイミーは身をかがめ手で耳をふさぎました。「先生は何と言ってるのかしら？」

　先生の声が大きすぎて、耳をふさいだままのエイミーですが、これでは先生の指示がよく聞き取れません。

　そこで、少し脇の方へ移動して耳から手を離すと、やっと、先生が「クラスごとに並ぶように」と生徒たちに指示しているのが聞こえました【聴覚注意】。

　また、エイミーには違う音も聞こえてきました。打楽器と太鼓の奏者がリズムを鳴らし【聴覚の識別機能】、それに合わせて音楽隊が校舎から校庭に向かってやってきている音です【聴覚追従】。

　エイミーも、その規則的なリズムに合わせながら歩き【耳と体の協応】、生徒たちが並んでいる場所まで行きました。彼女は自分の子どもを探しましたが見当たりません。

　すると、どよめきの中から「お母さん！」と叫ぶ声が聞こえました【聴覚的図と地の識別】。エイミーはその声が聞こえたほうを振り返って【音源定位】自分の子どもを見つけ、手を振りました。

　その時、音楽隊が国歌を演奏し始めました。辺りは静まり、皆が国歌を斉唱しました【聴覚記憶】。

　隣にいた人が「なんだかワクワクしますね！」と言いました。エイミーはうなずき【言語理解】、「ええ、運動会はいつも楽しい行事ですよね！」と返しました【言語表出】。

　さぁ、運動会の始まりです！

＊　　＊　　＊

　聴覚情報をうまく処理できない子の特徴を、別冊の「感覚統合発達チェックリスト」にまとめています。

　すべての特徴が当てはまるわけではありませんが、「よくある」欄にチェックの印が多い場合は、その子に感覚統合障害がある可能性が高いと言えますので、専門家に相談されることをお勧めします。

　次のChapterから始まるPart 2では、感覚統合障害についての検査、診断結果、そしてセラピーを受ける過程で役に立つ具体的で実用的なアドバイスを挙げていきます。

　また、家庭と学校の中で子どもを支援するための提案や活動もたくさん紹介したいと思います。

Part 2

やってみたら、こんなに変わる！
感覚統合障害との上手なつきあいかた

Chapter 8

診断とセラピーを受ける

- 答えを探し求める保護者たち
- 専門家の支援が必要なときをみきわめる
- 子どもの行動を記録する
- 問題の原因を突き止める(検査の紹介)
- さまざまなセラピー、さまざまなアプローチ
- 専門家と会う前に
- 何事も記録に残そう！

Chapter 8

診断とセラピーを受ける

答えを探し求める保護者たち

　このChapterでは、子どもがみせる「普通とはちょっと違う行動」を記録する方法、専門家による検査や診断結果を受けるべき時期やその過程について紹介します。

　そして、感覚統合障害を抱える子どもたちに効果的な支援について、特に「感覚統合という考えや理論」に基づいて構築された「作業療法」に重点を置いて説明します。

　これから紹介するのは、あるお母さんから届いた手紙です。

＊　　＊　　＊

　息子のロブが2歳になる前に、私は「この子には何らかの障害がある」と感じていましたが、何の障害なのかわかりませんでした。

ロブはいつも誰かが見張っていなければいけないような子どもでした。タイムアウト*1 は効き目がありません。というのは、この子を1つの場所にジッとさせておくなんて全く不可能だったからです。

　ロブの性格を表現すると、ひねくれて反抗的、人に対して失礼で要求が多い、いつもソワソワしていて、とめどなくしゃべる（話す能力はとても高いのです！）、頑固で何事も素直に聞き入れない、すぐにイライラする、といった感じです。

　私はロブを授かったことを心から感謝していますし、もちろん何があっても彼を失いたくありませんが、この子はそんな私の気持ちを知らずか、常に私を試し、私に反抗します。

　ロブがそのような行動をとる原因は何なのか。私はどうやって親としての威厳を取り戻せるのか。一体どんなしつけなら彼に効くのか。彼の行動が私の気をひくためだとしたら、どう接すれば彼を満足させられるのか。この子の有り余るエネルギーを、どうやったら別のよい方向に向けてやれるのか。

　私はこうした質問への答えが欲しくてたまりませんでした。そこで、かかりつけの小児科医を訪ねることから情報集めを始めました。

　まず、その先生の勧めで、ロブを神経科医へ連れていき、てんかんなど発作のテストを受けましたが、結果は異常無し。ADD（注意欠陥障害）があるようにも思えないと言われました。

　次に心理学者を訪ねましたが、その先生も、ロブは健全で活発な少年だと言いました。

　その次は、アレルギー専門医に会いました。というのは、ロブが極端にミルクを欲しがったからです。そして次は、耳鼻咽喉科を訪ねました。ロブがとても疲れやすく、いびきをかいて寝るので、感染によるアデノイド肥大*2 ではないかと思ったからです。しかし、結果はいずれも異常無しでした。

　そのあとに、私たちは発達専門の小児科医に会いました。その先生は感覚統合の問題について少し知識がありました。先生は本格的

＊1：学校や家庭で、悪いことをした子どもに反省をさせるための方法として、自分の部屋に閉じこもらせたり、椅子に座らせて、数分間黙らせておくこと。米国ではよく使われるしつけのやりかた。
＊2：細菌などに感染して咽頭炎が起き、アデノイド（咽頭扁桃）が腫れて大きくなる病気。鼻をつまんだような声になり、肥大が進行すると鼻をふさいでしまう場合もある。

な検査は行いませんでしたが、ロブの前庭感覚に発達の遅れと鈍感性がみられ、一般的な子どもに比べ、聴覚と視覚の処理機能が遅いと診断しました。そして、ロブの発達の遅れを改善するために、家で行える活動をいろいろ具体的に教えてくれました。

しかし、ロブが全く協力してくれず、あまり効果がありませんでした。自宅療法ができないとわかった私たちは、ロブに正式なADDのテストを受けさせました。しかし、結果は異常無しでした。

その後、ようやく私たちは近所の人から、作業療法のことを教えてもらい、わが子に作業療法士による感覚統合検査を受けさせることになったのです。

このとき3歳半になっていたロブは、検査の結果、感覚統合障害があると診断されました。問題が特定されたことと、セラピーを受けることが有効だということを知って、私は胸のつかえが下りたように感じたものです。

かかりつけの小児科医に報告すると、作業療法では何も変わらないということで、家庭でしつけやルールをもっと取り入れ、児童心理学者に会うように勧められました。

しかし、私たち夫婦は作業療法を受けて、すでによい結果を目にし始めているので、作業療法士の指示に従ってセラピーを受け続けたいと思っています。自分たちがようやく正しい方向に向かったと信じたいのです。

それにしても、ロブが生まれてからの私の生活は今までとは全く違うものになってしまいました。この子との毎日は本当に大変です。

もともと私はとても明るく活発な性格で、これまで多くの友人からアドバイスを求められてきました。しかし今は、成人してからの人生で初めて、私が他人にアドバイスを求めようとしています。

私は自分の人生を充実させるため、いろいろなことに一生懸命努力してきました。しかし今は、わが子との1日を乗り切ることだけで精一杯です。

ロブの問題はまだ何も解決していませんが、よい方向に向かっています。この子のことで、長い間、孤独や絶望感を感じていましたが、今では力が沸いて希望が持てるようになりました。そして、ロブに可愛らしく愛情深い性格が現れてきたのを目にして、私たち家庭にも調和が戻ってくるだろうと確信しています。

専門家の支援が必要なときをみきわめる

「子どもが（年齢的に）大きくなる」ということは、すでに身につけた能力や技術をもとにして、さらに成長するということです。

通常、子どもはハイハイができてから立てるようになり、それをもとに歩くことを身につけ、やがて走れるように発達していきます。

しかし、発達にでこぼこがある子どもにとって、年齢が大きくなるということは、必ずしも身体的や知的な課題を今までよりうまくこなせるようになるということではありません。なぜなら、感覚情報を効率よく整理するために必要な基礎の部分が、十分育っていないからです。

では、年齢に沿った自然な成長が難しい子には、どのような支援が必要なのでしょう？

答えは「早期介入」です。早期介入とは、子どもの問題を早いうちに発見し、早い段階から専門家によるセラピーを行うことです。

どんなセラピーについても言えることですが、セラピーを受けるためには、専門家による検査と診断結果が必要です。

では、その子に検査が必要かどうか、どうやって判断すればよいのでしょうか？

感覚統合障害の発見を妨げる5つの言い訳

子どもに感覚統合障害の疑いがみられても、園や学校の先生や、作業療法士に、次に挙げるような「言い訳」をする保護者の方がいます。

❶「感覚統合障害なんて、聞いたことがないし、どうせ大したことじゃないんでしょ」

感覚統合障害は、小児科医や、園や学校の先生、その他の子どもに関する専門家の間でも、まだよく知られていないので、正しい情報が保護者に伝わらないことがよくあります。

しかし、より多くの研究結果や、素人でもわかる平易な言葉で書かれた本などが世間に届くようになり、一般の人々の間でも「感覚統合障害」という言葉やその情報が少しずつ広まり始めています。

❷「ウチの子に限ってありえませんよ」

保護者の中には、感覚統合障害についての情報を集めたり学んだりしていても、それが自分の子どもに当てはまるなんて思いもしない人がいます。**「問題がある」ということを認めたくない人は、答えを探そうとしないものです。**

❸「確かに、この子はほかの子たちがすることをしませんが、それの何が悪いんですか。この子は年齢よりも先を行っているんです」

わが子の「子どもらしくない行動」の理由を、「粘土や公園遊びをするには利口すぎるからだ」と解釈してしまう保護者がいます。

しかし、**子どもはみんな「学校で成功できる」前に、「遊べるようになる」必要があります。**「5歳で本を読める」からといって、必ずしも身体的、社会的、情緒的に、園へ行く準備ができているとは限りません。

事実、年齢よりも早熟な、ませた行動は、神経系の障害を表している場合があります。

Chapter 1（60～61ページ）で紹介したジョニーは、5カ月のときにベビーベッドの中で自分の体を起こして立ちあがり、9カ月のときには、つま先歩きができました。両親は、ジョニーがほかの赤ちゃんよりもはるかに早く発達しているのだとずっと思っていましたが、彼が触覚防衛反応のためにベッドのシーツや地面に触れたがらないのを発見して、やっと「そうではない」とわかったのです。

また、その子が、多くの子どもがするような子どもらしい行動をしないのは、「それが（したくても）できない」からだという場合もあります。動いたり触ったり遊んだりすることが、子どもにとってどれほど重要なのかに気づいていない保護者は、子どもがどんな動作や行動を避けているのかを知らないのかもしれません。

これは、その子が長男や長女だったり、ひとりっ子だったりする家庭によくみられる

ケースです。ほかのきょうだいと比べる機会がないため、保護者は「年相応の能力」といったものがよくわからないのかもしれません。

❹
「この子は利口な子です。靴ひもが結べないからって、それがどうしたっていうんですか」

その子には、得意なことがいろいろあるかもしれません。計算の達人だったり、恐竜博士だったり、物語を話すのがとても上手だったり……。

しかし、一方で、その子には自立力が欠けていたり、運動や文字を書くのが苦手だったりすることもあるのです。

感覚統合障害の子どもが「特技」*3を1つ2つ持っているというのはよくあることです。

たとえば、私の教えていた保育園児の例を挙げましょう。「ブラザー・ジョン」*4の童謡を木琴で演奏できるようになった男の子がいたのですが、その子が演奏するのは、その曲だけだったということがありました。得意満面で「ブラザー・ジョン」をくり返し演奏するのですが、似たような簡単な童謡の「オールド・マクドナルド」*5を演奏してみようという気には全くならないのです。

また、別の子の例ですが、その子は園で三輪車の乗りかたをマスターするという、とてもスゴイことを成し遂げました。

ところが、彼女は三輪車に乗る技術をどう使えば、家にある少し大きな自転車に乗ることができるのかが全くわかりませんでした。

子どもが何かの分野で名人だったり特技を身につけたりすると、保護者や、園や学校の先生や、小児科医たちは、その子には特定できるような問題はなく、"単に怠けて"新しい技術を学ぼうとしないのだと考えてしまいがちです。

❺
「この子は、自分さえやる気になったら、何だってうまくできるんです」

感覚統合障害を持つ子の中には、「調子が

---

*3：原著では、splinter skill となっています。くり返し練習することで、その特定の能力だけが「うまく」できるようになったものを意味します。この能力は、応用がきかないので、関連する能力全般に波及するわけではありません。
*4：原題は Are You Sleeping Brother John?。世界的に有名な子どもの歌で、日本では「グーチョキパーでなにつくろう」という曲名で主に知られている。
*5：原題は Old MacDonal had a farm。日本では「すいかの名産地」という曲名で主に知られている。

いい」ときには、落ち着いて協力的で何でもスムーズにできるのに、「調子が悪い」と、ソワソワして怒りっぽく、すぐ欲求不満になってしまう子がいます。

このように感覚統合障害の症状は、いろんなときに、いろんな形で現れるため、まわりで見ている人は「その子の問題行動は大したことではない」という錯覚につい陥ってしまいがちです。

また保護者の中には、子どもの不規則な行動が、その子の気分によるものだと思っている人がいますが、そうではありません。自らハチャメチャな行動をしようとする子どもはいないのです。

こんな場合はまちがいなく支援が必要（3つの診断基準）

いかがでしょうか。まだ、専門家による診断を受けるかどうか迷っていますか。

もしそうなら、次の基準で考えてみてください。

❶
子どもの抱える問題が、その子自身の生活の妨げとなっている場合

もしその子が、ハイハイ、走る、ジャンプする、登る、話す、聞く、抱きしめる、遊ぶなど「自然にできるようになること」に苦労していたら、専門家による診断を受けて支援を求めるべきです。子どもが自信を持たない場合も同様です。

事実、「自信の無さ」は、感覚統合障害の疑いがある危険信号の1つなのですが、こういった子は、精神衛生（メンタルヘルス）の専門家に見てもらうよう勧められることが時々あります。

しかし、問題の根本的原因である神経系の

障害に対処しなければ、問題を補う別の能力なり技術なりを発達させることくらいがやっとで、本当の意味での解決にはなりません。

❷ 子どもの抱える問題が、まわりの人の迷惑となっている場合

子どもの行動が、その子自身の妨げにはなっていなくても、周囲の人の迷惑になっていたら、診断を受けて支援を求めるべきです。

人をワザと押して、まわりの子からいやがられる、絶えずソワソワして先生をイライラさせる、無鉄砲なことをして保護者をビックリ仰天させる……。このような子たちは、どうして周囲のみんなが、いつも自分のことを怒るのかがわかりません。

また、自分が安心できる家では「（問題行動を引き起こさない）イイ子」なのに、何が起きるか予想できなくて怖い外では「（問題行動を引き起こす）困ったちゃん」になる子も、専門家の診断を受けるべきです。

反対に、日中は自分をなんとか抑えることができる学校では「イイ子」なのに、1日の終わりで自分をコントロールできなくなる家では「困ったちゃん」になる子も同様です。

状況が変わると劇的に行動が変わるというのは、何らかのストレスを感じているというサインで、その子には支援が必要なのです。

❸ 園や学校の先生、小児科医、友人から、支援を求めるようにアドバイスされた場合

もし、普段多くの子どもに接している人が、その子の問題行動に気づき、みなさんにアドバイスをしたのなら、答えはイエスです。その人が言うことに傷つく方もいるでしょうが、「自分も感じていたけれど対処できていなかったもの」を確認できたわけです。

たとえば、ガソリンスタンドの店員から「この車はきちんと機能していないので、点検して整備する必要がありますよ」と言われたら、みなさんはこのアドバイスを聞き入れるでしょう。

これと同じように、でこぼこした発達の子どもたちも、少し支援を受ける必要があるのだと考えてみたらどうでしょうか。

子どもの行動を記録する

　子どもの保護者であれば、その子のことを一番よく知っているはずですが、自分が知っていることについて腑に落ちないときもあると思います。

　わが子の問題が、子どもの病気や障害についての一般的な分類の中に当てはまらず、心配している人もいるでしょう。

　小児科医も、その子の問題をみつけることができず、「何も異常はみられませんので、そのうちよくなるでしょう」などと言うかもしれません。

　こんな場合、どうすればよいのでしょうか。

　まず初めに、よく子どもを観察し、それを記録してみましょう。

　子どもの様子を記録することは、その子の問題を理解し対処するうえで、とても重要なことです。具体例による証拠は、専門家による診断と同じくらい大切なものだということを覚えておいてください。

　子どもの行動や様子について、みなさんが家の中で目にしたことや、園や学校の先生からの報告などを、走り書き程度でもいいのでメモしてみましょう。そうすると、その子の行動や様子についての具体的なデータが集まり、問題の特徴にハッキリ気づくはずです。

　そして、感覚統合障害のことをよく知る医師や作業療法士に、その子の問題を説明するとき、それまでの記録が大変役に立ちます。

　Chapter 1の冒頭で紹介したトミー、ヴィッキー、ポールのことを覚えていますか？　トミーには触覚の問題、ヴィッキーには動きや重力にかかわる前庭感覚の問題、ポールには筋肉や関節にかかわる固有感覚の問題がみられます（注：みなさんに理解してもらいやすいよう、彼らには各障害の明らかな症状が現れているように設定していますが、現実には、障害はそれほどわかりやすくハッキリ現れるわけではありません）。

これから、この子たちの保護者が作った表を紹介します。表は2種類あります。

1つは「子どもが困った行動をとったときの状況」（表1, 3, 5）について。もう1つは「子どもがよい行動をとったときの状況」（表2, 4, 6）についての記録です。

これらの表を参考に、みなさんも自分の子どもについての表を作りましょう。表に埋められていく数々のメモは、愛しいけれども"育てにくい"わが子の不可解な行動の原因や解決策をみつける手がかりになるはずです。

トミーの問題行動（触覚の問題）

トミーの問題について誰も助けてくれそうにないと思った両親は、自分たちの手に全く負えないようなトミーの状況を記録し始めました。そこから、わが子の行動を理解するヒントになりそうな特徴をみつけられるかもしれないと考えたのです。彼らは**表1**（194ページ参照）のような表を作りました。

表に記録された出来事はそれぞれ関係がないようにもみえますが、すべてがトミーの触覚情報処理の問題を示しています。

では、各出来事をひとつひとつ見ていきましょう。

●**出来事①**

トミーが服のことで大騒ぎをした理由は、ハイネックの服と、縫い目がデコボコの靴下の感触が気持ち悪かったためです。

彼はわざと気難しくしているわけではなく、「ある特定の肌触りにイライラする」と説明できないだけなのです。

問題の原因は、彼の触覚系が正しく抑制されず、その服や靴下を「体の安定や満足感を脅かすもの」だと無意識に捉えてしまうことにあります。

「縫い目のない靴下を発明した人は、一儲けできますよ！」というのは、トミーのお母さんのコメントです。

●**出来事②**

トミーが保育園で激しく泣いた原因は、指絵の具です。先生は楽しい遊びのつもりで、指絵の具で遊ぶよう彼を促したのでしょうが、自分の手や体がぬれたり汚れたりすると考え

トミーの行動	日時	状況
●出来事① 着替えをいやがり、かんしゃくを起こす！	10/10 8:30am	トミーは、「靴下がきつ過ぎる、新しいハイネックのセーターが大嫌い」だと言う。
●出来事② 保育園で激しく泣き続ける。	10/14 10:00am	先生が言うには、「指絵の具で遊ぶまでは機嫌がよかった」とのこと。
●出来事③ 床へお皿を投げ落とす。	10/22 正午	デザートを、ヨーグルトの代わりにカッテージ・チーズに変更しても大丈夫だと思ったが、まちがい！
●出来事④ スーパーでわめき散らす。優しそうなお婆さんにブドウを投げつける。	11/23 4:30pm	感謝祭前日。店内は満員でうるさかった。 見ず知らずのお婆さんが彼の頭を撫でた。
●出来事⑤ 玩具売り場のおもちゃを自力で壊す。	12/18 2:00pm	デパートの玩具売り場に並ぶおもちゃに興奮。おもちゃを手離させることができなかった。手に負えない状態。

表1●トミーが問題を起こしたときの記録

るだけでもいやになるトミーは、自分をダメな子どものように感じ、自分にかまわず放っておいてほしいと思ったわけです。

　そして、それを説明できないために手がつけられないほど大泣きしてしまう、という可哀そうな結果になってしまいました。

● **出来事③**

　この日、トミーはお昼ごはんのときに騒ぎ立てました。

　食べ物の食感に対して口が非常に敏感なため、彼は食べることにも問題があるのです（初めて生牡蠣を口にしたときのことを覚えている人は、トミーに共感できるかもしれませんね！）。

　彼はヨーグルトは食べるようです。以前に食べたことがあるものなので安全に感じるからでしょう。でも、デコボコしたカッテージ・チーズは彼にとって安全ではないのです。

そのため、触覚系が防衛反応を起こして危険信号を送り、チーズのお皿を投げ落としたわけですが、もちろんトミーにはそれを説明することができません。

● **出来事④**

感謝祭前日のスーパーマーケットで、トミーは親しみを込めて近づいてきたお婆さんの頭にブドウを投げつけてしまいました。

このときお母さんは、わが子も、感謝祭用の七面鳥も放り出して、家に帰って泣きたかったそうです。

トミーはどうしてこのような無茶をしたのでしょうか。答えは簡単で、そのお婆さんが彼にとって危険な存在だったからです。

彼女は見ず知らずの人にもかかわらず、トミーの頭を撫でるという「まちがい」をおかしてしまいました。

誰にとっても、頭は予期しない軽いタッチを受けるには非常に敏感な場所です。そのため、自分の身を守ろうと、たいていの人が軽いタッチにすぐさま反応します。

ですから、ほかの人よりも触覚が敏感なトミーは、まわりから見たら過剰だと思われるような反応を示したわけです。

● **出来事⑤**

トミーはデパートの玩具売り場で、おもちゃを壊してしまいます。

彼のような年齢の子どもなら、おもちゃを見たり軽く触るだけで満足できるはずなのですが、トミーはおもちゃを「攻撃」してしまいました。彼の触覚系が、目の前の物がどのようなものなのかを知るために、それを力強く扱うように指示してしまうからです。

棚に並ぶ、すべてのおもちゃを知りたい（そして、もちろん手に入れたい）ために、トミーは売り場をメチャクチャにしてしまいました。

以上の出来事をまとめると、トミーは**①触覚情報処理の問題**を抱え、**②触覚が非常に敏感**で、**③触覚の識別が十分にできない**という問題を持っているようです。

診断とセラピーを受ける

トミーがうまく行動できたとき(表2)

●出来事①

事前に予測ができる場合、力強く触られることで気分がよくなるトミーは、お父さんに自分の背中を「下向き（体毛が生える方向）に」撫でてもらいます。上向きに撫でると、「毛が逆立つ」という表現のごとく、トミーに恐怖感や不快感を与えてしまうのです。

彼はお母さんに優しくそっと触られるより、お父さんに力強く抱きしめられるほうが好きなようです。

この夜のトミーは、体に力強く心地よい圧力を感じることで触覚過敏が抑えられ、簡単に寝入ることができたというわけです。

●出来事②

トミーはこの夜、お風呂の前に湯加減の調整を手伝いました。熱すぎたり、冷たすぎたりするお湯に放り込まれるよりは、自分で温度を調節するほうがよかったわけですね。ですから彼は、自分から進んでお風呂に入ったのです。

また、お父さんからヒントを得たお母さんは、トミーをササッと洗うのではなく、背中や手足をタオルやスポンジで力強くこすりました。すると彼はリラックスし、この日もすんなり寝入ったのです。

●出来事③

保育園の先生が、体に強い圧力を与える遊びをトミーに試し、とても成功した例です。

トミーを運動マットの「パン」にはさんで、クラスメイトたちがゴロゴロ転がすのですが、トミーはとても楽しんだようです。

この「人間サンドイッチごっこ（詳しくは、234ページ参照）」は、楽しみながらセラピー効果を得られるだけでなく、ほかの子たちと一緒に遊ぶことも促します。

●出来事④

トミーはかたまりの入った食べ物には我慢できませんが、この日は、お母さんが滑らかな食感のスープを作ったので、彼は喜んでそのスープを飲んだのです。

トミーの行動	日時	状況
●**出来事①** すぐに寝入った。	10/11 7:30pm	背中を撫でてもらいたがる。 「ママじゃなくて、パパがやって」（いつもは母親の私に撫でてもらいたがるので主人は喜ぶ） 「上向きじゃなくて、下向きに撫でてよ！」 主人は、トミーの背中を力強く下向きの方向に撫でて、そのあと10回トミーを力強く抱きしめ、体に強い圧力をかけてやった。 するとトミーは、父親に寝かせてもらいたがった（初めてのこと！）。
●**出来事②** お風呂に喜んで入り、この日もすぐに寝入った。	10/12 7:30pm	よい方法2点発見。お湯の温度加減の調整（生ぬるい温度にする）をトミーに手伝わせることと、昨日主人がやったように撫でてやること。 まずはタオルで撫でて、それからスポンジを使用。 「もっと、ママ。もっとやって！」 トミーは体を撫でてもらうとリラックスする。
●**出来事③** 保育園で、とても楽しい時間を過ごす。	10/15 9:00am 〜正午	トミーが力強くマッサージしてもらいたがることを先生に話したら、「人間サンドイッチごっこ」を試してくれた。「ソーセージ役」のトミーを、2つの運動マットで力強く挟んでやったとのこと。 トミーはこの遊びをとても気に入り、この日は1日中機嫌がよかった。
●**出来事④** 文句を言わず昼食を食べる。	10/15 12:30pm	食べ物のかたまりが一切ない裏ごししたスープを出した。トミーはきれいに飲んで、おかわりをした。 なめらかな食感の食べ物なら口にすると気づくのに、なぜこれほど時間がかかったのだろう……？
●**出来事⑤** スーパーへ行くのを楽しむ。	11/30 3:00pm	子ども用の小さなショッピングカートを置いているスーパーマーケットへ行った。トミーは子ども用カートを押すことを気に入り、ジャガイモとリンゴを運んでくれて、私も結構助かった。 混雑していないときに、この店に行くのはよいアイデアだ。
●**出来事⑥** 料理をしている間の1時間、台所の床に座って私につきあってくれた。	1/5 2:00pm	保育園の先生によると、大きな容器に入った豆を触って楽しんで遊んでいたとのこと（容器に水や砂が入っているときは、触らなかったらしい）。 そこで、大きなボウルにいろいろな種類の乾いた豆粒を入れて、計量カップとスプーンを一緒に与えた。トミーは私としゃべりながら、豆を計量カップに入れて測ったり、ボウルに戻したりする遊びに集中した。 「ママ、これって楽しい遊びだね」と言う。

表2 ●トミーがうまく行動できたときの記録

● **出来事⑤**

　トミーは子ども用のショッピングカートを押すのが好きです。子ども用だと、カートの握り口がデコボコしていないのでしっかり握ることができ、手もイライラしないのでしょう。そして何かを力強く押すというような筋肉の強い運動は、一般的に気分をよくします。

　また、トミーのお母さんは、感謝祭前日のスーパーマーケットで起こった「ブドウ投げつけ事件」以来、トミーの「人の混雑に対する恐れ」に対して今までよりも注意を払うようになりました。

　お母さんは、忙しくない静かな時間帯なら、トミーと一緒にそのスーパーマーケットへ行くことは楽しいだろうと書き留めています。

● **出来事⑥**

　乾いた豆は、ネバネバ、ベトベトしていないので、トミーはボウルに入った豆を楽しんで触り、計量カップで測ったり、ボウルに戻したりして遊びに夢中になります。

　このようにトミーの行動記録を比較し、お母さんと保育園の先生が協力すると、家や園で触覚を使った効果的な遊びや活動をトミーにさせてみる計画が立てられます。

ヴィッキーの問題行動 （前庭感覚の問題）

　ヴィッキーの両親も、彼女の一貫性のない、支離滅裂な行動について記録しました（**表3**）。

● **出来事①**

　朝から疲れているヴィッキーですが、これは彼女が「筋緊張低下の問題」（詳しくは、Chapter 4 の 124～125 ページ参照）を抱えていることを示しています。筋緊張が低い子どもは一般的に、体がダランとしていて軟弱です。ヴィッキーも例に漏れず、自分で奮い起こすことができるエネルギーだけでは、近所の郵便ポストまですら、しっかり歩くことができません。

　また、彼女は体幹が不安定で、姿勢反射やバランス、動作の調整が下手です。

　しかしお母さんは、日中に激しく動いたヴィッキーが、夜になって活動的になることもある、と書いています。

ヴィッキーの行動	日時	状況
●出来事① 近所の郵便ポストまで歩くが、よろめいて、こける。 「疲れたよー。抱っこしてー」	6/4 9:30am	十分な睡眠をとり、朝食もよく食べたのに、なぜこんなにも軟弱なのか？ でも1日の終わりに、しきりにどこかへ出かけたがるときもある。
●出来事② エレンの誕生日会で、私に一緒にいてほしいとせがむ。 ゲームが始まると興奮し、手がつけられなくなる。	6/9 2:30pm	誕生日会をとても楽しみにしていたのに、エレンの家に到着すると態度が激変。 クラスメイト全員が招待されていたが、母親が一緒に付き添っていたのはヴィッキーだけだった。 ほかの子が鬼ごっこやリレー競争で遊んでいても彼女は参加せず。 ゲームが始まって、やっと私の元を離れたと思ったら興奮し出す。ほかの子の目の前で叫んだり、ほかの子を押したり、乱暴に走り回る。 ほかの子が泣き出したので、ヴィッキーを連れて早めに引き揚げる。
●出来事③ 公園で気分がボロボロになる。 かんしゃくが20分続く。	7/3 2:30pm	昨日は公園遊びをとても楽しんだのに、今日はいやがる。場所も時間も天気も同じで、公園にいる子が違うだけなのに！ 私がやったことは、ヴィッキーが乗っていたタイヤブランコを何度か回しただけ。 普段はタイヤブランコが好きなのに……。
●出来事④ ほかの子が月を指差していたときに、月ではなく、両親の指を見続ける。	9/4 9:30pm	近所の子どもたちとの日帰りキャンプで、いつもより遅くまで起きていた。 ほかの子たちが綺麗な月や星を見上げて大喜びしていても、ヴィッキーは何を見るべきなのかわかっていない様子。

表3● ヴィッキーが問題を起こしたときの記録

● **出来事②**

友だちの家での誕生日会のような普段とは違う見慣れない状況が、ヴィッキーの行動に影響してしまった例です。

自分の動きを自由にコントロールできないことで情緒が不安定になり、ヴィッキーはお母さんから離れられず、誕生日会に来ている子どもたちとスムーズに交流することもできません。

なかなか活発に動くことができないヴィッキーですが、徐々に誕生日会のゲームに参加し始めると、今度はやり過ぎてしまいます。ほかの子どもたちを押しのけたり、ぶつかったりしてしまいました。

● **出来事③**

ヴィッキーがタイヤブランコで遊ぶことが好きだと知っているお母さんは、もっと速く回してやったら喜ぶだろうと思い、タイヤブランコを何度か回しました。

しかし、ヴィッキーは「予期できない受身の動き」には我慢できません。つまり、自分ではなく、ほかの誰かが動かすタイヤブランコに乗るのはいやなのです。自分がコントロールできる状態でないと楽しめないのです。

● **出来事④**

「月を見る」ということで、ヴィッキーが抱える別の問題が現れました。

目の動きもスムーズさに欠けるため、両目を1つのチームのように動かしたり、物の奥行きを知覚することがうまくできないのです。

彼女は、ほかの子が月を見ているときに、自分が見ることのできる範囲の中にある「両親の指」を見てしまいます。遠くのものをジッと見ることができないようです。

以上の出来事をまとめると、ヴィッキーは**①動きや重力にかかわる前庭感覚からの情報処理がうまくいきません**。これに関連して、**②筋緊張の低下、③行為機能の問題（ディスプラクシア）、④姿勢の問題、⑤目のコントロールの問題**が、みられます。

ヴィッキーがうまく行動できたとき (表4)

● **出来事①**

足を上に向けて逆さまの姿勢になることは、

ヴィッキーの行動	日時	状況
●出来事① 5分間逆立ちをすると、気分が落ち着き、人の話を聞けるようになった。	6/6 8:00pm	ベッドへ入らせて本を読み聞かせようとしたが、ヴィッキーは気分が高まってグルグル歩き回っていた。 しばらくして、ようやく部屋の角に行き、逆立ちを始める。そこで私が本を読み出したら、静かに聞いていた。 そのあと元の姿勢に戻り、自分からベッドに入って、すぐに寝入った。
●出来事② 公園のブランコで45分も遊ぶ! 午後はずっと快活、頭も冴え、よくしゃべる。	7/2 2:30pm	まずお腹でブランコに乗って、つま先で地面を蹴ってこいでいた。 次は普通に座り、長い間、私が押してやった。 そのあとは、タイヤブランコで遊ぶ。 ヴィッキーは目が回らないようだが、私は見ているだけで目が回った!
●出来事③ 子どもたちが作った「即席シーソー」で楽しむ。そのあとは、いつもより行動に調和がとれているようだった。	7/12 2:30pm	線路に使われていた木材の上にプラスチックの板をのせて、子どもたちが一時的に作ったシーソー。 ほかの子が遊んでいるところへヴィッキーも加わる。体を左右へ揺り動かしながら、シーソーの端が地面に当たったときの衝撃を楽しんでいた。いろんな方法でバランスをとるのが、とても楽しかったようだ。
●出来事④ 湖で子どもたちと仲よく遊ぶ。 (いつもとは大違い!)	8/1 4:00pm	大きなボールを投げたり受けたりする代わりに、ヴィッキーはボールの上に座ったり寝転がったりして遊んでいた。芝生の上に落ちると笑う。 ヴィッキーの遊びに、まわりの子どもたちが興味を持ち、みんなが順番に遊び始める。 ヴィッキーが、よその子どもたちと遊んでいるのを見るのは、最高の気分だ。

表4 ● ヴィッキーがうまく行動できたときの記録

ヴィッキーが好んで行う姿勢の1つです。

これは一風変わった姿勢にみえますが、ヴィッキーの感覚情報処理機能を調整するのに役立ちます。内耳を通して、重力についての情報を効果的に受け取ることができるからです。

● 出来事②

　この日のヴィッキーは、かなり長い間いろいろな方法でブランコに乗って楽しみました。

　ブランコの動かしかたや動く時間を自分でコントロールできるため、彼女は喜んで自分の調子がよくなるような動きをドンドン行ったというわけです。

　頭を下にしてお腹でブランコに乗ることは、彼女の脳が求める、ある種の強い前庭感覚の入力を促します。ブランコに普通に座って前後にゆっくり揺れることは、空間の中での直線状の動きで、一般的に気持ちいいものです。

　タイヤブランコで回ることは回転運動ですが、これもヴィッキーの動きや重力にかかわる前庭感覚系を抑制することに役立ちます。

　また、ヴィッキーがタイヤブランコで長時間回転しても目が回らない様子は、前庭感覚系が情報をうまく処理していないことを示しています。たいていの人は長時間回転すると頭がフラフラしますが、彼女は逆に気分がよくなるのです。

　ブランコ遊びのあと、彼女はよくしゃべり快活になりますが、これは、さまざまな活動が彼女の脳の言語能力部分に刺激を与えたからです。

　ほかの子どもたちと同じように、ヴィッキーにも話したいことがたくさんあるはずです。しかし、ほかの子と違うのは、彼女は言葉を口に出すことがうまくできないということです。

　ポンプで水を汲み上げるときは、まずポンプの中を呼び水で満たさなければいけませんが、これと似たような感じで、さまざまな刺激を受けて彼女の「言語能力ポンプ」に呼び水が満たされたときだけ、言葉が流れ出してくるのです。

● 出来事③

　体を左右に振りながらシーソーに乗ることは、ブランコと同じようにヴィッキーの前庭感覚系を調整します。

　また、彼女はシーソーの板が地面に当たったときの衝撃を感じて楽しみました。振動を受けることで関節や筋肉に多くのメッセージが伝えられ、覚醒水準がよいレベルに高まったわけです。

　自分の動きをコントロールしながら遊ぶことができるので、彼女は目的を持って遊びに

集中し、いつもより行動に調和がとれていました。

● 出来事④

ボールを投げるのは、運動能力に問題があるヴィッキーにとっては、とても難しいことです。

しかし、この日の彼女は、ボールの上に座ってバランスを保つという別の遊び方で楽しみました。子どもなら誰もが「重力に逆らってみたい」という意欲を持っていますが、そんな子どもの意欲を高める、まさにピッタリな道具と場所と時間が重なったわけです！

まわりの子どもたちがヴィッキーの遊びに加わりました。彼女は自信を高め、ほかの子どもたちを楽しませながら遊ぶことができました。

ポールの問題行動（固有感覚の問題）

ポールの両親は、彼の不注意で、ぎこちない行動について記録しました（204ページの**表5**）。

● 出来事①

ポールは電柱にぶつかってしまいますが、それはアイスクリームのコーンを食べることに全神経を集中しなければいけなかったからです。彼は口を動かすことと、歩くことを同時にスムーズに行うことができないのです。

この出来事にお母さんはガッカリしていますが、それとは比べようにならないほど、実はポール自身がガッカリしているはずです。

● 出来事②

ポールは、お婆ちゃんの人形の重さをまちがって判断してしまったのです。

力加減の調節がうまくできないため、動くたびに不注意にみえてしまうポールですが、それがわからないお婆ちゃんは当然「この子は注意が足りない」と機嫌が悪くなりました。

● 出来事③

ポールにとってビーチボールを受けるということは、私たちにしてみれば蝶を捕まえるような難しさなのです。

空間を動くこと、自分の手足を適切な位置に持っていくこと、ボールを受けるときに体

ポールの行動	日時	状況
●出来事① 歩いていると電柱にぶつかってしまい、3針縫う破目に。	7/9 3:30pm	アイスクリーム屋さんからの帰り道。ポールはアイスクリームのコーンを食べることに集中して、自分が歩く方向を見ていなかった。腹立たしいし悲しい！
●出来事② お婆ちゃんの陶器人形を持ち上げ、元に戻そうとしたときに、こっぱみじんに割ってしまう。	8/2 8:00pm	おそらく、お婆ちゃん宅への遠出で疲れたのだろうが、休憩したあとでも変わらず動作がぎこちない。 お婆ちゃんの機嫌が悪くなり、状況が悪化。 ポールに怒りはしなかったが、「この子の不器用さは慰めようがないね」と言われた。
●出来事③ ビーチボールを使ってキャッチボール。ボールを受けることが全くできない。	8/4 正午	ポールは、まちがったタイミングでボールに突っ込んでいくか、ボールを受けずに、たたいてしまう。 年下のいとこたちに「や～い、赤ちゃん！ ボールの受けかたも知らないの～？」と意地悪を言われる。
●出来事④ レストランでミルクをこぼし、テーブルクロスと、お出かけ用の服を汚してしまう。	勤労感謝の日 6:30pm	ポールは時々、自分の口にミルクを持っていくことがスムーズにできないようにみえる。 ウェイトレスは親切に対応してくれたが、ポールは自分の失敗に取り乱した。
●出来事⑤ 新しいシャツのボタンを留めるときに、怒りが爆発。 4年生になって最初の登校日に遅刻。	9/6 8:30pm ～ 9:30am	まず、新しいシャツを着るのをいやがり、シャツのボタンをまちがって留める。 「この服が悪いんだ！ボクがちゃんとできることなんて何ひとつ無い！」と泣き叫ぶ。 ポールは単純なことにも必死に取り組まなければいけない。

表5●ポールが問題を起こしたときの記録

が感じる反動を予想することなどが、ポールにはスムーズにできません。

いとこたちは、ポールが何をやりだすかわからないので一緒に遊んでいても楽しくないのでしょう。ポールの「ヘンな動き」に気づき、彼のことを「ヘンな子」だと思うのです。意地悪になるのも仕方ないかもしれません。

●出来事④

　レストランでの外食が、最悪の事態になってしまいます。

　ミルクの入ったグラスは、ポールにとってはなじみのないグラスでした。そのため、グラスを持ち上げたときに、筋肉から伝わる感覚が「どれだけの力加減でグラスをつかんで動かせばいいのか」を正しくポールに伝えることができなかったのです。

　グラスの中のミルクが空中に舞い上がり、またもやポールはまわりをメチャクチャにしてしまいました。

●出来事⑤

　ゴワゴワした新しいシャツのボタンを留める作業は、ポールにとってかなり難しいことです。

　新学年の始まりという誰もが感じる不安、「早くしなさい」と急き立てるお母さん、不器用な自分……これらが積み重なって、彼は打ちのめされてしまったのです。

　自分の体をスムーズに動かせないので、ポールは自分に自信を持つことができません。「ボクがちゃんとできることなんて何ひとつ無い！」と泣き叫ぶポールですが、彼は自分のことを本当にそう思っているのでしょう。

　以上の出来事をまとめると、ポールが抱える主な問題は、①筋肉や関節にかかわる固有感覚、触覚、動きや重力にかかわる前庭感覚の識別機能が十分でないこと、そして②体を器用に動かせない行為機能の問題（ディスプラクシア）があることです。

ポールがうまく行動できたとき（207ページの表6）

●出来事①

　ポールが自分の指の関節をポキポキならしたり指を握り締めるのは、文字を書きとるために必要な「筋肉の目を覚ます」ためです。鉛筆を使うために、手に余分な刺激を与える必要があるわけですね。

　この「手の運動」を行ったあと、ポールはいつものように鉛筆の芯を折ることもなく手紙が書けたと、お母さんも証言しています。

●出来事②

　ポールの姿勢をよくするためにお婆ちゃん

がやったことは、実はとても効果的な方法です。本の重さが、首と肩の筋肉を圧縮して多くの感覚情報を与えるので、ポールは適切な行動で重力に逆らい、まっすぐに立つことができるのです。

また、お婆ちゃんの作戦は、心理学的観点からみても効果的です。「お婆ちゃんが挑戦する」といった形でポールを誘うと、彼はそれを「やらされている」とは感じず、楽しんで「お婆ちゃんの挑戦を受ける」ことができるからです。そして、ゲームに勝ったことでポールの自信が高まります。

次の日ポールは、たとえば辞書のような、さらに重い物を頭に乗せて歩こうとするかもしれませんね！

● **出来事③**

綱引きのロープを引っ張ることは、ポールの固有感覚系の調整に役立ちます。

ポールは綱引きをとても楽しみますが、それは筋肉を伸ばすことが気持ちいいからです。

また、綱引きは団体競技です。チームのみんなが力を合わせて行動し、誰一人「敗者」としてゲームから抜ける必要がありません。

ほかの子と同じように、ポールにも自分の筋肉を効率的に使ってうまく動きたいという意欲がありますが、彼の場合はそれを「自発的に」することができないのです。

自分の固有感覚系によい効果を与える活動にどうやって参加すればよいのか……。ポールにはそれがわからず、その機会がやってくるのをただ待つしかなく、この日の綱引きは、まさにその素晴らしい機会だったわけです。

● **出来事④**

水の入ったバケツを持ち上げたり、スポンジを絞ったり、タオルで車を拭いたりして、ポールは筋肉を活発に使います。

この動作や行動がポールに活力を与え、彼は別の車を洗おうとするまでになります。

お母さんはポールに家の用事をもっとお願いしようと決めますが、これはポールにとってとてもよいことです。

どんな子でも、自分が家族の役にたっているということを感じる必要があるからです。

ポールの行動	日時	状況
●出来事① お婆ちゃんの家へ遊びにいくことを知らせる簡単な手紙を楽しんで書いた。	7/28 3:30pm	手紙を書き始める前に、ポールはすべての指の関節をポキポキならし指を握り締めた。 「こうやったら、手がよく動くんだ」とのこと。 すると、本当に鉛筆の芯を折らずに書くことができた！
●出来事② お婆ちゃんと「バランス・ゲーム」を楽しんで遊ぶ。	8/4 10:00am	どちらが長く頭に本を乗せて歩けるかと、お婆ちゃんがポールに挑戦する。 ポールが勝ったので、お婆ちゃんに野球選手のカードを売っているお店へ連れて行ってもらう。 ポールの姿勢をよくする、よいアイデア。ポールはお婆ちゃんが大好きで、このゲームに夢中だった。
●出来事③ 海辺で、綱引きをして楽しむ。	8/7 正午	いとこたちの家族と、どちらの家族が強いかと、海辺でふざけて綱引きを始める。 ポールはとても楽しんで、「チームで何かに頑張るのって最高だね！」とのコメント。 この夏、ポールに「競争心」が発達してきたのに驚く。
●出来事④ 父親の洗車を手伝い、そのあと私の車まで進んで洗ってくれた。	12/28 2:00pm	ポールは水の入ったバケツ運びを担当。随分重い物を運ぶことができるようになった！ 車を洗ってタオルで拭くのを楽しんで手伝った。 「ボクのような息子を持って、父さん嬉しいだろ」 ポールがこんなことを言うなんて、本当に幸せだ。これからはもっといろんな用事をやらせよう。

表6● ポールがうまく行動できたときの記録

問題の原因を突き止める
（検査の紹介）

　いろいろな状況に対する子どもの反応を記録することは、その子が問題行動を起こす原因となる特定の状況を見つけ出すことに役立つはずです。そうすることで、その子の問題をハッキリ見つける人もいるでしょうし、そうではない人もいると思います。

　いずれにしても、記録をつけたあとは、一体何から手をつければよいのでしょうか。それには、次の2つの選択肢が考えられます。

❶子どもにさせる「感覚統合ダイエット」の内容を向上させる

学校の先生と協力して、その子の能力向上を促すため、感覚統合ダイエットの「活動計画」を作り、家庭と学校で子どもに実践させましょう（詳しくは、Chapter 9 の227〜230ページ参照）。

❷専門家を訪ね、危険因子がないかどうかを見つけるスクリーニング検査や感覚統合障害についての本格的な検査を受ける

（※スクリーニング検査、感覚統合障害の検査については、このあと詳しく説明します）。

まず、小児科医から感覚統合療法の認定を受けた作業療法士[*6]に紹介してもらいます。

　子どもの発達についての知識は、私たちをよりよい保護者や先生にしてくれます。

　子どもが感覚統合障害を抱えているかどうかにかかわらず、その子の長所や短所についての情報を集めることは、その子を教育したり、その子にしつけをしたり、その子の評価をしたりすることにつながります。

＊6：作業療法士が担う領域は、ご老人から生まれたての赤ちゃんの支援まで、とても幅広く、その中のごく一部の作業療法士が、子どもの支援を特に専門としています。ですから、作業療法士すべてが感覚統合理論を使ってセラピーをしているわけではありません。また、日本では、作業療法士以外の職種の方でも（ごく少数ではありますが）、感覚統合のトレーニングを受けて指導にいかしていらっしゃいます。

たとえ、感覚統合理論を正式に研修した作業療法士（セラピスト）が近くにいなくても、子どもが「いい」状態になる活動や空間を理解し、その機会を提供してくれるデイサービスや通園施設であれば、その子はおおかた「いい方向」に発達する道を歩むことができるでしょう[*7]。

スクリーニング検査

スクリーニング検査とは、**作業療法士が、その子の発達をざっと簡単にチェックすること**です。何人もの子どもを、保育園や幼稚園や学校に集めて、同時に観察することもあります。

スクリーニングの目的は、知的面、身体面、言語面、情緒面、自立面、環境への適応面で発達上に障害を持つ可能性がある子どもたちの早期発見です。

スクリーニング検査は、大まかなものです。そして、その子に問題があるかもしれないとわかれば、検査結果を保護者に伝え、本格的な検査を受けるよう勧めます。

感覚統合障害の検査

感覚統合障害の本格的な検査では、専門家による精密な個別検査を行って、その子のすべてを観察し、能力を測ります。

子どもが抱える問題によりますが、検査を行うのは、作業療法士、理学療法士、言語聴覚士、視能訓練士、臨床心理士、小児科医、精神科医、特別支援教育の専門家などです。

検査は大きく2段階に分かれます。

まず初めの段階として、保護者が、**「子どもの健康面」「感覚統合発達歴」「発達面」「家族歴」などについての質問票に回答します**(詳しくは、別冊の「感覚統合発達チェックリスト」参照)。学校の先生が回答する場合もあります。この質問票の回答は、その子の出生以降の行動パターンとして、専門家による観察結果を裏付けるのに役立ちます。

[*7]：日本では、子どもを専門にする作業療法士(セラピスト)の数が、まだ十分ではありませんが、日本感覚統合学会のホームページ(http://www.si-japan.net/)にアクセスすると、近くのセラピストや保護者向けの講習会などを紹介してもらえます。

子どもについての情報を提供することは、保護者自身にとっても役立ちます。たとえば、あるお母さんは、質問表に回答したあとで、次のようにコメントしています。

「私たちは4歳になる息子の用心深さ、言葉の遅れ、偏食、触覚過敏を解決しようと頭をひねってきましたが、今まで問題の原因が全くわかりませんでした。

けれども、質問表に回答したことで、バラバラだったパズルのピースが合い始めてきました！」

検査の次の段階は、病院や診療所や学校などで、作業療法士やほかの専門家が子ども本人に会うことです。

専門家たちは、標準検査*8と、あらかじめ決まった方法による観察で、その子の能力や問題を検査します。どのくらいのテストが必要かに応じて、検査は数日に分けて毎日1時間から数時間行われます。

この検査で専門家が考慮するのは、次のようなことです。

「この子の長所と短所は？」
「問題はどこで、いつ、どのくらいの頻度で、どのくらいの強さで起きるのか？」
「問題行動が起きる時間の長さは？」
「この子の能力は何歳レベルか？」
「家庭や学校でどのようなことが起こって、この子の行動に悪影響を与えているのか？」
「この子の長所を引き出すのは誰か？　短所を引き出すのは誰か？」
「この子の問題行動の背景には、何があるのか？」

そして、非常に大切な質問は「この子が抱えるのは、どのタイプの感覚統合障害か？」ということです。「触覚防衛だろうか？」「姿勢や両側協応や視知覚の障害だろうか？」「聴覚の識別に問題があるのだろうか？」

すべての検査を終えて慎重に考慮したあと、専門家は保護者と話しあう場をもうけて検査結果を説明します。

検査結果と同時に、専門家は、子どもの家族が自宅でその子と一緒に行える活動や、学校の先生が教室などで取り入れることができる活動を提案するかもしれません。それは、

＊8：検査の実施条件や結果の処理方法が細かく規定され、母集団から抽出された標本による明確な評価基準が設けられた、客観性のある検査。

どんな子でも楽しめて、取り組むことで神経系の能力を向上させるような活動です。

また、検査結果によっては、個別のセラピーを勧められる場合もあるでしょう。

● **作業療法士（セラピスト）による検査**

一般的に、作業療法士は、自分が勤務する病院や診療所などで感覚統合障害の検査を行います。検査を受ける子どもにとっては「楽しい遊び」のような感覚で検査が進行するのが普通です。

検査を通して作業療法士が調べるのは、次のようなことです。

> **作業療法士が調べるPOINT**
>
> ●微細運動、粗大運動の発達レベル
>
> ●視覚－運動統合能力
> 　（例：パズルをしたり、示された形を書き写す）
>
> ●視覚の識別機能
>
> ●神経と筋肉のコントロール
> 　（バランスや姿勢など）
>
> ●感覚への刺激に対する反応
> 　（触覚、前庭感覚、固有感覚）
>
> ●両側協応
>
> ●行為機能

なお、感覚統合障害は、作業療法士が対処する資格を持つ問題のうちの１つです。

そして、その子の持つ問題が作業療法士の能力だけで対処できない場合は、ほかの専門家を紹介することもあるでしょう。

さまざまなセラピー、さまざまなアプローチ

検査が終了したら、次はセラピーを受けます。ここからは、さまざまな種類のセラピーと、そのアプローチ法を簡単に紹介します[*9]。

作業療法

感覚統合障害にとって最も効果的なセラピーは、「感覚統合」という考えや理論に基づいて行われる「作業療法」です。

作業療法によって行われることは、検査、検査結果の評価、個別や集団のセラピー、クライエントやご家族への助言や指導と幅広い範囲に及びます。

作業療法は、身体障害、知的障害、心理社会的機能障害、精神障害、発達および学習障害などのために、日常生活に必要な能力や機能が十分発揮できないでいる人の自立や健康維持を最大限に伸ばす支援をする専門職のことです。

作業療法では、自立や能力向上に役立つ作業活動が意図的に取り入れられます。子どもにとっては、ブランコなどで揺れたり、何かによじ登ったり、ジャンプ、ボタン留め、お絵描き、文字の書きとりなどの活動が、自立や能力向上に必要な作業というわけです。

感覚統合理論を基盤にした作業療法の目的は、「その子の社会参加、自尊心、自己コントロール、感覚統合を向上させること」などです。

作業療法を行う人は、作業療法士とよばれます。作業療法の知識や技能を作業療法士養成学校や大学で修得し、卒業後、国家試験を受けて免許を取得した人のことを指します。学問内容には、神経学、解剖学、整形外科学、心理学、精神医学なども含まれます。

[*9]：発達障害支援に関連した情報は、発達障害情報センター（http://www.rehab.go.jp/ddis/）や、特別支援教育関係のリンク（http://fish.miracle.ne.jp/tooru-ya/pub/tooru-ya/tokubetusienrinku.htm）でも得ることができますので、参考にしてみてください。

感覚統合障害の子にとって理想的な作業療法士というのは、小児領域を専門とし、資格取得のあとに感覚統合理論や感覚統合療法の正式なトレーニングを受けた人です。

作業療法士による指導の下で、子どもは動きや触覚などさまざまな情報を「楽しみながら、有意義に、自然な方法で」積極的に取り入れることができる遊びや運動を行います。すると、その子の脳はさまざまな感覚入力によって鍛えられ、感覚メッセージの調整をよりスムーズにできるようになるのです。

子どもの神経系は柔軟で変わりやすいため、こうした感覚統合療法によい反応を示します。ですから、セラピーによって、子どもは物事を「うまくやる」ことや課題に「成功する」ことを体験し、最高の気分になるというわけです。

作業療法士が子どもに取り入れる活動

子どもの特性は、その子によって違います。ですから、作業療法士が子どもに提供する活動の種類や順序は個別に調整されます。

作業療法士は、その子がすでに習得した能力や技術を確認し、次に身につけるべき具体的な項目をもとにして、その子の活動プログラムを作ります。そして、子どもに主導権を握らせながら「中枢神経系によい影響を与える活動」を行わせ、その子が感覚への刺激に対して調和のとれた方法で適切に反応することができるよう指導していくのです。

たとえば、ジャンプをしたり、何かに登ったり、三輪車をこいだり、服を着替えたりすることができない子がいるとします。

もし、その子の問題の原因が感覚統合障害にあるとしたら、ジャンプの仕方、ジャングルジムの登り方、ペダルのこぎ方、ジャケットの着方、を教えても問題の解決にはなりません。その子に必要なのは、ジャンプのレッスンではなく、すべての感覚を統合する機会なのです。作業療法士は、その機会を、子どもが喜びそうな道具と専門知識を使って作り上げていくのです。

では、作業療法士が子どもに与える活動のほんの一部を紹介しましょう。

● 触覚防衛反応を軽減させる

さまざまな感触のスポンジや布で子どもの手足をマッサージする。

● 触覚の識別機能を向上させる

粘土のボールなど、触覚能力向上に効果的な材料でできている物の中に埋め込んだおもちゃを探す。

● 自分の体を実感し認識することや、姿勢の安定を向上させる

天井からぶら下げた、さまざまな形のブランコに乗って、さまざまな種類の「ある特定の動き」の感覚を体験する。

● 身体的なバランス力を向上させる

大きなセラピーボールの上に座ったり寝たりする。

● 両側協応を向上させる

うつぶせに寝転がり、両手で麺棒のような棒を持ち、天井からぶら下げたボールを打つ。

● 微細運動能力や行為機能（体をうまく使う能力）を向上させる

マグネットなど細かい道具を使って遊んだり、それを組み立てたり、それを障害物レースをしながら集めたりする。

● 重力に逆らって手足などを伸ばす能力を向上させる

スクーターボードにうつぶせで乗って、手と足を使って移動したり、ゆるやかな斜面を頭から先に滑り降りて、人間ボーリング遊びをする。

● 手足の筋肉を、重力に逆らって、しっかり使う能力を向上させる

天井からぶら下がった円筒形のブランコに、落ちないようしがみついて乗る。

● 重力不安を減らす

しっかり固定された台の上によじ登ったり、トランポリン遊びや、スクーターボードを動かす遊びをする。

● 目のコントロールや視覚の識別機能を向上させる
お手玉や風船、どこかからぶら下げたボールを打って遊ぶ。

　セラピーが成功するかどうかを決める最も重要な要素は、子どもが自分のまわりの環境（作業療法士によって作られた環境）を探検し、そこから何かを学ぼうとする意欲があるかどうかということです。
　なぜなら、ブランコに乗って回転したり、ある特定の感触の物を触ったり、運動マットに挟まれて圧力を感じたり、といったことに対する子どもの「やる気」をみて、作業療法士はその子の神経系が何を求めているのかを知ることができるからです。
　「子どもが喜んで取り入れる感覚は、ほかの感覚と統合しやすい」とエアーズ博士は述べています。セラピーに積極的にかかわっているとき、その子はより適切な行動をとり、楽しい思いをしながら、自分の心身に調和がとれていると感じることができるのです。

でこぼこした発達の子には「作業療法」が最も効果的ですが、ある特定の問題に対しては、それ以外の療法が効果をもたらす場合もあります。

理学療法

　理学療法とは、身体的な能力の向上に向けて行われる療法です。筋肉のコントロールや動作の調整を向上させる運動や活動、特に粗大運動にかかわる筋肉を強くする活動を行います。マッサージ、ジャグジー、超音波などを療法に取り入れることもあります。
　理学療法士の中にも、感覚統合理論や感覚統合療法の訓練を受けた人がいます。

言語療法

　言語聴覚士は、発話能力や言語能力を向上させるためのセラピーを行います。
　たとえば、発話能力の向上が必要な子どもの場合、単語の発音や、声の調子、口の動き

などを細かく検査して、難しい所を指導目標として設定します。

話をくり返す、会話をする、記憶力や語彙力を高めるゲームをする、などの言語能力を高める練習を行うこともあります。

また、感覚統合障害の子どもの多くに偏食がみられるため、口腔運動や摂食問題にかかわる訓練を受けた言語聴覚士によるセラピーがとても効果を上げることがあります。

言葉や対人スキルに関する問題について、さらに効果的なセラピーが必要な場合は、この分野での訓練を受けた作業療法士と一緒にセラピーを受けるのもいいでしょう。

心理療法

子どもがうつ状態だったり、行動に問題があったり、自分に対して否定的なイメージを持っていたりする場合、心理療法が適していることがあります（ただし、心理療法が対処するのは、感覚統合障害による影響面であって、感覚統合障害自体ではないことに注意してください）。

心理療法の中には、子どもの問題行為に対処する「行動療法」、子ども本人と、きょうだいや保護者、親戚などが健康的なつながりを持つよう指導する「家族療法」、子どもの社会情緒的発達を促す「遊び療法」などがあります。

心理療法を行うのは、臨床心理士、小児科医、児童心理学者、医療ソーシャルワーカー、児童精神科医などです。

視能訓練

視能訓練は、視能訓練士によって行われます。まず視覚系の検査を行って、見る能力だけでなく、その子がどうやって物を見ているのか、つまり「それは何か、それはどこにあるのか、自分はどこにいるのか」を認識する視覚機能についても調べます。

検査のあと、視能訓練士は、適切な眼鏡やコンタクトレンズなどを作るよう指導したり、視能訓練を行ったりします。

視能訓練では、視覚－運動統合能力、視覚の識別機能、目と手の協応などを向上させる

活動を、「感覚－運動統合」という観点と「学習に必要な技術」という観点から行います。

眼鏡などの使用とともに視能訓練を受けると、視覚の情報とほかの感覚（聴覚や触覚や動きの感覚など）との統合がよりスムーズになることがあります。

このセラピーによって目と体の機能がより調和して働くようになり、学習に関連した視覚問題を防ぐことができたという例がよくみられます[*10]。

聴能訓練

聴能訓練とは、聞くことやコミュニケーション能力、学習能力、動作の調整、体の部位の認識、自尊心などの向上を目的とし、意図的に作られた音による刺激を使う訓練です。聴能訓練士が行います。

アルフレッド・トマティス博士、ガイ・ベラルド医師、シーラ・フリック作業療法士などが、さまざまな方法を提唱しています。特別なヘッドホンを使って音の刺激を受けたあとに、音をくり返す、大きな声で読む、会話をするといったような発声練習をします。

セラピーによる効果は、聴覚や、動きや重力にかかわる前庭感覚に現れ、音に注意を向けたり、音の識別を助けたり、バランスや姿勢の感覚メッセージを統合することを助けるので、集中力や冷静さ、調和のとれた行動を促します（英語サイト：http://www.tomatis.net/）[*11]。

乗馬療法

乗馬療法とは、馬に乗ることで、姿勢、動き、神経と筋肉の機能、感覚情報処理機能を向上させる指導法のことです。

作業療法士、理学療法士、言語聴覚士などが、障害を持つ子に乗馬を勧めることがありますが、それは乗馬療法を取り入れることで、

[*10]：米国における視覚認知の問題を抱える子どもへの支援は、視覚の専門家である「Optometrist」（検眼医・検眼士）、「Behavioral Optometrist」（行動検眼医・行動検眼士）によって評価および支援が行われています。日本でも視能訓練士という国家資格の専門職がいますが、子どもの視覚認知の評価や支援の分野で活躍する人はまだまだ少ないのが現状です。
[*11]：トマティス療法（Tomatis Based Therapies）は、日本では正式な治療法としては、あまり紹介されていません。

馬の動きがその子の筋緊張に影響を与えて筋肉の動きを促したり、前庭感覚の反応や感覚－運動の統合や、体の中心線のコントロールを向上させたりするからです。

食事療法

しっかりと栄養をとることは、発達、効率的な体の調整、最適な活動レベル、病気や感染症への抵抗力などに欠かせません。

食事療法とは、栄養障害を持つ人が、炭水化物、脂肪、たんぱく質、ビタミン、ミネラル、水分をバランスよく摂取することができるよう管理栄養士が助ける指導のことです[*12]。

[*12]：食事は子どもの発達にとってとても重要なものですが、食事療法によって発達障害が治るということではありません。また、原著では紹介されていませんが、このほかの療法として「音楽療法」というセラピーもあります。音楽療法とは、音や振動、楽器の操作、リズム、動き、歌詞などを利用して行うセラピーのことで、感覚統合の指導理論と結びつくことで、大きな効果を上げることができます。

専門家と会う前に

　子どものセラピーの予定が決まれば、保護者としては、作業療法士、または、それ以外の専門家と初めて会う前に、子どもに心の準備をさせたいでしょう。

　子どもへの説明は、次のような表現をすればいいと思います。

「今日ね、○○ちゃんのことを今よりももっと強くしてくれる人に会うのよ。その人はおもちゃやゲームをいっぱい持っていて、体育館のような所で○○ちゃんと一緒に面白いことをいろいろやるんだって。とっても楽しいと思うよ」

　ここでの大きなポイントは、**セラピーが楽しいものだと強調すること**です。

　感覚統合障害の子どもたちには、日常生活の中に「楽しみ」がそれほどありません。楽しみたいけれど、どうやって楽しめばよいのかわからないからです。

　ですから、「（作業療法士などの専門家と一緒に）面白いことや楽しいことをする」というような言いかたで子どもに説明しましょう。

　セラピーについて保護者自身が肯定的に考えたり話したりすることは、セラピーが子どもに与える効果を促します。セラピーを受けることは、罰でもなければ身構える必要があるものでもないということを伝え、子どもを安心させてあげてください。

　感覚統合障害を抱える子どもたちは、不器用だったり、すぐに疲れたりする自分に対して「ボクはダメな子だ」と自分を責めているかもしれないからです。

　このような子は「自分はダメな子じゃなくていい子」であり、セラピーとは「そんないい自分を、もっともっとよくしてくれるもの」だということを、頻繁に確認する必要があるのです。

　そして、**保護者自身も子どものセラピーに積極的にかかわりましょう**。セラピストと保

護者が協力して、その子の成長に役立つような家庭での活動を考え作成することも作業療法の一部だからです。

　また、セラピストは、学校の先生と相談して教室の環境を少し変える提案をすることもあります。

　セラピーはその子の生活の一部になるため、保護者と子どもは、担当のセラピストとうまくコミュニケーションをとっていくべきです。そのためにはセラピストとの相性が大切です。

　子どもがセラピーを受けるのをいやがったり、保護者がセラピストに対して信頼をおけない場合は、何かがおかしいわけなので、できるならセラピストを変えるべきでしょう。子どもと保護者とセラピストがお互いに尊敬し、楽しい関係を築いてセラピーを進めることが大切です。

　セラピストと協力してセラピーを進めることは、時間と努力を要しますが、保護者がセラピーにかかわることには大きな価値があります。

　セラピー自体は永遠に続きませんが、セラピーによる結果は生涯続くのだということを忘れないでください。

何事も記録に残そう！

　最後にもう一度、「記録すること」の大切さを訴えておきます。

　もしみなさんが、子どもの行動や発達についての記録を残していない場合は、どうか今すぐ初めてください！

　次のようなことを記録し整理するのです。

記録するときのPOINT

- 保護者自身による観察
- 学校の先生のコメントや報告
- 相談をしたり、しようと思っている専門家の名前と連絡先
- 専門家との話しあいや会話の詳細メモ（日付入りで）
- 口頭による情報については、書面による確認書
- 専門家による検査や診断結果や助言について

　年代順にきちんと整理されたノートは、貴重な資料として必ず役に立ちます。そのノートのおかげで、今まで見逃していた何かを見つけることができるかもしれません。

　また、ある地点で子どもに特別な支援が必要だということを証明しなければならなくなった場合、記録ノートを使えば子どもの発達にムラがあることを実証しやすいでしょう。そして、このような記録ノートを持つことで、保護者自身が「このことに関しては、整理された情報で、頭の中でもまとまっているから上手に対処できる」と感じることができます。

　子どもが抱える問題について専門家の診断結果を受けることは、セラピーを受けることと併せて、その子の苦痛や保護者の心配を少しは和らげるはずです。そして、セラピーを受けながら、次のChapterで紹介するいろいろな提案を実行してみると、家庭生活がさらに向上するでしょう。

Chapter 9

家庭生活を よりよくするために

- ターニャのお母さんによる告白
- 「感覚統合ダイエット」とは？
- 家庭でできる、子どもの感覚の発達を促す遊びや活動

Chapter 9

家庭生活を
よりよくするために

ターニャのお母さんによる告白

　これまでにも何度か述べてきましたが、感覚統合障害を抱える子どもの神経系機能や自立能力などを向上させるには、「感覚統合ダイエット」を作成して、その子の神経系が必要とする「感覚の栄養素」をバランスよく与えてあげることが効果的です。
　「感覚統合ダイエット」とは、主に感覚統合障害を抱える子どものために行われる、フィットネス・プランのようなものです。具体例としては、外で遊ぶ機会を増やす、手作業を体験させる機会を増やす、ほかの子どもと一緒に遊ぶ機会を作る、などがあります。
　この Chapter では、感覚統合ダイエットを取り入れて、子どもやその家族の家庭生活を、よりスムーズなものにする方法を紹介します。

＊　＊　＊

　私が勤務していた聖コルンバ保育園に、ターニャという名前の女の子がいました。

　入園時３歳だった彼女は、「親に連れられ、渋々やってきた」といった感じの、怖がりで、ひ弱な子どもでした。園では息が漏れたようなかすれた小声でしか話せず、何かに触れるとすぐに体をビクッとさせ、外で遊ぶ時間になるといつも泣いていました。けれども、おはなしや音楽やドレスアップごっこの時間は大好きで、とても頭のよい子でもありました。

　その年の秋、私たちは３歳の子どもを集めて感覚統合障害のスクリーニング検査を行いました。すると、ターニャに何らかの問題があるかもしれないという結果が出たのです。

　しかし私たちは、その時点では検査結果について何とも言えませんでした。彼女はただ「ゆっくり発育している」だけなのかもしれなかったからです。単に発達ペースが遅い、いわゆる「遅咲きの子」に対しては、すぐに作業療法を勧めたりせず、しばらく時間をかけてその子の様子や行動を慎重に観察します。

　私たちはターニャについてもそうしながら、同時に彼女の両親と話しあうことにしました。というのはターニャの場合、両親に協力してもらい、いろいろな感覚の刺激を得る機会を家庭で計画的に作ってあげる、つまり「感覚統合ダイエット」を取り入れると、社交性や身体的発達が高まるように思われたからです。

　両親との面談で、私たちはターニャに行う感覚統合ダイエットとして、毎日外へ連れていくこと、いろいろな手作業をもっと体験させてあげること、家に子どもを呼んで一緒に遊ぶ機会を作ってあげること、の３つを提案しました。ターニャの両親は、私たちの話を礼儀正しく聞いてくれましたが、お母さんの答えはこうでした。

「そういったことは、あまり効果がないと思います。ターニャは、とても寒がりだし、手や体を汚すのが大嫌いなので、外に行ったり、よその子と遊んだりっていうのは無理ですよ。あの子は、家で妹と一緒に私の話を聞いてるだけで満足してるようですから」

　席を立ち上がりながらお母さんはもう一言付け加えました。

「そして、私たちもそれで十分なんです。ですからご心配にはおよびません」

出席者全員が不満足な思いのまま、面談が終わってしまいました。そして、状況が何も変わることなく時がたちました。何度話してもターニャの両親からは同じ返答しか返ってきません。やがて私たちは両親への提案を止めることにしました。

　ところが、ちょうどその頃、ターニャの家庭でちょっとした変化が起こったのです。私たちが両親への提案を止めた頃から、彼女の家では２歳の妹を中心に家族みんなの生活が回るようになり始めたのでした。

　社交的で元気いっぱいの妹は、近所の子どもたちと外で遊ぶのが大好きで、この子を満足させるには毎日公園へ連れていくことが一番だとお母さんが思うようになったのです。つまり、ターニャも毎日一緒に公園へ行かなければならなくなった、というわけです。

　クリスマス休暇が終わった頃、私たちは園でのターニャが「これまでとは違う」ことに気づきました。以前よりも、ほかの子たちの遊びに加わるようになり、楽しそうに遊んでいるのです。笑ったり、はっきりした声で話したり、叫ぶことさえありました。彼女の成長に私たちは驚き、とても嬉しくなりました。

　そしてある日、ターニャのお母さんは、私たちに次のような「告白」をしてくれたのです。「先生、打ち明けなければいけないことがあるんですが、実は私たち毎日公園へ行ってるんです。とても寒い日もですよ。ターニャは初めの頃こそ嫌がりましたが、今では自分から公園へ行こうと言うくらいなんです！

　先生方に感覚統合ダイエットのことを教えてもらい、ターニャのためになる活動を何度も勧められたのに、あのときは全く聞き入れず申し訳ありませんでした。

　ようやく気づいたことですが、感覚統合ダイエットとは、実はターニャだけでなく、どちらの娘にとっても道理にかなう活動で、大きな違いを生むものなんですね！」

　元気いっぱいの妹さんを、お母さんやターニャの「趣味」に合わせて無理に家に閉じこめていたら、どうなっていたでしょう？ ターニャは相変わらず、妹さんはイライラ欲求不満で、家では「問題な子」になっていたかもしれません。

　「感覚統合ダイエット」は、その子その子に合った感覚の栄養素を上手に提供することで、誰もが利益を受ける実践方法なのです。

「感覚統合ダイエット」とは？

「感覚統合ダイエット」とは、**感覚統合障害を持つ子に対して、その子の神経系の問題に対処したり、神経系が必要とする特定の感覚を満たしてあげたりする活動のことで**、作業療法士（セラピスト）がその子に合った活動の計画やスケジュールを個別に作成します。

感覚統合ダイエットは、その子の自己コントロール力、注意力や集中力、適応力、その他、日常生活に必要な能力を高めることを目的に行われます。

心身面の健康維持や発達のためには、食品群の中から毎日バランスよく栄養素を摂取するだけでなく、バランスのとれた「感覚の栄養素」の摂取も欠かせません。でこぼこした発達の子どもたちは、毎日を普通に過ごすだけでは十分な感覚を取り入れることができないことが多いので、その子の状況に合わせたバランスで、触覚、前庭感覚、固有感覚などの栄養素を取り入れる必要があります。

しかし、どうやってそれらの感覚を取り入れたらいいのか、子どもたちには当然わかりません。ですから、周囲の助けが必要になるのです。

この「感覚統合ダイエット」という考えや理論は、作業療法士のパトリシア・ウィルバーガーと、彼女の娘で同じく作業療法士のジュリア・ウィルバーガーによって1990年代に考案されました。

感覚統合ダイエットは、**「気分が高まり機敏になる活動」「調和のとれた行動を促す活動」**の組み合わせでできています。気分を高める活動と調和のとれた行動を促す活動のバランスは、その子の抱える問題によって変わってきます。

気分が高まり機敏になる活動

　こうした活動は、感覚に対して鈍感すぎる子どもに特に効果があります。

　このような子には、自分の意識をハッキリさせるために何らかの助けが必要です。次のような活動を積極的に行うといいでしょう。

活動のPOINT

- 乾いたシリアル、ポップコーン、チップス、クラッカー、ナッツ類、プレッツェル、固いおせんべい、するめ、こんぶ、リンゴ、氷のかたまり、ガム、グミ、乾燥野菜や果物などを噛んだり食べたりする。
- シャワーを浴びる。
- セラピーボールやビーチボールに乗って跳ねる。
- マットレスやトランポリンの上で上下にジャンプする。

調和のとれた行動を促す活動

　こうした活動は、感覚刺激に対する反応をコントロールすることに役立ちます。また、このような活動は感覚に非常に敏感な子どもに効果的です。次のような活動を取り入れるといいでしょう。

活動のPOINT

- 逆立ちなど、頭と足が逆さまの姿勢になる。
- 気分が高まり機敏になる活動で紹介した食材を噛んだり食べたりすることに加え、おしゃぶり、ちょっと甘い物、かためのミルクシェイクを吸う。
- 手、肩、背中、お尻、頭で壁を押す。
- 体をゆっくりリズミカルに揺り動かしたり、何かに乗って前後に揺れる。
- 誰かに抱きしめてもらったり、背中を撫でてもらう。
- 毛足の長いやわらかい毛布にくるまる。せまい所に入りこむ。
- お風呂に入る。
- けんすい用の棒や鉄棒に手でぶら下がる。

● 重たい物を押したり引いたり、運んだりする。

なお、子どもの感覚統合ダイエットを自分で作る保護者の方もいると思いますが、その場合でも、その子に何が必要なのかを作業療法士に相談するといいでしょう。そして、その子に適切な活動は何か。その活動をどこで行えばよいか。いつ、どれくらいの間隔で、どのくらいの長さで、などを話しあうといいでしょう。

以下は、感覚統合ダイエットを行う上でのアドバイスです。

感覚統合ダイエットを行うときのアドバイス

● 感覚統合ダイエットを計画通りに行うため、活動を行う時間を決めておきましょう（朝食後、学校から帰ったあと、寝る前など）。

● できる限り、その子が好きな活動、やりたがる活動を、感覚統合ダイエットに組み込むようにしましょう。
子どもの様子を見ていれば、その子が何をしたいのか、たいていわかると思います。たとえば、子どもは「ボクの神経系には、激しい動きの感覚がとても必要なんだよ」などとは口にしませんが、その子が高い石段から飛び降りようとしているのを目にすれば、その子の気持ちを察することができます。そうした場合は、別の方法でその子をジャンプさせてあげるわけです。

● 感覚統合ダイエットに沿って遊んでいるときや活動しているときは、子どもに主導権をとらせましょう。
ただし、子どもが「もっと！」と言う場合、その子は言葉通り「もっとやりたい」わけですが、やりすぎて興奮しすぎないように監視すべきです。「やめて！」と言う

家庭生活をよりよくするために　● Chapter 9

感覚統合ダイエットは、主に感覚統合障害を抱える子どものために提案されたものですが、ちょうどフィットネス・プランのようなもので、誰にとっても役に立つものです。

バランスよく感覚の栄養素を取り入れることで、どんな子でも自分の能力や機能を高めることができます。

> ときは、すぐに止めましょう。
> 活動中は、子どもの非言語サインにしっかり耳を傾けましょう。リラックスした様子や楽しそうな表情は、その活動で気分がよくなっている証拠です。それとは逆に、メソメソしたり、けたたましく笑い出したりする場合は、少し落ち着くために休憩する時間が来たという合図です。
>
> ●活動がワンパターンにならないよう、活動内容や環境を変えてみましょう。
>
> ●今、取り組んでいる感覚統合ダイエットが、「感覚の栄養素」を十分に含んでいるかどうか、日々変化していくその子の状況に合っているかどうかを、定期的に作業療法士に相談しましょう。

家庭でできる、子どもの感覚の発達を促す遊びや活動

　感覚統合障害を持つ子の中には、触覚や動きの感覚を過剰に求める「触りたがり屋の感じたがりちゃん」や、「ぶつかり屋の破壊小僧」がたくさんいます。

　これまでにも例をいくつか挙げてきましたが、このような子たちは、活動エネルギーが非常に高く、タイヤブランコに乗ってドスンとぶつかったり、枯葉の山に突っ込んだり、泥んこの水たまりで転げ回ったりできると、体調や気分がよくなります。

　また、同じように感覚統合障害を抱えていても、触覚や動きの感覚に苦痛を感じ、物に触ったり、体を動かしたりすることがスムーズにできない子もいます。自分の周囲を探検したり安心感を得たりするために、誰かの指導や助けを必要とするような子たちです。

　しかし、いったん活発に動くことを身につけると、実はこのタイプの子も、元気に遊びまわることで調子がよくなるのです。

　これから紹介するのは、子どもにさまざまな感覚を使わせてみる遊びや作業や運動です。これらは、保護者やその子にかかわる大人たちが、子どもとの家庭生活を通して行うことができるものばかりです。このような活動を自らやりたがる子や、自分のまわりを探検することにためらいがちな子も含め、すべての子どもにとって効果的な活動です。

触覚の発達を促す遊びや活動

● お肌ツルツルごっこ

「お肌をツルツルにしよう！」と子どもを誘い、いろいろな肌触りのもので子どもの皮膚をこすりましょう。子どもにも自分で腕や足などをこすらせます。

　そのときに、いろいろな種類の石鹸やブラシを使ってみましょう。たとえば、オートミー

ルでできたツブツブ感のある石鹸や、お父さんの髭剃り用クリーム、ベビーオイルなどがお勧めです。ブラシの例としては、ヘチマタワシ、分厚いタオル、スポンジ、ボディブラシなどがお勧めです。

● 水あそび

台所の流し場に泡立てた水をためて、割れない素材のピッチャーや瓶、料理用スポイト、スポンジ、泡立て器、おもちゃのポンプなどで子どもを遊ばせましょう。

または、大きなバケツに水とおもちゃを入れて、庭やベランダで子どもと一緒に遊びましょう。

水を注いだり、水の量を計ったりすることに、セラピー的、教育的な効果があるというだけでなく、水遊びは子どもを楽しませるには最高の方法です。

● 水でお絵描き

バケツ一杯の水と、絵の具のハケを用意します。家の前の歩道や壁、ベランダまわりなど、水で濡らすと色が変わる素材の上に、水で絵を描いてみましょう。

子どもにハケを持たせて自分の体に水を塗らせてみるのも楽しいかもしれません。

ノズルつきのボトルで水を噴射させて「色を変える」こともできます。

ただし、水が子どもの口に入ってもいいように、ボトルを綺麗に洗って、中には飲料水を入れましょう。

● 指絵の具

この遊びは、触覚を非常に求めるタイプの子にとっては、まさに刺激的です。存分に楽しませてあげてください。

触覚を避けるタイプの子にも、絵の具の中に指を入れてみるように誘ってみましょう（ただし強制はしないでください）。

絵の具の中に砂を混ぜたり、シェービング・クリームやピーナツバターなどを指に塗ると、いろいろな感触を感じることができます。

絵の具をつけた指で、形や文字や数字を描きましょう。もし失敗しても、手で消して何度でも描き直すことができます。

● 背中にお絵描き

子どもの背中や手のひらに、何かの形や、文字、数字などを指で描いてあげて、子どもが何が描かれたのかを答えるゲームです。

複数の人数で遊ぶ場合は、背中に描かれた形や文字を次の人の背中に描いて、「伝言ゲーム」のように順番に伝えていくのも楽しいでしょう。

● 砂あそび

サンドボックスや大きな容器に、子どもが並べたり埋めたり探し出したりできるような小さなおもちゃ（車、トラック、人形、恐竜など）を入れます。そして、乾燥豆、米、パスタ、ポップコーンなどを砂代わりに使います。

代わりに泥を使っても構いません。泥んこパイを作ったり、手や体をドロドロにしたりすることでも、触覚を発達させる効果があります[*1]。

● 手探りボックス

靴箱などフタのついた箱を使います。フタの部分に子どもの手が入るくらいの穴を空け、箱の中に、ボタン、ブロック、コイン、おはじき、おもちゃの動物、ミニカーなどを入れてフタをします。

子どもは箱の中に手を入れて、自分が触っている物が何かを当てます。

大人が指定した物を子どもが触って探すゲームでもいいでしょう。おもちゃを見せて「これと同じものを、箱の中から見つけよう」といった遊び方もできます。

この遊びは、視覚を使わずに物を識別する能力を育てます。

● 「これってどんなもの？」ゲーム

いろいろな肌触り、温度、重さの物を触って、その物について表現する遊びです。「これって丸い？」「冷たい？」「ツルツルしている？」「やわらかい？」「重い？」など、いろいろな言葉を使って、自分が触っている物がどんなものなのかを子どもに説明してもらいましょう。物を見ないようにすると難易度が増します。

---

*1：日本では、お米とぎ遊びが最高です。

家庭生活をよりよくするために

● 口の動きを楽しもう

　切手のように舐めて貼るシール、おもちゃの笛などを吹く、シャボン玉、ストローやスポーツボトルなどで何かを飲む、ガムや歯固めなどを噛む、などの遊びや動作は、口の中の触覚を刺激し、口腔運動の発達を促します。

● 親子でクッキング

　クッキーやパンの生地、ハンバーグのタネなどを、子どもに混ぜてもらいましょう。
　深いボウルではなく、浅い鉄板などを使ったほうが、子どもには作業しやすいです。

● 自然に親しもう

　ミミズなどの虫を触る、セミを捕まえる、ドングリやトチの実などを集める、植物のタネを植える、庭やベランダの花壇の土を掘る、などの活動を通して、いろいろな触覚を体験しましょう。

● ペットをかわいがろう

　猫や犬やウサギを撫でて、動物の毛ざわりを体験したり、生き物をやさしく扱うことを学びましょう。

● 人間サンドイッチごっこ

　子どもが「ハム」や「チーズ」役になって、布団やクッションなどの「パン」の上に仰向けに寝ます。きちんと呼吸ができるように、顔は「パン」の端よりも外に出してください。「バターナイフ」に見立てたスポンジ、料理用のハケ、絵の具のハケ、タオルなどを使って、子どもの腕や足や胴体に、マスタードやマヨネーズやケチャップなどを塗るフリをしましょう。この際、力強く下向きに子どもの体をこすってあげます。
　そして、子どもの上にもう1つの「パン」を首から足に向けてのせます。この「パン」は、運動マットを折り込んだり、別のクッションを使うといいでしょう。
　さらに余分なマスタードを押し出すために、「パン」に見立てたマットなどを力強く押しましょう。子どもは心地よい圧力を感じます。
　マットに挟まれた子どもを転がしたりもしてみましょう。

前庭感覚の発達を促す遊びや活動

● 転がる

床の上を端から端まで転がったり、芝生の生えた丘を転がって降りたり、布団の上で毛布でグルグル巻きにして、さっと巻き戻したり、というような「転がる」動作を積極的に子どもに勧めましょう。

● ブランコ

子どもと一緒にブランコで遊びましょう（ただし絶対に強制はしないでください）。

直線状のゆっくりした動きは子どもの気分を鎮め、速くて大きな弧を描いた乗り方は、より刺激を与えます。

重力不安を持つ子どもの場合は、足を地面につけたままの位置で少しだけ揺れたり、大人のひざの上に乗って揺れることから始めてみてください。

また、大人2人が布団の上で、毛布などの両端を持って、その上に子どもを乗せてブランコのように揺らしてあげることもできます。

● 回転運動

公園などの屋外では、タイヤブランコやメリーゴーランドなどで、グルグル回って楽しみましょう。家などの室内では、回転椅子などを使って子どもに回転運動を体験させることができます。

ただ、子どもが回りすぎて刺激を受けすぎないように、回転運動をして遊ぶときは大人の付き添いが必要です。

また、子どもの承諾無しにその子を回転させたりするのは止めましょう。

アメリカには、こうした回転遊具(Sit 'n Spin：シットン・スピン)もあります。

● すべり台

座った姿勢で、寝ながらの姿勢で、前向きや後ろ向きに、すべり台の端を手で持って、または持たないで、すべり台のへりに足をかけてなど、いろいろな方法ですべってみましょう。

● **乗用玩具**

　三輪車、自転車、スクーターなどに乗ることは、バランスをとる、動作を組み立てる、体の両側をチームワークのように動かすといった運動能力の発達を促します。

● **ロッキングチェア**

　揺れかたを変えることで、気分を高める、調和のとれた動作をする、気分を鎮める、のいずれの場合にも役立ちます。

● **セラピーボールの上でバランスをとる**

　大きなセラピーボールの上に仰向けやうつ伏せで寝た状態になってバランスをとりましょう。

　ボールの上に座ってピョンピョン跳ねることもバランスをとる練習になります。

　高く跳ねることができるように、取っ手がついたボール（ホップ・ボール）もあります。

● **シーソーに乗る、シーソの上でバランスをとる、シーソーの上を歩く**

　角材の上に板を置いて、シーソーを作ることができます。

● **T字型の椅子に座る**

　T字型の椅子は、バランス、姿勢、集中力の向上に役立ちます。

● **不安定な表面を歩く**

　砂浜、公園や、アスレチック場にあるような吊り橋、草深い草原、ウォーターベッドなどの上を歩いてみましょう。

　フワフワしたりグラグラしたりといった表面の上では、表面が動くたびに体を調整しながら歩く必要があるため、前庭感覚へのよい刺激になります。

● うつぶせの姿勢で頭を上げる

　うつぶせになって頭を上げた姿勢で、いろいろな遊びや作業をしましょう。

　たとえば、「Row, Row, Row Your Boat（ボートを漕ごう）」の歌に合わせて前後に揺れる、音楽を聴きながらクレヨンでお絵描きをする、おもちゃで遊ぶ、などです。

　ブランコやセラピーボールの上にうつぶせになって、地面や床に木の棒などで絵を描いたり、籠の中にスポンジを投げ入れたり、ひもでぶら下げたボールを紙の筒などで叩くのもいいでしょう。

● ジョギング

　家のまわりや近所を親子で一緒に走りましょう！

固有感覚の発達を促す遊びや活動

● 重い物を持ち上げて運ぶ

　次のようなお手伝いを子どもにやってもらいましょう。

・ピクニックなどでジュースの瓶をテーブルまで運んでもらう。
・スーパーの買い物袋を家まで持ってもらう（割れ物などが入っていないように注意してください）。
・本の入った箱、ブロックの入ったおもちゃ箱、水の入ったバケツ、洗濯物の入った籠などを、ある場所から別の場所へ運んでもらう　など

● 物を押す、物を引く

　持ち上げて運ぶには重すぎるようなスーパーの買い物袋を玄関から台所まで引いて運んでもらう、ベビーカーを押す、掃除機をかける、重い箱を押して動かす、そりに友だちをのせて引っ張る、おもちゃのワゴンに荷物をのせて引っ張るなどの力仕事は、筋肉の動きを活発にします。

● 腕でぶら下がる

公園へ行って、うんていや鉄棒にぶら下がったり、家にフィットネス用の懸垂棒があれば、それにぶら下がったりしてみましょう。腕の筋肉が伸びることで固有感覚が刺激され、その感覚メッセージが脳に伝わります。

また、うんていを手で渡る運動は、上半身の強化につながります。

● ヤドカリごっこ

お米や大豆などを入れた大きな袋を、子どもの背中にのせてヤドカリに変身させます。

背中に重い「カラ」をのせて、あっちこっち動き回りましょう。

● ボディ・スクイーズ

床に座って子どもをひざの上にのせます（大人と子どもは同じ方向を向きます）。子どものひざを抱えて胸につくようにし、その子の体を縮めるような感じで強く抱きしめます。その抱きしめたままの姿勢で、前後左右へ揺れましょう。

● 子どもを力強く抱きしめる（ベア・ハグ）

子どもを力強くギュッと抱きしめてあげましょう。「幸せに成長するためには、誰でも１日に12回のハグが必要だ」[*2]とは、家族療法の創始者であるヴァージニア・サティアの有名な言葉です。

● 物を注ぐ

砂、乾燥豆、水などを、１つの容器から別の容器へ注ぐ動作は、固有感覚の発達を促します。

● 重いドアを開ける

ドアを開けることが、まだ難しいようなら、練習をします。時間をかけて、子どもが自分でできるようにしてあげましょう。

● 背中合わせで立ってみよう

２人の子どもを、背中合わせで床に座らせます。そして「足を床へ押しつける」ように言い、互いの背中を押し合って２人で一緒に立ってみるよう促しましょう。

＊２：We need 4 hugs a day for survival. We need 8 hugs a day for maintenance. We need 12 hugs a day for growth.（私たち人間は、生き延びるために１日４回のハグが必要で、健康維持のために１日８回のハグが必要で、成長するために１日12回のハグが必要です）

● ブルドーザーごっこ

ダンボール箱や折りたたんだ運動マットをブルドーザーなどの車に見立て、箱の中やマットの上に1人の子どもが座ります。

もう1人の子が、それを頭、肩、背中、足などで押して動かします。

しばらくしたら交替しましょう。

● 腕相撲

子どもが明らかに自分よりも強い相手と腕相撲をする場合は、時々その子に勝たせてあげましょう。

● 綱引き

腕相撲と同様に、力に偏りがある場合は、時々弱いほうの子どもにも勝たせてあげましょう。

聴覚の発達を促す工夫

● 子どもに話すときは簡潔に

子どもに話すときは簡単で明確な言葉を使いましょう。ゆっくり話し、子どもに意見を言うときは短く、指示するときは簡潔に、そして、くり返して話しましょう。子どもがより理解しやすいように、ジェスチャー、表情、手の動き、身振りなども忘れずに。

● 子どもが着替えなどをしているときに話しかける

子どもが着替え、食事、入浴などをしているときに、大人が横で話しかけ、単語やいろいろな概念を教えましょう。

たとえば、サングラス、シチュー、などの「名詞」。親指、お尻などの「体の各部分を表す言葉」。〜の上に、〜の中へ、などの「前置詞」。おいしい、大きい、などの「形容詞」。昨日、あとで、などの「時間を表す言葉」。野菜や果物などの「物の分類」。ジッパーを締める、ゴシゴシ磨く、などの「動詞」。楽しい、残念といった「感情を表す言葉」などです。

●子どもの見本となるように話す

　自分の考えなどを子どもに話し、大人自身が発話やコミュニケーション技術のよい見本となりましょう。

　たとえ、その子が大人の言うことに口頭で上手に答えられなくても、言われたことをきちんと理解している場合が少なくありません。

●子どもが話すときは十分な時間を与える

　子どもが相手の言葉に答えようとしたり、自分の考えを表現しようとしているときは、十分な時間をかけて、その子が言い終わるまで待ってあげてください。

　その子が話しているのを途中で邪魔したり、せかしたり、プレッシャーをかけたりしてはいけません。

●よい聞き役になる

　大人はよい聞き役になって、子どもの言うことに注意を傾けなければいけません。

　子どもが話すときは目を見てあげて、その子の考えが聞きたいということを態度で伝えましょう。

●子どもが明確に話せるよう補助する

　子どもがより明確に話すことができるように補助してあげましょう。

　たとえば、子どもの言葉の中で「トラック」という一語だけが聞きとれたとしたら、「トラックがどうしたの？」と子どもに尋ねます。

　子どもの言っていることがわからない場合は、ジェスチャーをしてみせるように促しましょう。

●子どもが話したら褒める

　子どもが自分の考えなどを口にすることができたら、笑顔を見せたり、抱きしめたりして褒めてあげましょう。

　「そのとおりね」と肯定してあげたり、「ママ（パパ）に話してくれてありがとう」などと言ってあげるのもいいでしょう。

　お母さんやお父さんからの「よい反応」を受けると、子どもは努力して親とコミュニケーションをはかろうとするものです。

　ただし「上手に話せたね」とは言わないでください。これは子どもにとってはほとんど意味のない言葉です。なぜなら、親が気にしているのは、子どもが伝えようとしている

メッセージそのものよりも言葉使いなんだと、子どもが受けとってしまうかもしれないからです。

● **リズムよく話し、言葉遊びなどを使う**

子どもが言葉を覚えやすいように、言葉のリズムや調子を工夫しましょう。何かを指示したり教えたりするのに、おなじみの歌を使って「替え歌」を作るのも方法です。

たとえば、「メリーさんのひつじ」の曲を使って、「さぁ、かおをあらいましょう、はみがきと〜、ブラッシング〜。さぁ、ふくをきがえましょう。まずはしたぎから〜」といったような「朝の用意」の歌ができますよ。

● **身振りで表現させてみる**

おはなしや詩、歌詞のない音楽などを聞かせながら、聞いた内容や自分の気持ちを、身振りで子どもに表現させてみましょう。

● **本を読む**

毎日、子どもに本を読んであげましょう！

視覚の発達を促す遊びや活動

● **形あそび**

いろいろな素材を使って、まる、さんかく、しかくなどの「形」を描いたり作ったりしましょう。

素材には、小麦粘土、指絵の具、シェービングクリーム、石鹸の泡、砂、ひも、生クリーム、ピザの生地など、身のまわりのいろいろな物を使うことができます。

● **迷路や点結び**

まず、紙、歩道、砂浜などの上に迷路を描きます。子どもは、指、ミニカー、クレヨン、チョークなどを使って迷路を進みます。

グラフ用紙などに点結びを作成して、子どもにやらせてみるのもいいでしょう。

● **動いている物を目で追う**

屋外で仰向けに寝転がって、鳥や飛行機などを見てみましょう。このとき、頭は動かさずに目だけ動かして物を追います。

● ペグボード

　いろいろな形の穴が開いたボードの上にペグを刺していき、大人が作った形を真似させたり、子どもに自分で形を作らせたりします。

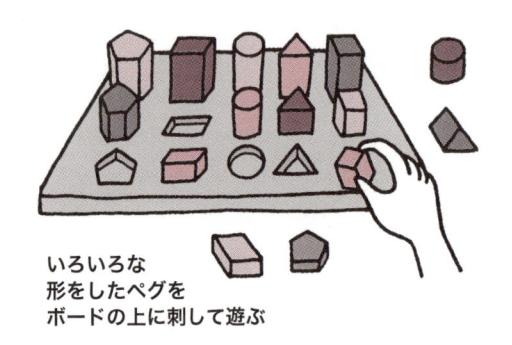

いろいろな
形をしたペグを
ボードの上に刺して遊ぶ

● ジグソーパズルやブロック遊び

　視覚を鍛えるだけでなく、微細運動の発達にも役立ちます。

● ハサミを使う

　ハサミを使って、紙を細長く切ったり、紙に切れ目を入れたりしましょう。

　紙に曲線を描いて、その線に沿って紙を切ってみるのも視覚を発達させるよい練習になります。

　小麦粘土を切ったりするのも、子どもにとっては楽しい遊びです。

運動能力の発達を促す遊びや活動

　手や指などを使った細かい動き（微細運動）、動作を組み立てること（運動企画）、体の両側をチームワークのように協調させて動かすこと（両側協応）などは、感覚情報処理機能を土台にして行う運動です。

　次に紹介するのは、感覚の統合を促し、これらの運動能力を向上させる遊びや活動です。

微細運動能力の発達を促す遊びや活動

● 小麦粉ふるい

　台所の床に新聞紙を敷いて、小麦粉ふるいを子どもに体験させましょう。

　子どもにとっては、グリップを握るタイプも、ゆするタイプも、どちらも微細運動に必要な手の筋肉を発達させます。

グリップを握るタイプ　　ゆするタイプ

握る力

●ひも通しあそび

　靴ひも、プラスチックの針に通した糸、手芸用モール*3などを、ボタン、マカロニ、O字型のシリアル、ビーズ、糸巻き、ゼムクリップ、鈴などに通してみましょう。

　ブレスレットやネックレスを作る作業は、目と手の協応、触覚の識別力、両側協応の発達を促します。

●卵ケースの宝箱

　卵ケースを使って、自分だけの「宝箱」を作りましょう。

　貝殻、松ぼっくり、小石、木の実、豆、ビーズ、ボタン、ビンの蓋、そのほかにも自分が見つけたものを、卵ケースのへこみ部分に分類する作業は、楽しみながら微細運動能力を鍛えることができる遊びの1つです。

●その他、家にある道具を使った遊びや活動

・ピンセットや箸を使ってコーンフレークなどのシリアル食品をつまむ。
・輪ゴムを箱にはめて「ギター」を作る。
・ナプキン、人形の服、ペーパータオルなどを、洗濯バサミでぶら下げる。
・卵ケースを木槌でつぶす、など。

●その他、園や学校にある道具を使った遊びや活動

・ハサミで紙を切る。
・ホッチキスや穴あけパンチを使う。
・クレヨンやチョークで描く。
・ブラシ、鳥の羽、木の棒、スポイトなどと絵の具を使ったお絵描き。
・スパンコールを使ったお絵描き。紙の上に水ノリを搾り出して文字や形を描き、そのノリの上に手芸用スパンコールをふりかけ、余分なものをふるい落とすと、スパンコールの文字や形ができあがる。
・包装紙、セロテープ、ひもなどを使って箱を包む、など。

---

*3：針金に毛やナイロンを特殊加工した、ひねるだけでいろいろと形が変えられるカラフルな細い「ひも」。

粗大運動能力の発達を促す遊びや活動

●テーブルからジャンプ

背の低いテーブルのわきに運動マットを敷いて、子どもをテーブルの上からジャンプさせましょう。

子どもが飛び降りるたびに着地場所にテープで印をつけて、さらに遠くに飛ぶよう促します。

●動物歩き

- クマさん歩き（四つばいになり、のっしのっし歩く）
- カニさん歩き（四つばいになり左右に歩く）
- カメさん歩き（ゆっくり這う）
- シャクトリムシ（体をまっすぐ伸ばしたあとひざを胸のところまで持ってくる）
- アヒルさん（しゃがんだ姿勢で歩く）
- カエルさん（しゃがんだ姿勢からジャンプ）
- カンガルーさんとウサギさん（ジャンプ）
- 怪我したワンちゃん（片足を引きずるようにして歩く）
- ゴリラさん（ひざを曲げながら歩く）
- おウマさん（ギャロップ）など。

●公園でみんなと一緒にできる遊び

「船長さんの命令」「かごめかごめ」「ロンドン橋落ちた」「フルーツバスケット」などの遊びは、公園でほかの子どもたちと一緒に楽しみながら、多様な動きをさせてみる練習にもなります。

●いろいろなところに「出たり入ったり」

洋服を着る・脱ぐ、玄関のドアに入る・出る、車に乗る・降りるなどを子どもに教えましょう。

自然にできるようになるのを待つのではなく、大人が少し指示や補助をしてあげると、時間はかかるかもしれませんが、こうした作業が自分でできるようになる子もいます。

両側協応の発達を促す遊びや活動

●キャッチボール

まずは短い距離から、子どもに大きなビーチボールをそっと投げてあげましょう。

子どもがうまく受けとめられるようになってきたら、ボールを小さくしたり、子どもとの距離を長くしたりします。

●ボールをバットで打つ

　野球バット、麺棒、ほうきの柄、本、ボール紙の筒、ものさしなどを、バットを握るように両手で持って立ち、足は動かさないようにします（丸を描いて、その中から出ないようにする工夫もいいかもしれません）。

　そうしたら、子どもに向かって大きなボールを投げて、それを打たせましょう。

　両手で振りかぶるたびに体が回転し、腕が体の中心を越えて動くので、両側協応の発達を促します（詳しくは、Chapter 4 の 125 〜 126 ページ参照）。

●ぶら下がったボールをバットで打つ

　子どもの目の高さにスポンジボールをぶら下げ、先ほど挙げたようないろいろな「バット」を使ってボールを打ちます。

　ミスしないで何回ボールを打てるかを数えましょう。

●風船あそび

　両手を使って風船をドリブルしたり、風船を上に投げて受けとめましょう。

　開いた両手でトスしたり、両手の拳で打ったりして、風船を空中に浮かべ続けてみてもいいでしょう。

●麺棒あそび

　円筒形ブロックや麺棒を使って、クッキーなどの生地、小麦粘土、クラッカー、粘土などを伸ばしましょう。泥を使ってもいいですよ！

●まねっこあそび

　大人が歌ったり[*4]、手を叩いたり、体のいろいろな部分に触れたりするのを見ながら、子どもがその動きをマネする遊びです。

　手を叩きながら頭を左右に傾ける、頭の上で両手を振る、腕を前に伸ばして振る、胸をドンドン叩く、お尻をパンパン叩く、手を叩きながら体を曲げる、肩をすぼめたり伸ばしたりする、足をドンドン踏み鳴らす、片足で

＊4：歌の代わりに、リズムのよい言葉をくり返してもいいでしょう。

ケンケン跳びをするなど、いろいろな動作をしてみましょう。

両手を一緒に使って同じ部分を叩いたり、片手だけを使ったり、左右の手を別々に使ったりもしてみましょう。

● **泡だて器で遊ぼう**

泡だて器を使って、石鹸の泡を泡立てたり、鳥のエサや乾燥豆や米を混ぜたりしましょう。

● **おはじきでお絵描き**

トレイや天板に紙を敷きます。紙の真ん中に絵の具を軽く塗ります。おはじきを使って絵の具を伸ばし模様を作りましょう。自分だけの素敵なラッピングペーパーの出来上がりです！

● **リボンのダンス**

持ちやすい棒の端に、リボンやスカーフをいくつかくっつけます。棒を両手で持って、頭の上で回したり、横に揺らしたり、上下に動かしたりして、リボンを「ダンス」させましょう。両手で直接リボンを握ってもかまいません。

この遊びは、視覚−運動統合能力の発達も促します（詳しくは、Chapter 6 の 155〜157 ページ参照）。

● **両側協応の発達を促す、その他の活動**

縄跳び、水泳、サイクリング、ハイキング、ボートなどを漕ぐ、ラジオ体操のような朝の健康体操などを子どもに勧めましょう。

子どもの自立を促す工夫

感覚情報処理の機能は、自立能力の発達とも深くつながっています。子どもの自立能力を高め、その子を含めた家族全員の生活をよりスムーズなものにするために、次のような工夫を取り入れてみましょう。

着替え

子どもが自分で着替えができるよう、親や大人が励まし、子どもに協力してあげることが大切です。

子どもが着替えをするときは時間を十分に

とって、いつでも手伝ってあげられるようにしましょう。

　そして、必要なら着替えを手伝ってあげるわけですが、最後の部分だけは子どもにさせるようにします。

　たとえば、ジッパーの両端をはめるのを手伝っても、ジッパーを上げる部分は自分でさせましょう。ボタン留めを手伝ってやる場合は、留めやすそうな場所を1つだけ残しておき、その部分は子どもにさせます。

　洗面所のまわりにも工夫しましょう。洗面台の鏡を使って子どもが自分の姿を見ることができるよう、そばに踏み台などを置いてあげます。

　また、子ども用の歯ブラシやクシは子どもの手の届く位置に。そして、たとえ子どもが歯磨きや髪をとくことを嫌がっても、大人は一歩も譲らない態度で子どもに接してください。人生や日常生活の中には、交渉の余地が無く、絶対にしなければいけないことがある、ということを子どもに教えるためです。

　次に、親や大人が子どもに着替えを教えるときのポイントをまとめました。

子どもに着替えを教えるときのPOINT

● いろんな種類のスナップ、ジッパー、ボタンとボタン穴、かぎホック、ベルトのバックル、靴紐などがついた「着替え練習ボード」を利用しましょう。
市販のものでもよいし、家にあるボタンやジッパーなどを縫い付けた布を板に貼ったりして自分で作ることもできます。

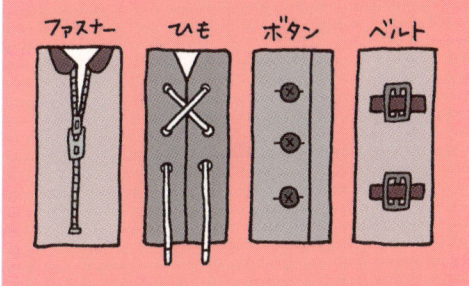

（ファスナー　ひも　ボタン　ベルト）

● 衣服以外の物も使って、ジッパーを留めたり、ボタンをはめたり、ベルトを閉めたりする練習をさせましょう。
たとえば、寝袋、リュックサック、ハンドバッグ、コイン入れ、お弁当箱、人形の服、スーツケース、化粧ポーチなどを使ってみるといいでしょう。

● ジッパー、ボタン、ベルト、留め金などがついた「ドレスアップごっこ」の衣装をうまく利用しましょう。

家庭生活をよりよくするために

たとえば、白雪姫や人魚姫の衣装や、消防士や宇宙飛行士の衣装など、子どものお気に入りキャラクターが身につけているような衣装であれば、子どもは楽しみながら着替えの練習ができます。
この場合は、少し大きめのサイズのほうが、子どもは着たり脱いだりしやすいでしょう。

● 整理ダンスやクローゼットの中にあまり必要のない服があれば、整理しましょう。季節はずれの服や、必要のない服で引き出しがギューギューになっていては、子どもをイライラさせるだけです。

● クローゼットには、子どもの目の高さの位置に大きなフックをつけましょう。
そうすれば、子どもはパジャマやコートなどを自分でそのフックに掛けることができます。
服を引っ掛けるループを別に取りつける場合は、服の外側にしたほうが、子どもの皮膚を刺激せずにすみます。

● 今日どの服を着るかを、子どもに選ばせましょう。
体温が上昇しやすい子は、コートを着る代わりに、ゆったりした服を重ね着させます。

新しい服のゴワゴワしたりチクチクしたりする感触を嫌がる子は、見た目は二の次にして、着古して生地がやわらかくなった服でよしとしましょう。

● 大切なことは、「その服がその子にとって心地よいものかどうか」ということです。

● 夜のうちに、次の日に着る服を用意しておきましょう。

おやつや食事の時間

親や大人がおやつや食事の時間に、子どもとかかわるときのポイントを次に紹介します。
まずは、子どものひじがテーブルと同じ高さになるような椅子を使い、必要であれば踏み台やクッションなどを利用して、足が床にペタッとつくような姿勢にさせましょう。足が地にしっかりついているほうが、子どもはゴソゴソしません。
子どもが落ち着いて座ることができたら、次は、いろいろな方法の食べかたを子どもに教えましょう。

たとえば、プリンをスプーンですくって食べたり、指ですくいあげて食べたり、トウモロコシの粒をスプーンやフォークを使って食べたり、軸つきトウモロコシを両手で持ってムシャムシャ食べたり、スープをスプーンですくって飲んだり、ボウルを口へ持っていって飲んだり、などです。

子どもが食べかたを理解したようなら、次は、いろいろな食感の食べ物を子どもに与えましょう。

たとえば、ゴツゴツしたもの、なめらかなもの、カリッとしたもの、歯応えのあるものなどです。

ただし、子どもにとって初めて口にする新しい食べ物の場合、まずは少量から与えてみましょう。

また、ひっくり返りにくいコップを使って、子どもに自分でジュースやミルクを注がせましょう。

コップをつかむのに腕を伸ばしすぎたり、ジュースをよくこぼしたりする子は、特に練習が必要です。

そして、食べ物を自分で扱えるように練習させましょう。

クラッカーの箱を開ける、ピーナツバターを塗る、食器を使って食べる、などが、練習の一例です。

こうした作業は、固有感覚、両側協応、微細運動能力の発達にすべてに役立ちます。

家事、雑用

まず、どんな家事や雑用を手伝ってもらえるか、子どもと一緒に考え、リストアップしてみましょう。

たとえば、ベッドを整える、布団を片付ける、犬の散歩、くずかごのゴミを袋にまとめる、ゴミ袋を外へ出す、雑草抜き、落ち葉かき、雪かき、掃き掃除、掃除機をかける、洗濯物をたたむ、洗ったお皿を戸棚にしまう、食事の準備や後片付け……などです。

お手伝いの内容が決まったら、その仕事を日課にしてやり続けるようにさせましょう。

もし、子どもが忘れがちだったり怠けがちな場合は、表を作って冷蔵庫などよく目につくところに貼り、その子が用事を終えると表にシールを貼るようにするといいかもしれません。シールがたまってきたら、何か特別な

ものや、どこかへ出かけるといった「ご褒美」をあげます。

　子どもにお手伝いをしてもらうときは、ちょっとした作業を少しずつやってもらうようにしましょう。たとえば、食後にテーブルを片付けてもらうときは、お皿を1枚ずつ運んでもらうだけでもいいのです（その子がテーブルのお皿を全部片付ける必要はありません）。

入 浴

　子どもにお湯の温度調節を手伝ってもらいましょう。

　お風呂のおもちゃはもちろん、石鹸やスポンジも、いろいろな種類を使うとお風呂が楽しくなります。

　また、子どもの体を洗ってあげるときは、しっかりと下向きにこすってください。

　バスタオルは、子どもが自分で体をしっかり包むことができるくらいの大きなものを使いましょう。

睡 眠

　遊んでいる子どもにいきなり「もう寝なさい」などと言ったりせず、「あと30分したら寝ようね」「あと5分で、お絵描きはおしまいだよ」などと、そろそろ寝る時間だということを少し前もって子どもに知らせましょう。

　そして、寝る前にすることは統一しておきましょう。たとえば、本の読み聞かせ、音楽を流す、シールのコレクションを一緒に見る、今日の出来事や明日の予定のことをおしゃべりする、背中のマッサージなどをしてから布団をかけてあげる、といったふうにです。

　触覚防衛を持つ子は自分が着ているものにとても敏感なので、その子が心地よいと感じるパジャマを着せてあげましょう。

　ゆったりした衣服が好きな子、ピッチリした衣服が好きな子、絹のような肌触りのする衣服が好きな子もいれば、一方で、そういったものが全く嫌いな子ももちろんいます。

　子どもの感覚はいろいろですが、ゴツゴツしたもの、チクチクしたもの、レース生地、袖まわりにゴムが入ったものなどは、たいていの子が嫌がるようです。

シーツのしわによるデコボコ感をなくしたり、ベッドをスムーズな肌触りにしたりするには、パーケール（平織に織った綿織物）やシルクのシーツを使ってみるといいでしょう。

枕や毛布を余分に使ったり、寝袋やベッドテントを使ったり、ウォーターベッドの上で寝てみたりと、たまにはいつもと違った方法で寝てみるのもいいかもしれません。

感覚統合障害を抱える子どもや、その家族全員の生活をよりよいものにするためには、ここで紹介したような感覚統合ダイエットを行い、保護者が子どもの問題に注意を向けて、その子が何を必要としているのかを正しく理解することが大切です。これは、その子の園生活や学校生活の内容を向上させるためにも必要なことです。

次のChapterでは、感覚統合障害を抱える子の園や学校生活についてお話しします。

Chapter 10

園や学校での生活を よりよくするために

- 保護者と園・学校が連絡しあうことで大きな差が出る！
- 園や学校が、"家と同じような環境"だったらいいのに
- 園や学校に、子どものことを話したほうがいい？
- 子どもにあった園や学校を選ぶ
- 先生に向けた、子どもの園や学校での生活を支えるヒント

Chapter 10

園や学校での生活を
よりよくするために

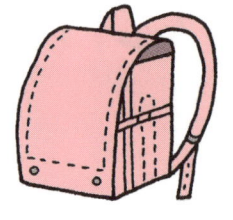

保護者と園・学校が連絡しあうことで大きな差が出る！

保護者は、感覚統合障害を抱える子どもが、保育園や幼稚園、学校でうまくやっていけるように、次のようなことに気をつけるといいでしょう。

- 子どもの味方になり、その子のためにしっかり発言し行動する。
- 園や学校の人たちと連絡を取りあう。
- その子に合った園や学校を選ぶ。
- 子どもについての情報や自分の考えなどを担任の先生と共有する。

このChapterでは、感覚統合障害の子どもたちが、より充実した園生活や学校生活を送るために、保護者や担任の先生ができることを提案します。

＊　　　＊　　　＊

ニッキーは小学4年生だった昨年1年間、ずっと学校が大嫌いでした。担任のコラデイ先生にいつも叱られていたからです。モタモタしたり、チグハグなことをしたり、ソワソワしたりするたびに、先生から、「もっと真面目に努力しなさい」と注意されてばかりの毎日。

ニッキーはいつも彼なりに「一生懸命」努力していたのですが、先生にはわかってもらえませんでした。

今年5年生になったニッキーですが、今年は学校が大好きです。担任のベリー先生がとてもよくしてくれるからです。

生徒に課題を与えるとき、先生はニッキーが理解できているかをきちんと確認し、やりやすい範囲ごとに少しずつ区切って課題に取り組む方法を教えてくれます。そして彼のために安定感のあるしっかりした椅子や、芯が折れにくい太い鉛筆を用意してくれました。

また、クラス全員がチームに分かれて算数問題を解く対抗戦をしたときは、ニッキーを「フライングエース・チーム」のキャプテンに指名してくれました。彼が休み時間を取り損なうことがないように、きちんと気を配ってもくれます。

なんといっても、先生はニッキーのことが好きでした。

＊　　　＊　　　＊

先生によって、学校生活はこんなにも違ってくるのですね！　わが子のために保護者が発言し行動することで、子どもの学校生活を大きく変えることができるかもしれません。

現在ニッキーが教室の中でこれほどの支援を受けることができるのも、お母さんが立ち上がって行動を起こしたからです。

実は、お母さんは長い間、ニッキーに「問題児」の烙印を押されたり、「障害児」というレッテルを貼られたりするのを避けることばかり考えてきました。

しかし自分の考えを変えて、わが子が抱える感覚統合障害のことや、セラピーや感覚統合ダイエットが障害への有効な対処法だということを、学校へ伝えようと決めたのです。セラピーなどを受けることによって、ニッキーが家で今までよりスムーズに行動できるようになってきたのを目にして、学校でも彼が自信や能力をつける方法があるはずだと思ったからでした。

　ニッキーが5年生になる新学期が始まる前に、お母さんは校長先生と新しい担任のベリー先生に会って話をしました。そして、この2人が熱心にニッキーのことを知ろうしていることがわかり安心しました。

　校長先生もベリー先生も、ニッキーが学校生活をうまく過ごせるよう支援するために、まず彼の長所と短所を理解しようとしました。そして、ニッキーをどのようにサポートしてあげるといいのかを、美術や理科や体育の先生にも説明すると約束してくれました[1]。椅子や鉛筆なども、特別な物を学校で用意するとのこと。

　彼らは、何か質問があればお母さんに電話し、またお母さんからの電話も喜んで受けると言いました。

　保護者と学校がコミュニケーションをとることで、これほどまでに大きな違いが生まれたのです。

---

[1]：アメリカではたいてい、小学校のときから、美術、理科、体育などは担任とは別の先生が教えます。

園や学校が、"家と同じような環境"だったらいいのに

　この本の中で何度も事例を挙げて紹介してきたように、感覚統合障害を抱える子どもは、保育園や学校の教室で、しょっちゅう苦労したり問題にぶつかったりしています。

　しかし、たいていの場合、その子の問題は「知能の問題」とか、「意欲の問題」にあるのではありません。

　問題は、知能や意欲が十分にあっても、たとえば行為機能の問題（ディスプラクシア）があるために、ある物事を行うのに「何をどうやってすればいいのかわからない」ということなのです。

　保育園や幼稚園の年齢でビーズにひもを通すことができなかった子どもは、学校へ行く年齢になってひも通しができるようになっても、今度は「本や資料で調べたことをレポートにしてまとめることができない」というような問題にぶつかってしまうことが少なくありません。

　その子には物事にうまく対処したいという意思があるのですが、周囲の課題がだんだん複雑になってくるので、いつまでたっても悩みから解放されることがないのです。

　また、感覚統合障害の子どもは、「周囲に気が散りすぎて落ち着いて勉強することができない」という問題を抱えることもあります。自分のそばにクラスメイトがいること、紙がカサカサする音、窓の外で遊んでいる子どもの動き、洋服の襟の裏についてるラベルがチクチクする……こういったことが気になって授業に集中できないのです。教室にある机や本棚でさえ、気が散る原因になることがあります。

　このような子には、「動作がぎこちない」「ちぐはぐな返答をしてしまう」「先生やクラスメイトたちとのかかわりにムラがある」といったような問題もみられるかもしれません。

　感覚統合障害の子どもが、園や学校生活で

Chapter 10

園や学校での生活をよりよくするために　●　Chapter 10　●　257

四苦八苦する理由には、次のようなことがあるかもしれません。

❶「〜しましょう」「〜しなさい」の指示

園や学校は、規則に従ったり勉強の成果を出したりなど、「〜しましょう」「〜しなさい」と言われることが多い場所です。

たいていの子どもは、そういった期待に沿うように頑張ったり真面目に取り組んだりできるのですが、でこぼこした発達の子どもは、そこでそのプレッシャーに負けてしまいそうになるのです。

❷絶え間ない、さまざまな変化

園や学校では、いろいろなことが絶え間なく変化しています。

たとえば、サークルタイムが終わったあとはテーブルの上でお絵描き、算数の次は国語の時間、図書室から講堂へ移動するといったような変化は、気分や行動を素早く切り替えられない子どもにとっては、「あまりにも突然」のように感じられ、圧倒されてしまうのでしょう。

❸過剰な感覚刺激

園や学校では感覚刺激にあふれています。生徒たちが動き回っていたり、教室の中が光や音や匂いであふれているために、負担を感じてしまう感覚統合障害の子どもがたくさんいます。

❹感覚刺激が不十分

一方、園や学校での感覚刺激が、ある子にとっては不十分な場合もあります。

スムーズに動くために定期的に体を伸ばす必要がある子は、長い間椅子に座ってジッとしなければいけない状況が続くと、何らかの問題を起こしてしまうかもしれません。

話すことや書くことが主体の授業は、聴覚や視覚を使って学ぶ子にとっては学習できる場であっても、体を動かしたり物に触ったりして学ぶことを好む子には向いていない場合もあるのです。

❺学校側の誤解

学校の先生は、感覚統合障害についてあまり知らないことが多いでしょう。

先生がその子を助けたくても、何から始めていいのか正しく理解していなければ、その子に合った勉強方法を受け入れて教室の環境を調整してあげることができません。

❻家とは異なった予測不可能な環境

学校では、物事が家のようには進みませ

> ん。多くの子どもにとって学校は、予期できない冒険的な場所、家は何が起こるか予測できる安全な場所であることが多いのです[*2]。
>
> 場所によって行動が変わる子の場合、その理由は環境にあることも多いのです。
>
> しかし、保護者が子どもについての情報を校長先生や担任の先生に伝えることで、学校の環境を家庭環境に近づけ、子どもの行動に大きな変化を生みだすことができるかもしれません。

　私たちが感覚統合障害についての知識や経験を得る何年も前のことですが、聖コルンバ保育園の園長と私は、アレンという男の子への支援方法について、彼のお母さんと話し合ったことがありました。

　アレンは園でいつも黙ってジッとしているような子どもでした。外あそびの時間はずっと砂場の隅にいて、自分の周りに誰も近づかないようおもちゃのトラックでバリケードをめぐらしていました。自立能力に乏しく、友だちも少なく、存在感がありませんでした。彼のことを表現するとしたら「悲しそうで怖がりの、孤独な子ども」といった感じでした。

　ところが、私たちから園での様子を聞いたお母さんはビックリして言ったのです。「家ではそんな様子を一度だって見せたことがありませんよ！」

　アレンの様子についてのお母さんの見解は、私たちのものとは全く違うものでした。家でのアレンは、よくしゃべり活発で明るい子どもだったのです。家具の上から飛び降りたり、庭の土を掘って遊んだり、近所の子と遊んだりもするとのこと。

　確かに、一緒に遊ぶ子はみんな自分よりも年下の小さな子たちばかりだし、着替えがうまくできなかったり、食べ物や行動の好き嫌いが強いということは、お母さんも気づいていました。

　しかし家では、保育園で見せるような問題は全く無いようです。お母さんは、ため息をついて言いました。「保育園がもっと家と同じような環境でしたらねぇ……」

　この面談は、参加者全員の目を開かせるも

[*2]：一方で、学校が規則正しく予期できる場所で、家は大混乱でストレスの多い場所だということもあります。

のになりました。私たちと話をしながらお母さんが気づいたのですが、アレンが家できちんと行動できる理由は、彼が必要とすることをお母さんが適切に満たしてあげているからでした。

　家では毎日同じような出来事が決まった流れで進んでいき、どんな感覚刺激も適度に調整されます。その中でアレンは、身体的な危険を感じることもなく、自分が愛されていると常に確認していると、お母さんは話してくれました。

　私たちは、アレンに必要なのはこういったことだとわかり、そのうちのいくつかを園でも実行してあげられることに気づきました。

　こうして私たちは、アレンの園生活を支援する「園と家庭の協力体制」を築くことができたのです。園の先生たちはアレンの用心深い行動についてもっと敏感になり、彼を何かに誘うときは、ゆっくり穏やかに誘導するようになりました。

　また、一日の活動について、なるべくスケジュールを立てて彼に知らせ、周囲から刺激を受けすぎないようにもしてあげました。

　このような「ちょっとした調整やサポート」をたくさん取り入れた結果、園でのアレンの行動が、明らかによい方向へ変化していきました。

　お母さんも、今まで以上にアレンの障害に対処できるよう家庭環境を変えていきました。トランポリンや子ども用トンネル、屋内用ジャングルジムなど、感覚−運動統合を促す道具をそろえ、家の地下室をちょっとしたスポーツジムに変身させました。

　さらに、家でのアレンの行動や様子について園に知らせることが、自分の役目だと思うようにもなったのです。

園や学校に、子どものことを話したほうがいい？

でこぼこした発達の子どもには、自分の味方として周囲にしっかり発言してくれる人が必要です。

通常、それは保護者の役目です。学校の先生や子どもの面倒を見てくれる人たちに、その子の障害や問題について理解し支援してもらえるかどうかは、その子の保護者次第です。

子どもの問題や障害を明らかにすることに対して、保護者のみなさんの多くは不安に思うことでしょう。障害を明らかにすると、子どもが色眼鏡でみられたり差別されたりするのでは？　子どもの問題行動の原因は保護者にあると責められるのでは？　無神経な学校側の職員が軽率な行動をとったり、情報を誤解したりするのでは？　そして何よりも、わが子に障害があると口にするのは保護者としては辛いことです。

それでもなお、子どもの問題について理解が必要な人々と話をすることは、その子のた めに絶対に必要なことなのです。

"なぜ"子どものことを園や学校へ知らせる必要があるの？

彫刻家が粘土を彫刻する場合、その粘土の特徴を知らずには優れた作品を作ることができません。これと同じで、子どもを教え育てる職業に携わる大人は、その子の能力をよりよく伸ばすために、まずその子の特徴を知る必要があります。

先生の中には、感覚統合障害のことを少し知っていて、その子の能力がほかの子とは少し異なっていても、受け入れてくれる人もいるでしょう。

しかし、その子についての情報がなければ、教室環境を調整したり、生徒への教え方を修正したり、先生自身の考えを変えたりというような具体的な行動をとることができません。

園や学校の"誰に"子どものことを知らせるべき？

まずは担任の先生に知らせましょう。

校長先生、美術や音楽や体育など専門科目の先生、コンピューターや音響機器の講師などにも知らせる必要があるかもしれません。

その他、習いごとの先生や、ボーイスカウトやガールスカウトのリーダー、少年野球のコーチなども、その子の問題を知ることで、より理解ある態度で接してくれるようになるでしょう。

子どもについての"どのような"情報を知らせたらいい？

まず担任の先生に、その子の問題について「簡単に」話すことから始めます（必要に迫られない限りは、「前庭感覚に鈍感」といったような専門用語を使うのはやめましょう）。

そして、その問題への対処法として家庭でどんなことを行っているのかを具体的に話し、先生が同じことを学校でできるかどうか検討できるようにします。

たとえば、次のように言ってみます。

「娘は、誰かに触られたり何かに強く接触したりすることに、とても敏感なんです。

家では、自分のまわりに、ある程度の空間があると感じられさえすれば、きちんと行動できます。

ですから、生徒を集めて座らせたり、席替えをしたりするときには、娘のまわりに、ある程度の空間が必要だということを考慮していただけるでしょうか」

「息子は、体の動きを調整することに障害があって、セラピーを受けてスムーズに動く練習をしています。

家で何かをするときは、体を動かしたり伸ばしたりする休憩を頻繁にとってあげています。そうすれば動作がわりとスムーズになります」

ここまで話をした段階で、担任の先生がその子のことをよく理解しようとしていることが感じ取れたら、保護者はもう少し詳しい情報を先生に知らせてもいいでしょう。

詳しい情報とは、保護者による観察メモ（詳しくは、Chapter 8 の 192 ～ 207, 221 ページ参照）、セラピストによる検査結果のレポート、感覚

統合ダイエットの提案、このChapterの後半で紹介するような先生へのヒントなどです。

"どういうふうに"話せばいい？

その子についての情報は前向きに話しましょう。

「もし……であれば、娘は物事にきちんと集中することができます」「息子は……のようなときは、自分の動作をうまく調整できるようです」というように、肯定的な言葉を使います。

また、「娘は図画や工作が大好きです」「息子にはユーモアのセンスがあります」など、その子の能力や長所を強調しましょう。

そして、先生の善意に感謝し、家庭と学校とで協力し合って子どもを支援していきたい、という気持ちを伝えます。「先生にご協力するためにも、学校での子どもの様子をきちんと知っておきたいと思いますので、何かありましたらいつでもご連絡ください」といったような言葉を添えましょう。

"どこで"話をすればいい？

先生との個別面談という形で事前に日時を決めておくと、話しあいの途中で邪魔が入りません。始業前や放課後に教室で、または夜に電話で話しあうとよいでしょう。

"いつ"話をすればいい？

新しい学年度が始まる前に、子どもがどのような困難や問題を抱えるかを見通して、それを知る必要がある人たち全員に連絡をとりましょう。

その人たちが、子どもが起こす問題に対し、前向きに取り組んでもらえるように、子どもの保護者として協力するべきです。

子どもにあった園や学校を選ぶ

　保護者が学校の職員と定期的に連絡を取りあうことは、子どもの学校生活に良い影響をもたらします。

　とはいっても、ときには保護者からの提案を受け入れて、その子に融通や配慮を示すことに対して、担任の先生が難しい顔をする場合もあるでしょう。たとえその子に特別支援を受ける法的資格があるとしてもです。そんなとき保護者としては、さらに足を進めるか諦めるかを決めなければいけません。

　たとえば、こんな例があります。本を読んだり文字を書いたりするときに、ガムを噛みながらやると集中しやすい小学生の子がいました。

　ある日、その子のお母さんが「授業中にガムを噛むのを許可してやってほしい」と担任の先生にお願いしたのですが、先生からは「特別支援が必要だからという理由だけで、そのような特別扱いはできません」と言われてしまいました。

　お母さんは事を荒立てたくはなかったのですが、さらに足を進めることにして、学校長に訴えました。

　その結果、校長先生の仲裁で担任の先生が折れて、その子はガムを噛むことを許可されたのです（ただし、ガムをふくらませたり、破裂させたりはしないとの条件つきです）。

　お母さんが思った通り、その子の成績は伸び始めました。担任の先生は、数ヵ月後、そのお母さんに謝罪したそうです。

　担任の先生がその子のために教室環境を調整してあげたくても、園や学校側が拒否するケースもあります。

　たとえば、普通の椅子よりもセラピーボールの上に座ったり、みんなで使う共同テーブルではなく自分専用の机を使ったり、弱い力でも開けられる特別なロッカーを使ったりすることで、その子の問題を緩和できるとして

も、学校側が教室内で使用する用具や設備についての規則を主張して許可しないかもしれないのです。

このような場合、保護者としては、子どものために最も重要な必要条件を選び、それについては諦めず、学校と「戦う」ようなつもりで交渉し続けるべきです。

そして、もし担任の先生や学校側が柔軟に対応してくれないようなら、保護者には次のような選択があります。

練を受けています。IEP（Individualized Education Program：個別教育計画）に沿った教育や支援を受けることで、でこぼこした発達の子どもの能力が花開くことも少なくありません[*4]。

（以下、❷〜❹はアメリカでみられるケースです。日本では、まだ選択肢が少ない現状です）

❷別の公立学校へ転校する

公立校で教育を受ける利点は、作業療法、言語療法、読書力の補強など、いろいろな支援を利用できることです。

その子に特別支援教育を受ける資格がある場合、学校でこういった支援や特別設備などを無料で受けることができます。

❸より少人数で個別配慮を受けることができる私立校へ転校する

年齢相応の発達から遅れた子どもでも、私立校であれば、必要なら同じ学年をやり直すこともできます。

さらに困難な上の学年へ上がる前に「一

学校側が柔軟に対応してくれない！
悩める保護者に向けた アドバイス

❶学校内の特別支援学級や通級[*3]について調べる

特別支援学級は、普通学級よりも生徒数が少なく、気が散るような刺激も少ないでしょう。

また特別支援学級の先生は、それぞれの子どもの異なった能力に個別対応する訓

[*3]：通級とは、普通学級に在籍していながら特別支援学級等に通うこと。日本の義務教育における特別支援教育の制度の１つ。
[*4]：アメリカでは、支援教育を受ける資格がある子ども１人ひとりに対して、学校がIEPを作成し、それに従って支援を行うことが義務付けられています。

旦停止」するといった機会は、公立校では認められていません。

❺子どもにホームスクーリング（自宅教育）を行う

　誰にも邪魔されず自分のペースで勉強できるので、ホームスクーリングによる学習が一番合っているという子どもはたくさんいます。
　なお、ホームスクーリングの子どもでも、地域などで運営される放課後のクラブや課外活動には当然参加できます。そのような活動は、ほかの子どもたちとの交流を持つよい方法なので、ぜひ利用しましょう*5。

　新学年が始まるたびに、保護者は改めて学校側へ連絡を入れましょう。

　学年が変わると担任の先生も変わります。細かいところまで気を配る先生もいれば、無神経な先生もいるでしょう。

　しかし、保護者のしっかりした支援と声が、子どもの成功を促します。このことを忘れないでください。

＊　　＊　　＊

　次に紹介するのは、感覚統合障害を抱える子どもたちへの支援として、園や学校の先生が教室で行えるさまざまな工夫です。

　その子の背中を押してやるときと、やめるときの見きわめ方や、過剰な刺激を軽くしてあげる方法、能力以上の勉強や作業による負担を減らしてあげる方法、また、でこぼこした発達の子どもを扱うことによる先生自身のフラストレーションにどう対処するかなど、いろいろな角度からの提案です。

　保護者のみなさんは、わが子を支援するための「学校と家庭の協力体制」を築き、これらのヒントを担任の先生に紹介してみてください。

＊5：ホームスクーリングは、アメリカではほとんどの州で合法とされ、教育方法の1つとして定着しています。日本では、法令上、児童や生徒が"学校で"教育を受けなければならないという規定がありませんので、何らかの理由があれば、自宅でホームスクリーニングを行うことも可能です。

先生に向けた、子どもの園や学校での生活を支えるヒント

　公立校、私立校にかかわらず、感覚統合障害を抱える子どもが充実した園生活や学校生活を送るためには、周囲の理解と支援が必要です。

　しかし、でこぼこした発達の子どもたちを支援したくても、適切な知識やテクニックを身につける機会がないという先生もいるでしょう。そういった先生の中には、これから紹介するいろいろなアイデアを教室で試してみたいと思う人もいるはずです。

　それぞれのアイデアは基本的に感覚統合障害の生徒を支援するためのものですが、ほかの生徒のためにもなるものばかりですから、クラス全員によい効果をもたらすでしょう。

　たとえば、安全で落ち着いた雰囲気で、気を散らすものが何もない教室というのは、どの子にとってもよい環境です。何かの課題に取り組んでいるときは、どんな生徒でも、合間にちょっとした休憩をとって、適度に体を動かしたり伸ばしたりする必要があるでしょう。自分の長所や短所、好き嫌い、気分の浮き沈みなどに配慮してくれる大人が教室にいることは、どの子にとっても大切なことです。問題の解決方法を先生に示してもらうことは、すべての生徒が学習の中で経験することの1つです。

　そして、園や学校は、どの子にとっても「自分の能力が、周りの子と同じでなくても構わない」「自分はうまくやれる」「自分の意見は役に立つ」「自分の個性は大切なものだ」と確信できる場でなければいけません。

　でこぼこした発達の子どもは、自分をうまくコントロールしていると感じることができると、勉強やソーシャルスキル（社会で他人とかかわり、ともに生活をしていく能力）を伸ばし始めます。また、教室の中で自分の邪魔をするものが減ると、ほかの子の邪魔をすることも減ってきます。

ですから、でこぼこした発達の子どもを支援することは、教室をその子を含む生徒全員がベストを尽くして学べる場所に変え、先生にとっても「教え甲斐のある」よい環境に変えることにつながります。

先生が教室でできる工夫

● 教室環境の調整

過剰な感覚刺激を減らす

まず、どんな種類の感覚刺激が教室の中でその子の邪魔になっているのかを、先生が把握する必要があるでしょう。というのは、子どもはそれを伝えられないことも多いのです。

また、今日その子をイライラさせた刺激が、明日もその子をイライラさせるとは限らない、あるいはその逆もあるのです。

自分の気を散らす刺激がほとんど取り除かれたり、減ったりすれば、その子は以前よりも教室での授業や活動に参加できるはずです。その子がいちどに1つの事にだけ集中できるよう、必要のない感覚刺激を少なくしてあげましょう。

・触覚刺激が邪魔をしている場合

触覚の問題が原因で物事に集中できない子どもの場合、もし自分の周りにクラスメイトがいることでイライラしてしまうのなら、その子が安心できる空間を見つけてあげます。

たとえば、大きなテーブルをほかの生徒と一緒に使ったり、全生徒が絨毯の上や床に座ったりするときは、ほかの子に接触する確率が少なくなるように、その子を一番端に座るように誘導してあげましょう。

高学年の生徒なら、教室の席に座って勉強する時間が長くなるので、その子の席は教室の隅や最前列の先生のそばなどにしてあげます。

また、一列に並んで教室を出ていくようなときは、後ろから誰もぶつかってこないように、その子を一番後ろにし、必要なスペースを与えてあげましょう。

・視覚刺激が邪魔をしている場合

視覚の問題が原因で集中できない子どもが教室にいる場合は、古い掲示物を外して教室

の掲示板をすっきりさせます。壁に貼った生徒たちの作品、地図、表などは、パタパタとはためかないようにしっかり留めましょう。そして、その子の気を引きそうな図工の材料、ゲーム、おもちゃなどを置いた棚は布で覆います（箱に入れてから棚に入れる手もあります）。

また、照明器具にブラブラ揺れるようなものを引っ掛けるのはやめましょう。教室の中に太陽の光がチラチラと差してくる場合は、窓のブラインドやカーテンで調整します。

ほかの子の動きで視覚的にイライラしてしまう子に対しては、その子を教室の一番前に座らせて、みんなの動きがあまり見えないようにします。そして、静かで集中力のある子や、授業態度や教室での行動がきちんとした子に、その子の周りに座ってもらいましょう。

生徒に課題や練習問題をさせるときは、いちどに与える課題の指示文章や計算問題などの量をできるだけ少なくしましょう。各問題のまわりに空白部分をたくさんとってあげると、視覚情報処理に問題がある子でも、ひとつひとつの問題に集中しやすくなるかもしれません。

計算問題が並んだ用紙なら、適当な大きさの穴をあけた別の紙を上からあてて、問題が1つずつしか見えないようにするのもよい方法です。

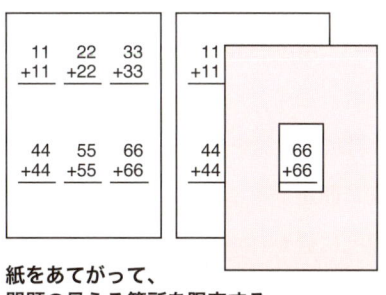

紙をあてがって、問題の見える箇所を限定する

・聴覚刺激が邪魔をしている場合

聴覚情報処理に問題がある子は、教室の中で聞こえる、さまざまな音をうまく処理できず、自分がまるでエコーが鳴り響く大会議室の中にいるように感じているかもしれません。

机の表面、教室の床や壁は音を反響させます。ですから、可能な場合はいつでも、そのような「音を反響させる表面」を布、絨毯、コルク板などで覆いましょう。

教室で飼育している魚の水槽の横や、ジィーッという音が鳴る蛍光灯の下、外の音や声が聞こえてくる窓の横などには、その子を座らせないようにします。

また、生徒がそれぞれの机で作業をしているときに、バッハやモーツァルトのようなクラッシック音楽を静かに流してあげると、教室内の聴覚的な環境が和らぎ、子どもたちは落ち着いて取り組めるかもしれません。

・嗅覚刺激が邪魔をしている場合

嗅覚に問題がある子は、給食室からの匂いや、教室に置かれたハムスターの檻からの匂いなどで気が散るかもしれません。

もし、クラス活動のスケジュールや時間割などを調整することができるのなら、一番難しい科目や課題の時間と、教室のドアから給食の匂いがただよってくる時間が重ならないようにしましょう。

教室で飼育している生物、絵の具などの塗料類、その他、強い匂いがする物を、その子のそばに置かないように気をつけてください。

心地よい椅子や机を与える

園や学校によっては、この提案を取り入れることは簡単でないかもしれません。教室で使用する椅子や机についての規則があり、それを守らなければいけないからです。

しかし、自分の体をうまく実感できないために椅子から度々ずり落ちてしまう子でも、自分の体に合った椅子なら姿勢を安定させて座り続けられる場合があるので、何らかの方法で助けてあげたいものです。

このような子には、グラつかない椅子を与えてあげるか、椅子が少しでも傾くときは、詰め物などを使って椅子を安定させてあげましょう。椅子の高さは子どもの足が床にしっかり着くような高さにし、机の高さは机の表面が子どもの腰のあたりに来るようにします。

高学年になり、長い間机に向かって授業を受けなければいけないようになってくると、座布団やエアークッションやサポートクッションを使えば、椅子にジッと座っていやすくなるかもしれません[*6]。

＊6：感覚の問題を長い間見過ごされてきた10代の男の子の話ですが、彼は自宅で、勉強机の椅子の背もたれに、針の部分を上にして画びょうを貼り付けていたそうです。彼が言うには、体が針に触れることで自分が椅子からずり落ちそうになっていることに気づき、姿勢を正すようにしたとのこと。こんな辛いことをするよりも、クッションを支えにして姿勢を保つほうがはるかによい対処法だと思います。しっかりサポートをするクッションも日本で開発されています（http://www.pas21.com/）。お子さんの体の特性によって、disco'sit かモールドシートを使うといいと思います。

このとき、もしほかの生徒たちもクッションを使いたがったら、そうさせてあげましょう。しばらくすると、たいていの子はクッションのことを忘れてしまうはずです。クッションのサポートが本当に必要な子だけが、クッションを使い続ければいいだけの話です。

　ときには、特別な椅子が役に立つ場合もあります。たとえば保育園で、先生の周りに集まってみんなで何かをするときに、1人ソワソワしてしまうような子がいるなら、その子を大きなボールやロールの上に座らせてみましょう。すると、先生の言うことに集中できるようになる子が多いようです。

　このときに使うボールは、子どものお尻から床までの長さと、ボールの直径が同じになるような大きさのものを使い、子どもが膝を直角に曲げ、足の裏を床にペタッとつけてボールの上に座ることができるようにします*7。

黒板や練習用紙はハッキリ＆スッキリ

　黒板や練習用紙などに書かれた線や文字が不明確だと、どの子も不便を感じ、言うまでもなく視覚障害を持つ生徒は大変苦労します。

　一番良いのは、黒板に白いチョークで書かれたはっきりした文字や線、白い紙に黒色ではっきり書かれた文字や線です。このように書かれていると、子どもは中心となる「文字や数字」と「背景」の区別がしやすくなります。

● **教室の運営方法**

計画性や一貫性を持った教室運営を

　感覚統合障害を抱える子どもの多くは、「いま必要なことをパッとやる」といったことが苦手です。

　この子たちは、状況の変化や新しい出来事に対して、自分の気持ちや行動をすぐに切り替えることが難しいため、「昨日と全く同じで、明日も全く同じように起こること」を一番好みます。

　物事に柔軟に対応できない子どもは、誰かの力や助けを借りないと、自分の周囲がいつも混乱の連続です。

　このような子にとっては、やる事をその場その場で決めるスタイルの保育園や幼稚園や、教室の流れを自然にまかせる授業よりも、やることが大体決まっている園や授業のほうが、

---

*7：エアークッションが、このようなボールと同じ役割を果たします。

スムーズに行動できることが多いのです。

　ですから、黒板などにその日教室で行うことを順番通り書いておく、そのスケジュールを守る、次に何をするかなど予測がつきやすい環境を教室に作る、といったサポートをしてあげましょう。

　また、新しいおもちゃや遊具で遊ぶ順番を決めたようなときは、子どもを混乱させないように、先生はその順番を必ず覚えておきましょう。

ある事から次の事への移行は慎重に

　物事に集中できない、でこぼこした発達の子どもにとって、集中する対象を切り替えることは、さらに大変なことです。

　対応策としては、「いま行っていることをやめて、別のことをする」と、常に前もって生徒たちに伝えるのが一番です。たとえば、「10分後にみんな講堂へ行きますよ」「休み時間のあとは読書の時間です。今日から新しい本を読みますよ」というように、次に何が起こるのかについての情報を分かりやすく知らせます。

　遠足に行く、研究授業のため大勢の先生が授業を見に来る、人を教室に招いて話を聞く、席替えをするなど、いつもと違うことが起きるようなときは、かなり前の時点から伝えておき、子どもたちが忘れないように何度か話しましょう。

　小さい子どもや低学年の生徒なら、手やドラムなどをたたいて次に何が起こるかを知らせると、次の事へ移行しやすいかもしれません。たとえば、下の図のように簡単な手拍子の合図を決めておきます。

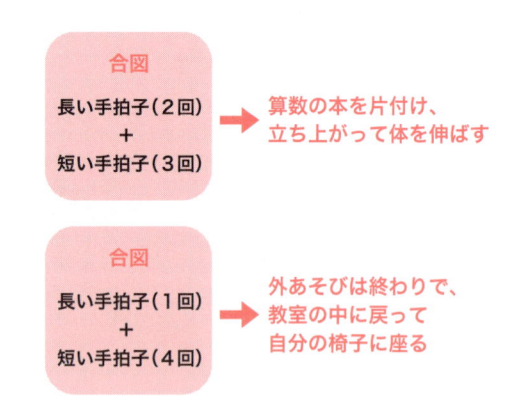

合図	
長い手拍子（2回）+ 短い手拍子（3回）	→ 算数の本を片付け、立ち上がって体を伸ばす
長い手拍子（1回）+ 短い手拍子（4回）	→ 外あそびは終わりで、教室の中に戻って自分の椅子に座る

　次のことへの移行時間は十分にとり、その間は次の活動や授業を行いやすい環境に変える「つなぎ」のような役割をする簡単な活動を取り入れましょう。詩を朗読したり、遊び

歌で体を動かしたりすることは、移行に適した活動です。

ほかには、言語能力や客観的に物事を見る能力を鍛える簡単な遊びもお勧めです。たとえば、どこか足りない部分がある絵を回覧して、足りない部分を見つけ出させたり（紙が破れないようにラミネート加工しておくといいでしょう）、クラスのみんなで「もしも〇〇だったら」ゲーム*8をしたりしましょう。

何かを決めるときは、みんなで意見を出しあう

発表会で何の劇をするか、来月の理科の実験では何をするかなど、みんなの意見を書き出しましょう。

でこぼこした発達の子も含め、生徒全員に「自分の意見はクラスの役にたっているんだ」と確信させるためです。

クラス全員が、意思表示できるような場を持つ

「ハロウィーンのカボチャで、誰が"笑った顔"を作って、誰が"怖い顔"を作るか」「今度の体育は、サッカーがいいか、野球がいいか」「来週の理科の課題は、酸性雨についてがいいか、砂漠についてのほうがいいか」など、手を挙げたり紙に書いたりして、クラスの生徒全員の意見を聞くようにしましょう。

体を動かす機会を十分に取り入れる

クラスの中に絶えずソワソワしているような子がいる場合は、ほかの子に迷惑をかけない範囲で、動くことを認めてあげましょう。

また、そのような子がいなくても、園や学校での1日の生活の中に「体を動かす時間」を意識的に組み込むようにしましょう。

たとえば、授業の途中で立ち上がったり体を伸ばしたりする休憩を入れる、算数の次は理科の時間にして生徒を実験室まで歩かせるようにする、太鼓のリズムに合わせて行進することを保育園児たちに教えるなどです。

---

*8:「もし、自分に羽が生えていたら、どうする？」「もし、電気がなかったら、どうする？」などの質問に対する答えを言いあうゲーム。

クラスのみんなで楽しみながら体を動かしたいときは、誰も"負け"にならない「サイモンさんが言いました」ゲーム*9や「リーダーごっこ」*10、「ジャンピング・ジャック」*11や、いろいろなリレー競争などをやってみましょう。みんなで輪になってボールを素早く隣の人へ回すような「ボール渡し」もいいでしょう。

体を動かすことは、どの子にとっても、集中力、思考力、話す能力、書く能力の発達を促すものなので、十分に取り入れましょう。

チーム対抗戦を利用して、やる気を起こさせる

たとえば、「本を一番よく読んだチーム」「算数の問題を一番たくさん解いたチーム」「メンバー全員が助け合って課題をやり遂げたチーム」などが、クラスで決めた賞品などをもらえるようにして、子どもたちのやる気を促しましょう。

自分のチームの得点を上げることは、でこほこした発達の子どもにとっても、やる気を起こす良い動機付けになります。

また、チームでの共同作業は、みんなで協力して何かをするよい機会にもなります。

● 生徒がしっかり行動できるように
　サポートする

受身的ではなく自発的に学ぶよう促す

子どもは誰でも学習する意欲を持っていて、体を動かしたり何かに触ったりできる環境の中で最もよく学ぶものです。

学校の先生方や保護者の方にわかっていただきたいのは、「子どもは誰もが、読んだり書いたりすることを中心に学習するわけではない」ということです。

ですから、学校での授業や園での遊びの中に、さまざまな感覚を使えるような機会を作ってあげると、子どもたちは、自分に適した感覚ルートを通して学んでいきます。

たとえば、聴覚処理に問題を抱えているけ

---

*9：日本では「船長さんの命令」として知られているあそび。
*10：一列に並び、リーダーになった先頭の子どもの動作を、後ろに並んだ子どもが真似をする。最後までリーダーの真似ができた子が次のリーダーになる。日本では「大将ごっこ」として知られているあそび。
*11：ジャンプして足を開き、手を頭の上で合わせ、次にジャンプして足を閉じ手を体の脇に戻す体操。

れども、触覚や視覚を使って学ぶことが得意な子どもがいたとします。するとその子は「ジングル・ベル」の曲をCDで聴くよりも、木琴で「ジングル・ベル」を演奏するほうが、よりうまく音のリズムや調子を学ぶでしょう。

また、視覚処理の障害が原因でコンピュータを使った計算表を作ることはできないけれども、実生活での体験から物事を学ぶことが非常に得意な高学年の生徒がいたとします。するとその子は、算数の計算についての概念を、学校内のお店で何かを買ってお釣りをもらったり、両替をしてもらったりすることで、きちんと学んでいるかもしれません。

感覚統合障害を抱える子どもは、たいてい興味の幅が狭いので、まずその子が好きなものを知り、その子の得意な感覚経路を通して、その興味の分野について、さらに知識を深めたり学んだりするよう誘導してあげます。

もし、その子がクモが好きで、触覚を使って学ぶタイプなら、クモの絵を描かせたり、粘土などでクモの模型を作らせたりするといいでしょう。

話すことが好きな子なら、クモについての簡単なお話を発表させてみましょう。

動くことが大好きなタイプなら、クモはどのようにして動くのか、クモの真似をして見せてもらいます。

そしてそのあとに、その子が得意とするそのクモについての本を与えるのです！　すると、たとえ本がまだ読めない子でも、その本に興味を持って、そこからまた何かを学ぼうとするはずです。

次の中国の格言のように、「物事は、自分で考え実行することで初めて理解できる」ということです。

> 百聞は一見に如かず
> 百見は一為に如かず
> 故に、万聞は一為に如かず

子どもには十分な時間を与える

急かされることが好きな子どもは、誰一人としていないはずです。特に感覚統合障害の子どもは、新しい情報を処理して理解するのに、ほかの子よりも時間がかかるので、急かせることは禁物です。

この子たちは、物事を始める準備をする

ウォーミングアップの時間と同様に、物事を終えて心身を落ち着かせるクールダウンの時間も必要なのです。

でこぼこした発達の子どもたちを支援するためにも、生徒に新しいことを教えるときは、たっぷりと時間をとって、以下の流れで進めましょう。

❶新しいことを始める前に、今から何について教えるかを、話します。
❷次に、それについて教えます。
❸教え終わったら、まとめとして、今、何を教えたのか話します。
❹そのあとに、生徒たちにしばらく時間を与え、今習ったことを確認したり実際にやってみたりさせます。
　物事の順序という観念が十分になく、理解するために何度もくり返して行う必要がある子には、おさらいや練習問題が特に必要です。

また、感覚統合障害を持つ子は、質問に答えるのにも十分な時間が必要だということを理解しましょう。彼らの中には、知識は十分にあっても、それをパッと証明することができないという子がたくさんいます。

ですから、10秒間も待ったからといって、その子を急かしたり、その子は答えられないと決めつけてしまってはいけません。たとえ、ほかの子は同じ時間で3問答えられるとしてもです。

指示は簡潔に

生徒に指示を出すときは、可能な限り、その子と目を合わせて話しましょう。感覚統合障害の子どもはアイコンタクトを嫌がることが多く、そのような場合は、目を合わせることを強制しないほうが、実際には人の話をよく聞くことができることもあります。

いちどに与える指示は、1つか2つまでにします。簡潔に、そして具体的に指示を伝え、必要なときはくり返して言いましょう。

宿題を与えるときは、まず言葉で指示し、それから黒板などに書きます。そして、その子に宿題の内容を同じように口で言わせて、そのあと、自分で書き留めるようにさせます。

教室で行う課題などは、短時間でできるもののほうがよいでしょう。その子の短い集中

力でもできるものであれば、課題を最後までやり遂げることで、達成感を感じる経験を少しずつ積み重ねていくことができるからです。

高学年になり、長期間かけて大きな課題に取り組む場合は、どの生徒も自分なりに小さく区切って行うわけですが、感覚統合障害を持つ子は、課題についての本や資料を読んで理解することは得意でも、全作業の手順を計画することができないことがあります。

このようなときは、先生の側でスケジュールを立ててあげて、たとえば、

> 1週目：調査課題を決めて先生に伝える
> 2週目：調査に使う予定の本や文献のリストを提出する
> 3週目：レポートの大筋を提出
> 4週目：レポートの下書きを提出
> 5週目：最終レポート提出

といったように、それぞれの段階で行う内容を的確に説明してあげるといいでしょう。

筆記用具は好きな物を使わせてあげる

普通の鉛筆が一番書きやすいという子もいれば、太めの鉛筆のほうがいいという子もいます。普通のクレヨンがいい子もいれば、太めの大きいクレヨンのほうがお絵描きしやすい子もいます。

指や手などの細かい運動については、一般的に、男の子のほうが女の子よりも発達が遅れがちですが、感覚統合障害を抱える子の場合は、性別にかかわらず、何らかの遅れがみられます。

ですから、その子が自分に合った筆記用具を選べるように協力してあげてください。

子どもが必要としていることを尊重する

感覚統合障害を抱える子がまず必要とすることは、自分の身が安全だと感じることです。自分の周りに危険がないことを認識して初めて、その子の脳は学習のためにも機能するということを、先生は覚えておいてください。

先生としてとても優れた先生が、よかれと

思い、感覚統合障害の子どもをおだてて問題を乗り越えさせようとして、失敗することがよくあります。

たとえば、触覚に非常に敏感な子に、先生が「ほら、みんな指絵の具で楽しんでるよ。○○ちゃんもやってみたら絶対におもしろいよ」と誘って、その子の「物に触りたがらない」傾向を変えようとするケースです。

また、体育の先生が、前庭感覚に非常に敏感な子に、前転ができるよう運動マットの上で、その子の体を正しい位置へ配置しようとすることもそうです。

このような「励まし」では、残念ながらその子の障害を直すことはできません。むしろ、その子は脅威を感じて、かえって逆効果になってしまうこともあります。

ですから、先生自身が、自分がその子にしていることが何なのかを正しく理解していないうちは、その子の行動や気持ちを尊重してあげるほうがいいでしょう。

忘れないでほしいのは、その子の行動が周りからはみ出しているのは、その子が物事をきちんとやらないからではなく、きちんとやりたくても障害が原因でできないからなのだ、ということです。ある物事について、それをやる準備ができていない子どもに、「やるように」と強制することは一方的なやり方です。

子どもに別の選択肢を与える

その子が直面する困難を見通して、問題を引き起こしそうな状況になったとき、その環境に、より適応する別の選択を提案してあげましょう。

たとえば、体の動きがぎこちない子は、休み時間に、ほかの子どもたちが少々荒っぽいゲームをやっていても、そこには参加しないでしょう。

このような場合は、その子が得意で、かつその子の運動能力を高めるような、ほかの遊びに誘導してあげるのです。その子が傍観者や弱虫のように感じないようにしてあげることも大切です。

たとえば、障害物レースに参加できない子の場合、ほかの子が終わったあとに、その子のペースで障害物を通り抜けさせてあげるのもいい方法です。

もし、平均台やトンネルなどの特定の障害

物を嫌がったら、その子の好きにさせてあげます。そして、その子ができる障害物をやり終えたら、褒めてあげましょう。

年長の子どもの場合は、ビーチボール、1対1でのキャッチボール、先生や誰か友だちと一緒にボールをドリブルして遊ぶ、などが楽しみながらボールを扱う技術の練習にもなります。

教室の中に選択肢がありすぎて気を散らされてしまうような子は、自分で何も選べなかったり、とても混乱して逆に時間を持て余しているようにみえるかもしれません。

このような場合は、その子が1人か2人ぐらいのほかの子と一緒にかかわりあいながらできる遊びや作業を選ぶように誘導してあげましょう。

そして、もし可能なら、教室環境の調整、学習に役立つ遊びや活動、感覚統合を促す方法など、その子の障害に対処するために園や学校で行えることを、作業療法士に相談してみましょう。

● **先生の行動を変える**

肯定的なことを強調する

先生は、クラスの生徒全員を、それぞれありのままの姿で受け入れてあげてください。

心理療法家のカール・R・ロジャーズがいう「無条件の肯定的受容（関心）」*12 を持って接するのです。

自分の努力を高く評価されたり、価値あるものだと認められることを、でこぼこした発達の子どもは絶えず必要とします。感覚統合障害を抱えていると、たとえ何かをうまくやったときでも、本人は「うまくやった」と感じていないことが多いからです。

ですから、その子がやり遂げられなかったことをあれこれ言うよりも、やり遂げたことに対して、褒めたりご褒美をあげたりしましょう。1つの成功が次の成功を生むのです。

低い声で話す

聴覚に非常に敏感な子は、高い声や大きな声に苦痛を感じることがあります。ですから、先生の声の調子をまちがって解釈し取り乱す

---

*12：来談者中心療法のセラピストに必要な態度の1つ。クライエントを1人の独立した人間として無条件に受け入れ、ポジティブな面も、ネガティブな面も両方を共感的に受容すること。

こともあるでしょう。

　これは私自身の経験ですが、ある日、園児がグループでハロウィーンの音楽に合わせて打楽器を演奏していたとき、私は子どもたちを動かすために、自分の口調をいつもよりも強めにしました。歌の途中で、みんなに聞こえるように大声を張り上げて「さぁタンバリンを置いてちょうだい！　そして今度は木のブロックを持って！」と言ったのです。

　すると1人の男の子が、とても不安な表情になり「先生、そんなふうに言わないで！　そんなふうに言われたら、ボクが何もできなくなっちゃうの、わからないの？」と言って泣き出してしまったのです。

　私は当時、その子がなぜそんな事を言い出したのかわかりませんでした（今では、わかりますが……）。私は威圧的な言葉を使ったわけではなかったし、複雑な指示をしたわけでもありませんでした。しかし、実は私の大きくて高い声が、その子の気分をボロボロにしてしまったのです。

　現在の私は、似たような状況、特に騒がしい部屋にいるときほど、ささやくような声で話すのですが、このテクニックをもっと前から知っていれば、その子を不安にさせることもなかったのに、とよく思います。

子どもへの反応は体を使って示す

　自分の話や指示を、子どもが注意を払って聞いているかどうか確かめたいときは、その子のそばに近づいて、可能ならその子の目を見ます。

　そして、その子に向かって話すときは、手を子どもの肩に置いて、しっかり押さえてあげると、より集中して話を聞くことができるようになります。

子どもへの期待は現実的に

　もし、その子が課題をやり遂げられなかったり、ほかの子どもたちがやるようにやれなかった場合、どうすればよいでしょうか。

　学習において最も大切なことは、結果よりもその過程、完璧にできることよりも参加することです。

　先生や大人は、このことを忘れないようにしましょう。

Chapter 11

子どもの感情に向きあう

- 感覚統合障害を持つ子の保護者が経験する、典型的な「ひどい朝」
- 専門家からのアドバイス
- 感覚統合障害を持つ子の感情に向きあうときのポイント

Chapter 11

子どもの感情に向きあう

感覚統合障害を持つ子の保護者が経験する、典型的な「ひどい朝」

　感覚統合障害の問題は、障害を抱えるその子だけでなく、その子の家族の感情にも影響します。

　この Chapter では、子どもの能力や自尊心を高め、その子の家族が前向きな気持ちを持つことができるようになる言葉がけや対処法を紹介します。

　また、子どもの感情に向きあうときに、避けなければならない思わぬ落とし穴についてもアドバイスします。

　2人の子どもを持つお母さんが、こんな話をしてくれました。

　　　　＊　　　＊　　　＊

私たち家族にとって典型的な「ひどい朝」というのは、次のような朝のことです。

　8歳の息子、チップが今朝はベッドの反対側から出てきました（正確に言うと、ベッドから転げ落ちたのですが……）。トイレへ行こうとした彼は、部屋の前で妹のメリッサとぶつかり、「なんで、いつもボクの道をふさぐんだ、バカヤロウ！！」と、倒れた妹に怒鳴りました。メリッサは泣き叫びながら、走って1階に降りていきました。まだ3歳の妹に、チップはいつだってこんな調子です……。

　私はメリッサを慰めていましたが、2階では、チップが整理ダンスの引き出しを力まかせにバタンと閉めて、何かわめいているようでした。

　やっと1階に降りてきた彼は、Tシャツを裏表に着ていました。「これのほうが襟元のタグがチクチクしない」とのこと。

　とてもよい方法だと私は思ったのですが、主人が反対しました。主人は私が口を開く前に、Tシャツを元に戻して着直すよう注意しました。

　チップがイヤだと言うと、主人の怒りが爆発。チップのシャツを無理やり脱がせ、シャツをひっくり返し、その中に息子を力づくで押し込むようにしてシャツを着せました。激怒して泣きながら父親に抵抗するチップでした……。しばらくしたあと、チップはようやく朝食のテーブルにつきました。

　ところが、シリアルの上に、ミルクではなく、オレンジ・ジュースを注いでいるのです。私が「それはやめたほうがいいんじゃない？」と言うと、彼はまた泣き出して「まちがってしまったんだよ！ワザとじゃないんだから！」と叫びました。そしてオレンジ・ジュースの残りをメリッサの頭にかけたのです。もちろん、これは「ワザと」です。

　私はこみ上げてくる怒りを抑えました。スクールバスが来る時間なので、家を出なければいけなかったからです。

　すると今度は、「ママ、学校へ持っていく宿題の本がないよー！」とチップが言い出しました。ソファの下にある本を見つけるのに10分もかかってしまい、スクールバスは行ってしまいました。私は車でチップを学校まで連れて行かなければいけませんでした。

　学校に着くと、同じクラスの女の子も、ちょ

うど車から降りるところでした。その子は角砂糖で作った「氷の家」の模型を持っていました。チップは突然パニックを起こしました。「世界のいろんな家」の宿題があったことを思い出したのです。私自身もこの宿題のことをすっかり忘れていたので、最悪の気分になってしまいました。チップは車の中でしゃがみこみ、「学校へ行かない」と言い出しました……。

女の子のお母さんが私に手を振って言いました。「この宿題、親も結構大変だったと思わない？　今朝もまだ疲れが残っていて、今日は本当にひどい朝だわ」

そうね、私の朝もひどかったわよ。でも、私が言う「ひどい朝」がどういう朝なのか、彼女にはきっと想像もつかないんでしょうけれど……。

＊　　＊　　＊

このストーリーからどんな状況や感情が見えてくるでしょうか。姿勢や器用さの問題、触覚過敏、兄弟姉妹との不仲、父親と母親の意見の不一致、怒り、逆上、フラストレーション、依存症、自立能力の問題、受動攻撃性[*1]、混乱、パニック、反抗的な態度、無力感、あきらめ、罪悪感、力不足、孤独……。

でこぼこした発達の子どもがいる家庭では、ここに挙げたような問題はすべて身に覚えがあることかもしれません。感覚統合障害の影響は、障害を持つ子だけでなく、その家族の生活や感情にも充満するのです。

こういった家族間で起こってしまう感情面での問題は、どのように対処すればよいのでしょうか。

「障害を持つわが子のことを十分に理解する」「周囲の支援や理解を得る」「自分自身を教育する」 保護者がこの３つを行えば、解決策が見えてきます。

[*1]：心の中の攻撃性を、受動的な行動や非暴力的な行動で表す性格。強情さや非能率性、引き延ばし、愚痴が多く、不機嫌になり、論争を吹っかけるという特徴が挙げられる。

専門家からのアドバイス

　これから紹介するのは、感覚統合障害を抱える子どもの養育や、しつけについてのテクニックです。この分野での専門家であるエアーズ博士や、著名な児童精神学者のスタンレー・グリーンスパン医学博士[*2]による言葉などもまとめてみました。

　今までよりも一貫した前向きの姿勢で子どもに対応できるよう、彼らのアドバイスを参考にしてみてください。

子どもに注意を向ける

　まず初めに、感覚統合障害の問題は身体的な問題と同じだということを覚えておいてください。はしかにかかった子どもが体のかゆみを避けられないのと同じように、でこぼこした発達の子どもは不器用さや恐怖感などを避けることができないのです。子どもが嫌がったり求めたりする感覚刺激の種類に、細かい注意を払いましょう。

　その子が好む感覚経路を使って、子どもと気持ちを通わすことができる一番よい方法を見つけてください。同時に、さまざまな感覚を使って子どもとコミュニケーションをとる（話す、書く、絵を描く、ジェスチャー、実際にやってみせる、など）ことも大切です。子どもへのメッセージは簡潔に伝えましょう。

　子どもの活動レベル、注意力の散漫性、衝動性、規則性、感覚刺激に対する限度、柔軟性、雰囲気などを分析して、わが子の気質をしっかり理解してください。子どもの長所と短所を知ることも、もちろん重要です。

　もし、子どもがすでに正式な検査を受けて

[*2]：アメリカの医学博士。臨床乳幼児発達プログラムを研究し、独自の幼児教育に関する発達的アプローチの技法を確立した。児童精神医学や精神医学に対する卓越した貢献により、数多くの賞を受賞。

感覚統合障害だと診断されているのなら、検査結果に細かく目を通してください。「能力や学習方法が、ほかの子どもと少し違う」ということについて、学校の先生や専門家からも情報を得ましょう。

グリーンスパン医学博士が言う「フロアタイム（子どもが何でも自由に行える特別な遊び時間）」*3を、1日に少なくとも30分作って子どもと過ごしましょう。フロアタイムでは、保護者は子どもと一緒に床に座り、何でもいいので遊びや活動をその子に選ばせ、主導権を与えます。そして、子どもに合わせて一緒に遊び、その子が興味を持つことに注目してあげるのです。

自分が作った条件や、自分の世界の中に入ってきてくれる大人に対して、子どもは温かく信頼できる愛着（アタッチメント）*4を形成します。これが、将来のその子との関係の基礎になるのです。

子どもの反応を見通す

子どもが感情面での問題を起こすことを見通して、先手を打つようにしましょう。たとえば、友だちの誕生日会や人混みのショッピング・モールなどでの過剰な刺激は、その子が問題行動を起こすきっかけになる可能性があります。子どもを圧倒するような刺激を見つけたら、その子が過剰反応する前に取り除いてあげられるよう、いつでも心の準備をしておきましょう。

また、「神経が高ぶってきたので、静けさや空間が必要だ」と自分で誰かに知らせることを、子どもに身につけさせてください。子どもが自ら刺激から逃れ、1人になって気分を落ち着かせる機会も作ってあげましょう。

子どもに否定的な感情が起こらないようにする方法を、その子と一緒に考えてください。「明日の朝、急かされた気持ちにならないように、今夜のうちに明日の服をここに置いておこうね」などと、子どもと話をしましょう。

---

*3：グリーンスパン医学博士の著書の訳書には、『自閉症のDIR治療プログラム—フロアタイムによる発達の促し—』（創元社）があります。DIRとは、D＝Developmental（子どもそれぞれの発達に応じた）、I＝Individual-Deference（個人差を考慮に入れた）、R＝Relationship-Based（相互関係に基づいた）アプローチのこと。
*4：心理学、精神医学の分野では、他人や動物などに対して築く特別の情緒的な結びつき、とくに幼児期までの子どもと育児する側との間に形成される母子関係を中心とした情緒的な結びつきという意味で、広く使われている。

子どもが強い反応を起こしたとき、すぐ対処できるように、その子の気分を落ち着かせる方法を常に用意しておくことも大切です。入浴、お話、静かな想像ゲーム、ロッキング・チェアー、背中のマッサージ、公園への散歩などが、その一例です。

　なお、子どもが感覚刺激に対する反応が遅いタイプなら、十分な時間をとって反応させてあげましょう。

子どもに共感する

　その子の立場や本当の気持ち、何がしたいのかなどを見きわめて、まずは子どもに共感してあげましょう。そうすれば、その子の感情を変える必要がある場合も、比較的スムーズに行えます。

　たとえば、子どもの気持ちに納得してあげて、「そうね、クローゼットの中にお化けがいるかもしれないと思ったら怖くて眠れないわね」などと、その子の言葉をくり返すとよいでしょう。自分が言った言葉をくり返してもらうと、子どもは自分の気持ちを認識しやすく、それは自分の感情をコントロールすることにつながっていきます。

　その子が抱える問題や障害については、親がきちんと理解しているということを、くり返し子どもに示してください。

　ある刺激を過剰に怖がる子に対しては、何かを怖がるということは誰にでもあることだと教えてあげます。「ママもジェットコースターは怖いの」「ママも人がたくさんいる所だと、何だかドキドキするのよ」といったように、お母さん（お父さん）にも似たような感情があることを、子どもに話しましょう。

　子どもの感情は簡単に決めつけず、じっくり判断してください。たとえば、その子が攻撃的な態度をとるのは、怒っているからではなく、恐れているからかもしれません。子どもが自分の身を守るために起こす行動に反応するのではなく、そういう**行動を起こす原因となっている、その子の本当の感情に対して反応してあげましょう。**

　子どもが感情的になったときは、静かな場所へ連れて行ったり、しっかり抱きしめたり、歩いたりなどして、その子が自分を取り戻せるようにサポートしてあげましょう。

子どもには前向きなことを強調してください。その子が得意なことや興味があること、その子のよい行動などについて話しましょう。

また、子どもが自分に対する自己イメージを持てるように、自分の気持ちに気づいたり向きあったりする機会や、何かを達成する機会をたくさん作ってあげましょう。

子どもの長所は伸ばし、短所については子どもがそれを補えるように支援します。その子を人生という舞台から降ろしてしまうのではなく、この世界に受け入れてあげましょう。

スケジュールを作る

1日がなるべく決まった流れで進むように、日課を作ったり計画をたてて物事を行うようにしましょう。そのほうが、安心して落ち着ける子どもが多いので、その日その日の計画を子どもに説明し、もうすぐ何か新しいことが始まるときは事前に知らせ、急な出来事や予期しない出来事が起こらないようにします。

ある物事から別の物事への移行は、できる限り少なくして、次のことへ移る前は、今やっていることを終わらせるために十分な時間をとってください。

また、日課を作っても、その子がその日課に順応するには、ほかの子よりも時間がかかることを見込んでおきましょう。

子どもが宿題や課題などをするときは、きちんと整理しながらスムーズにできるよう手伝ってあげましょう。たとえば、子どもと一緒に、作業のスケジュールを考えたり、進行具合を記せる表を作ります。

子どもの気を散らすようなものは取り除き、その子が作業をやり遂げるために必要な空間、時間、指示などを与えて、宿題を1人でやったというような満足感を持てるように協力しましょう。

子どもに期待しすぎない

昨日は全く問題行動も起こさず、きちんと行動できたのに、今日は学校へ行くのを嫌がり、ミルクをこぼして、転んでばかり……。

子どもにこのような「行動のムラ」があっても、珍しいことではありません。子どもが

物事をやり損なったり失敗しても、親は子どもを理解しようと努めましょう。

難しいと思われることは、その子ができる範囲に小さく区切って与えます。小さな成功でもいいので、子ども自身が物事を上手にやり遂げたと度々感じて満足感を得ることが大切です。そのためには、いちどに達成できる目標は1つで構いません。

世の中の物事に対処する練習を、大人は何十年もしているわけですが、子どもはそうでないということを忘れないようにしましょう。

子どものしつけについて

子どもがカッとなって問題行動を起こしても、罰を与えてはいけません。自分を失うほど感情的になることは、その子にとっては十分に怖いことです。罰を与えることは、そこに罪悪感と恥ずかしさを加えるだけです。

子どもを叱るときは、その子自身を否定するのではなく、その子の悪い行動に対して叱ります。「ママはあなたに怒っているのよ」とは言わず、「**あなたが大きな声でわめくから、ママは怒ってるのよ**」と言うのです。

子どもが気分を鎮める必要があるときは、静かな場所を見つけたり、過剰な感覚刺激から離れるよう助けてあげますが、可能であれば、子ども自身に気分を鎮める小休止時間の長さを決めさせるのもよい方法です。

子どもの感情が不安定にならないよう、物事に制限をつけましょう。制限は家族みんなで決めます。子どもに自己コントロールと適切な行動を身につけさせるために取り組ませる制限は、いちどに1つで十分です。

また、制限について、保護者はしっかり守らなければいけません。規則は規則であって、その子の感情で変わるものではないということを教えるためです。「子犬と遊びたいから、おまえが怒っているのはパパ知ってるよ。でも、今は夕食時間だからダメだ」と、子どもの感情に左右されないことを示しましょう。

子どもへのしつけは、一貫して行うことが大切です。ジェスチャーを使ったり、子どもへの思いやりを示して、なぜ今叱ったり注意しているのかをその子に説明しましょう（しつけとは、教えたり指示することであって、罰することではありません）。

そして、その子へのしつけとして何かをする場合（子どもが乱暴に扱ったおもちゃを取り上げるなど）は、子どもにそのことを話したあと一貫した態度で行ってください。

まちがった行動について子どもに教えるときは、その行動の結果どういうことが起きるのかを話して、その行動がよくないということを理解させましょう。この場合、「朝ごはんを食べないと、お腹がすくわよ」といったような自然に起こる結果が一番です。子どもも納得しやすいですし、事実なので大人側も子どもをだましているわけではないからです。

その次によいものは、自分の行動に対して自分で責任をとらなければいけないという論理的な結果です。「食べ物を投げたら、そこを自分で掃除しなきゃいけないわよ」といった対応が一例です。

そして言うまでもなく、子どもがきちんと行動できたときは必ず褒めてあげましょう。

♥ 問題を解決する

何か問題が起こったときは、子どもと話しあう時間を作り、意見の違いがあれば折りあいをつけて、解決策を見つけましょう。

問題解決能力を高めることは、さらに難しいことに取り組むこと、責任を持つこと、自分の感情に対処すること、論理的で柔軟的な考えを持つこと、妥協や歩み寄りをすること、などの学習を促します。

「怒ったときにおもちゃを投げるんじゃなくて、何かほかのことをやってみない？ ジャンプしながら『イヤだー！』って言うのはどう？」などと子どもと話しあい、親子で譲りあいながら解決策を見つけましょう。

問題解決のために、親がどうやってその子を助けたり協力したりできるか、子どもの意見を聞いてあげてください。子どものために、適切な感情のはけ口を見つけてあげることも必要です。いつなら叫ぶことができるか、どこでなら自分の好きなように振る舞えるか、何ならパンチできるかなどを子どもに伝えましょう。そして、否定的な感情表現の中には、容認できるものや安全なものもあることと同時に、もちろんそれ以外のものは認められないということを子どもに教えてください。

子どもの激しい感情に保護者が圧倒された

ときは、まず保護者自身の感情をコントロールするべきです。保護者が自分の感情に向きあい、対処する姿を目にすることで、子どもは「誰でも激しい感情を持つことがあり、そういったときは、みんな自分の気持ちをコントロールしている」ということを学びます。そして、その子もほかの人と同じように、感情を鎮める方法を身につけられるはずだと思うようになるでしょう。

そして、子どもと一緒に楽しむことを忘れないでください。人生は深刻なことだけで成り立ってはいませんから、四六時中真剣になる必要はありません。

また、必要ならば、一歩外に出て支援を求め、ちょっと育てにくいわが子が家族へ及ぼす「連鎖反応」にうまく向きあえるようになりましょう。家族生活、親戚や友人、その他周囲の人との関係を改善するために専門家に相談するのは1つの方法です。

感覚統合障害の子どもを持つ保護者のためのサポートグループに参加して、子育てに対する悩みなどを、ほかの保護者たちと共有することも役に立つはずです[*5]。

♡ 子どもの味方となって発言、行動する

その子の能力や問題について知っておく必要がある人たちに、正しい情報を発信しましょう。

感覚統合障害は目に見えない障害なので、深刻な問題がその子に影響しているということを、忘れてしまったり、信じなかったりする人は少なくありません。そんな人たちが正しい知識を持って、その子が学ぶことを支援できるように、子どもの保護者として発言し、行動を起こしましょう。

子どもの教室や、子どもが参加するグループ活動などを観察することも大切です。もし、先生やコーチがその子に対して無神経で、非協力的で、厳しすぎるといったような場合、親は子どものために行動を起こしましょう。

ストレスを引き起こす状況に子どもの力だけで対処できないときは、親が立ち入りましょう。助けを求めることは、前向きな対処法であって、自分の失敗を認めることではない、ということを子どもに教えましょう。

[*5]：保護者のためのサポートグループに関連した情報は、日本感覚統合学会(http://www.si-japan.net/)、日本発達障害ネットワーク(http://jddnet.jp/)で得ることができます。

感覚統合障害を持つ子の感情に向きあうときのポイント

　ここからは、感覚統合障害を抱える子どもへの日々の対応について、私からの提案です。

したほうがいいこと

子どもの長所を形成し伸ばす

「〇〇ちゃんはお料理が上手よね！　ハンバーグの材料に何が必要だったかママが思い出すの手伝ってくれる？　それができたら、ハンバーグのタネを混ぜてね」

「あなたは元気いっぱいで、まだまだエネルギーがありそうね。ちょっと、ジョンソンさんの家まで走って、雑誌を取ってきてくれたら助かるんだけど、いいかしら？」

　その子が「できないこと」を考えるのではなく、「できること」を考えましょう。

子どもの興味を形成し伸ばす

「〇〇ちゃんの石のコレクション、すごいなぁ！　もうそんなにたくさん集まったんだ。
　そうだ、パパと一緒に石についての本を何か読もうか。〇〇ちゃんが見つけた石の種類を表にするのも面白そうだよ」

　子どもが興味を持つことに、親も一緒に興味を示して、助けたり協力してあげると、子どもはより多くのことをして、より多くのことを学びます。

達成しやすい小さな目標を設定して、子どもの能力を伸ばす

「ママと一緒に角のポストまで歩くっていうのはどう？　〇〇ちゃんが手紙をポストの中に入れていいし、帰りはママがおんぶしてあげるわよ」

「急いでないから、テーブルのお皿は、いちどに1枚ずつ運んでくれたらいいわよ」

自立能力を促す

自立能力が十分でないために、「自分は何をやっても無駄だ」と子どもが思い込んでしまわないよう、子どもの自立を応援してください。

「靴ひも結びって大変よね。でも自分でやるたびに、少しずつ簡単になってくるわよ」

子どもが自尊心と自主性を持つために、その子にいかに能力があるか、親がどれほどその子を信頼しているかを強調しましょう。

そして、その子が自分のことを自分でできるようになってほしいと期待していることを示してください。

子どもが望むことを思う存分させる

もし子どもが回転することを強く望むなら、タイヤブランコで好きなだけ回転させてあげましょう。

ベッドからジャンプするのが好きな子なら、トランポリンを買ってあげたり、床にマットレスを敷いたりしてジャンプさせてあげます。

逆さまになってぶら下がるのが好きだったら、部屋の出入り口に設置できる懸垂棒を子ども部屋につけてあげましょう。

毎日ブーツを履きたいと言ったら、そうさせてあげます。しょっちゅう口の中に食べられない物を入れている子には、チューインガムを与えましょう。ジッと座っていられない子には、音楽やお話を聴くときにビーチボールに座らせるなど、動いたりバランスをとる機会を与えてあげてください。

その子が探しているのは、「お腹をすかせた」脳に栄養を与える刺激なのです。子どもが安全な方法でそういった刺激を十分に得られるようにサポートしてあげましょう。

新しい感覚刺激に誘う

「この石鹸は、ラベンダーのとてもいい香りがするわよ。ちょっと匂いを嗅いでみない？」
「カブはサクサクとしてリンゴみたいな感じだけど、味は違うのよ。一口かじってみる？」

その子が受け入れたり楽しんだりする方法で子どもに触れる

「このスポンジで背中をこするわね。しっかりこすったほうがいい？ それともやさしくこすったほうがいい？」

「こんなふうに手を3回握りしめて大きく揺すると、アイ・ラヴ・ユーって意味なのよ。ほらね、アイ・ラヴ・ユー！」

体を動かすよう促す

「この音楽に合わせて腕をブラブラしてみようよ！ ママは体を伸ばすといつも気持ちがよくなるわ。○○ちゃんは？」

　体を動かすことは、いつでも感覚処理機能の向上につながります。

新しい動きに挑戦できるように子どもを助ける

「もし、あのブランコに乗ってみたいんだったら、ママが手伝ってあげるわよ」

　行為機能の問題（ディスプラクシア）がある子の中には、新しい動きを楽しむことはできるのに、その動きをどうやって始めればいいのか理解する部分を、まず誰かに助けてもらわなければならない子がいます。

身体面と精神面の両方から子どもを支える

「ママも、あのブランコがどんなのか興味あるなぁ。ねぇ一緒に試してみない？ ○○ちゃんをママのひざにのせてあげるから、一緒にブランコをこいでみようよ」

　動くことを怖がる子でも、大好きな人に守られているという安心感があれば、公園でブランコに乗ろうとするかもしれません（ただし、嫌がる場合は止めましょう）。

嫌な思い、フラストレーション、怒り、なども経験させる

「そうなんだ、チームのメンバーに選ばれなくて悲しいね……」

　子どもの気持ちを認めることは、その子が自分の気持ちと向きあうことにつながります。

子どもが傷つくたびに、親が急いで、よい気持ちに切り替えることばかりしていると、その子は自分の否定的な感情に対処することを学べません。

感情のはけ口を作ってあげる

　子どもが積もり積もった感情を発散できる適切なはけ口を見つけておきましょう。ボールやバケツ一杯の濡れたスポンジなどをフェンスに思いっきり投げつける、子ども部屋や地下室やガレージなど、思いっきり叫ぶことができる場所を決めておく、などです。

うまくできなくても、子どもの頑張りを認めてあげる

「卵をボウルの外へ割ろうとしたわけじゃないものね。卵を割るのって練習が必要なのよ。だから、○○ちゃんが一生懸命練習しようとしていて、ママ嬉しいな。じゃあ、もう一度やってみようね」

　物事がうまくいかないときでも、子どもが自分の経験を前向きに評価できるよう、正しく行ったことや、次はもっとうまくやれるかもしれないといったことを強調して言葉をかけましょう。

　子どもを一方的に判断する大人と言われるよりも、子どもに共感してあげられる大人と言われるほうが、素敵だと思いませんか？

子どもを褒める

「犬にエサをやって散歩にも連れて行ってくれたんでしょ。責任持って犬の世話をしてくれて、どうもありがとう」
「○○ちゃんがおもちゃを貸してあげたから、△△ちゃんも喜んでたね。ママ嬉しかったわ」
「○○ちゃんが優しく抱っこしてあげてるから、ウサギさんも安心してるよ」

　子どもがよいことをしたり、思いやりを見せたり、他人に気を配ったりしたら、必ず褒めてあげてください。

自分で自分をコントロールしていると、子どもに感じさせる

「今からベッドに行くなら、寝る前のお話を

たくさんしてあげるわよ。もう少し遊びたいなら、今日はお話は無しね。どっちがいいか、○○ちゃんが決めてね」

「おまえが準備できたら、父さんはいつでも靴屋さんへ行けるから、出かける準備ができたら父さんを呼んでくれるかい？」

自分のまわりのことすべてを他人に決めてもらう必要はないということを、子どもに理解させましょう。

物事に適当な制限を作る

「腹をたてるのは仕方ないけど、人を傷つけることはダメよ。人をつねったりしてもダメ」

礼儀正しく教養ある人間になるために、「世の中の物事には制限や限度がある」ということを、どの子も知る必要があります。

親自身が、自分が子どもだったときのことを思い出し、振り返る

「カエルの子はカエル」と言いますが、ひょっとしたらその子は、子ども時代のみなさんとソックリかもしれません。

ですから、自分が子どもの頃、より楽しく過ごしたり物事をよりスムーズに行ったりするために、どういうことをしてほしかったか思い出してみてください。

公園へ連れて行ってもらいたかった、もっと自由時間が欲しかった、もっと抱きしめてもらいたかった、「〜しなさい」とばかり言われたくなかった、自分に期待しすぎないでほしかった……。いろいろあるのではないでしょうか。

「パパが子どもの頃は、嫌なことがあったりしたら木に登りたくなったものなんだ。○○ちゃんは嫌なことがあったら何がしたい？」などというふうに子どもに話しかけましょう。

その子が必要とすることを(たとえ普通ではないようなことでも)尊重する

「○○ちゃんは、布団にぴっちりくるまって寝るのが好きなんだよね。ほら、これでポカポカして気持ちがいいでしょ」

「下りのエスカレーターに乗るときは、ママがあなたの前に立ってあげるから心配しないで。落ちないようにしてあげるから大丈夫よ」

子どもの恐怖を
(たとえ意味がないようなことでも)**尊重する**

「ボールが大きいお兄ちゃんたちのところへ行ってしまったわね。ママが一緒にいってあげるから大丈夫よ。ほら、ママの手を握りなさい」

親が子どもを安心させることは、その子が他人を信じることにつながります。

「○○ちゃんのことが好きよ」と子どもに言う

自分の個性が親に受け入れられ、自分は親にとってかけがえのない大切な存在なんだと、子どもが確信できるようにしてあげましょう。「○○ちゃんのことが好きよ」という言葉を子どもに何度言っても、言い過ぎることはありません。

親の立場から、自分の直感に従う

私たち人間は誰でも、触ったり触られたり、動いたり動かされたりする必要があります。

もしわが子の反応が普通ではないように見えたら、自分の直感に従って、誰かに質問したり情報を集めたり、適切な行動をとって、その子の問題を追跡していきましょう。

他人がその子の問題を口にしたら、耳を傾ける

学校の先生や子どもの面倒を見てくれている人から、子どもの行動がおかしいと聞いて、否定したり怒ったりする人もいるかもしれません。

しかし、その人たちは、家から離れた場所で、ほかのたくさんの子ども一緒に、その子を見ているわけです。彼らの意見は検討する価値があるはずです。

一般的な子どもの発達について学ぶ

本を読んだり、地域で行われるセミナーや勉強会などに参加して、子どもの発達について勉強しましょう。どんな子も必ず通る発達段階に関することや、性格や学習方法などが子どもによって異なることを学んでください。

すると、幅広い範囲の行動が「平均的な行動」の中に当てはまることがわかり、気分が楽になるはずです。また、普通の行動と普通ではない行動を、今まで以上に区別できるようにもなるでしょう。

　「葉巻は、ただの葉巻にすぎないこともある」*6というフロイトの有名な言葉がありますが、いろいろな様子や行動をみせたとしても、6歳の子どもは、ただの6歳の子どもにすぎないこともあるのです！　それを見分けるためにも、子どもの発達について正しい知識を持つべきです。

専門家による支援を求める

　感覚統合障害は、子どもが自分の力だけで乗り越えられる問題ではないし、両親や学校の先生が「治す」ことのできる障害でもありません。早期介入が極めて大切なので、専門家による支援を求めましょう。

親自身が冷静になる

　子どもの行動や態度に親が我慢できなくなったときは、子どもに反応する前に、まず親自身が落ち着いて自分の考えをまとめるようにしましょう。怒ったり、気が動転したり、悪いことで驚かされたりしたときは特にです。

　我を失った子どもは、自制がとれて落ち着いた大人によって冷静に受け止めてもらう必要があるからです。

自分自身のこともしっかりケアする

　大変な1日を過ごしたときは、ちょっと休憩することも忘れずに。

　子どもを預けて散歩をしたり、本を読んだり、お風呂に入ったり、夕食に出掛けたりしましょう。

　パートナーとのデートも、もちろんです。1日のすべてを自分以外の人と向きあうことに専念できる人なんて誰もいませんから。

＊6：大の葉巻愛好家だった精神分析学者のフロイトが、葉巻には何の心理的意味も含まれない場合もある、と自分の葉巻好きを弁明するために残した発言。

してはいけないこと

❌ 「問題や困難を乗り越えられる」と子どもを説き伏せる

「大きくなったら、いつの日かエベレストに登れるわよ！」

年齢的に大きくなるということは、必ずしも、今までよりも強くなったり、機敏になったり、社交的になったりするという意味ではありません。**感覚統合障害を抱える子どもにとって、「年齢が大きくなる」とは、日常の出来事を避ける新しい方法を見つけることである場合がよくあります。**

❌ 「一生懸命やったら、より強くなる／スムーズに行動できる／自分をコントロールできる」と子どもに言う

「もっと頑張れば、もっとうまくできるようになるわよ！」

その子はすでに試していて、それでもできないのだということを理解してあげましょう。

❌ 子どもの問題について冗談を言う

「なんでそんなに疲れてるんだ？ フルマラソンでも走ってきたのかい、ハハハ……」

感覚統合障害の子どもにとって、疲れることは笑い事ではありません。冗談は、自分が物笑いの種になっていると子どもに感じさせ、自己破滅的な怒りや屈辱を生み出します。

❌ 子どもに嘆願する

「お願いだから、ママのためにやってちょうだい。もしママのことが好きなら、素敵なレディのように、きちんと姿勢よく座れるはずよ」

その子は、大好きなお母さんを喜ばせたいと思っていても、感覚統合障害のためにそれができないのです。

もし、姿勢よく座ることができるのなら、たとえばお母さんのことが好きでないとしても、その子は自分自身のためにそうするはずです！

✕ 子どもに恥ずかしい思いをさせる

「もう大きなお兄ちゃんでしょ。あなたくらいの年の子は、みんな1人で着替えてるわよ」

その子は見かけはお兄ちゃんでも、障害のために年齢相応の能力が備わっていないのかもしれません。

✕ 子どもを脅す

「足をひきずって歩いちゃダメでしょ！ 足をあげて歩かないなら、靴がすぐに痛んでも新しい靴は買ってあげないわよ」

「もし…したら〜しない」というような言い方は、逆効果になることが少なくありません。

✕ 子どもがいる前で、その子のことをキツく話す

「このボーッとしたようなのが、ウチの子なの。ほら目を覚まして、このボンクラ！ 新しいお隣さんにご挨拶しなさい！」

子どもに対するこういった親の言葉は、聞いている人にとっても気持ちのよいものではありません。

✕ 子どものいないところで、その子のことをキツく話す

「ウチの子は怠け者の役立たずでねえ。物事に一生懸命取り組むことの大切さを全く理解してくれないから困ってるのよ……」

わが子について、上司や親戚や友人に覚えてもらいたいのは、こういったことですか？

✕ 子どもを、きょうだいや、ほかの子と比べて、そのことを口に出す

「お兄ちゃんは6歳のときに、補助輪無しの自転車に乗ってたわよ。なんで〇〇ちゃんにはできないのかしら？」

同じ年頃の子どもと比較して、その子に欠けていると思われる能力については、口に出さずに記憶に留めたり、ノートに書き留めたりしましょう。

✗ 子どもが自分でできることを親がやってしまう

「ママが鉛筆を削るから、宿題を終わらせてしまいなさい」

子どもを甘やかしてしまったら、努力のわりに進展がみられません。

✗ 子どもに一貫性を期待する

「昨日はコートをハンガーに掛けることができたでしょ。どうして今日はできないの？」

一貫性がないことは、でこぼこした発達の子どもによくみられます。昨日できたことは今日できないかもしれないし、その逆もあるということを覚えておきましょう。

✗ 子どもが苦痛を感じることを強要する

「おじいちゃんにプレゼントする手形を作るんだから、絵の具に手をつけなきゃダメよ」
「今からエレベーターに乗って展望台まで行くからね。○○ちゃん、絶対に好きだから大丈夫」

感覚統合障害が原因で、触覚や動きの感覚に苦痛を感じる子は、神経系がそのような刺激を受け入れるようになるまでは、親がいくら促しても触ったり動いたりすることを楽しむことができません。

✗ いちどに、さまざまな感覚刺激を経験させて、子どもを圧倒させてしまう

「今夜はカリビアン・ナイトよ！　チリビーンズを食べて、スティール・バンド[*7]の曲でルンバを踊ろうね！」

これは少々やりすぎです！　子どもにいろいろな感覚を経験させてあげることは大切ですが、いちどに1つにしましょう。

たくさんの感覚を同時に受けることは、子どもの神経系を圧倒させてしまうだけです。

---

*7：ドラム缶から作られた独特の響きを持った打楽器（スティール・パン）ばかりを使って演奏するバンドの総称。

✗ 子どもにラベルを貼られることを恐れる

感覚統合障害にまつわる悪いイメージを恐れる保護者は少なくありません。わが子に「障害児」というラベルを貼られるのが嫌なのでしょう。

しかし、子どもが感覚統合障害だと特定されることは、利点があると考えてください。特定されることで、その子の問題がさらに深刻化する前に支援を得ることができるのです。

✗ 自分たちが無力でどうすることもできないと思う

この世界には、感覚統合障害を抱える子どもや、その子たちを愛する人々がたくさんいます。

みなさんとみなさんの子どもは、1人ではありません。一歩外に出れば、そこに支援の場があり、みなさんがやってくるのを待っていることに気づいてください。みなさんが動きさえすれば、きっとその支援に出会えます。

Chapter 12

新しい視点で子どもを見つめる

- 目からウロコが落ちた、あるお父さんの話
- 正しい知識で賢明な親になるための9つのステップ
- あるお母さんからのエール

Chapter 12

新しい視点で子どもを見つめる

目からウロコが落ちた、あるお父さんの話

あるお父さんからの手紙を紹介しましょう。

＊　＊　＊

娘のジュリーのことで、「感覚統合」「筋緊張の低下」という言葉を初めて耳にしたとき、私はその言葉の意味がわからず、娘に対する妻の過保護が、また始まったという思いで、話を真剣に聞こうとしませんでした。

私たちは、娘の睡眠問題についてアドバイスをもらうために、児童精神医学の第一人者といわれるスタンリー・グリーンスパン医師のもとを訪れていたのですが、この2つの用語はこのとき先生の口から出たものでした。

しかし、私は心の中で、高報酬を受け取る児童関連の専門家と、わが子の問題に不安に

なりすぎる母親との間で、暗黙のうちに連帯感が生まれ、意味のわからない専門用語は、その「同盟」への証明書みたいなものだと思ったのです。

確かに、ジュリーは生後12カ月の頃でも、ぎこちない動作でひっくり返るし（娘はその頃、まだ這うことも立つこともできませんでした）、親に寄り添ってくることもあまりなく、私が考えていた12カ月の子どものイメージと少し違っていました。

しかし、私はその理由を「この子は、ちょっと神経質だから」と考え、娘はこのままで特に問題ないと思っていたのです。

実際のところ、私は妻やグリーンスパン医師ほど、ほかの子どもをあまり見たことがなかったので、娘の行動が少し変わっているということがわからなかったのでした。

私が反対したり傍観したりしている間も、妻は自分の考えを行動に移し、やはり高い報酬を払って、今度はジュリーを作業療法士のもとへ連れていきました。そして、この作業療法士もグリーンスパン医師の診断に賛成したとのことで、娘は週2回の作業療法を受けることになりました。私はまだ、専門家の意見や妻の行動に疑問を持っていました。

そんな私の気持ちが変わったきっかけは、「感覚統合を理解する」というセミナーへの出席でした。セミナー自体には、最初さほど衝撃を受けなかったのですが、その会場に大勢の保護者が来ていることにビックリしたのです。そして「この感覚統合とやらは、どうやら本当のことらしい。ウチの家族だけではないんだ」と思うようになったのでした。

そして、その参加者の数もさることながら、さらに私の気持ちを動かしたのは、セミナー会場の後方に設置された「体験コーナ」でした。

そこでは、たとえば「双眼鏡を逆方向からのぞきながら直線の上を歩く」というように、ある感覚にわざと障害を与えて簡単な作業を行い、障害を持つ人がどのような毎日を過ごしているのかを体験できたのでした。

実際に、そこでいろいろなことを体験しているうちに、「ジュリーも実は、このような世界にいるのかもしれない」「障害を抱える限り、彼女はこのような不公平なハンディを背負って、まわりの子どもたちと競争しなければいけないのだ」という思いが、私の固くなってしまった頭や心に染み込むように入っ

てきたのです。

　目からウロコが落ちるとは、このことです。突然私は、これらのことすべての重大性について理解できるようになり、自分の娘を新しい視点で見始めたのでした。

　それからというもの、私はわが子の感覚統合、そして粗大運動能力を発達させる可能性があるものについては、何でも支援するようになりました。娘が手を使って食べ物をつぶし始めたというだけで、妻と歓喜したことも覚えています。

　娘の感覚系の問題が深い傷となって一生残るのを防ぐことができる可能性が一番高かった時期、つまり娘の人生の中で最も重大なときに、無知と強がりのせいで、私は娘を助けることを自ら拒否してしまいました。自分の愚かさにただ呆れるしかありません。

　同時に、わが子が自分の障害を知る前にその欠点を克服できるよう、娘の問題と私の抵抗という2つの困難に1人で立ち向かっていた妻の勇気に感心し、感謝の気持ちでいっぱいです。

正しい知識で賢明な親になるための9つのステップ

感覚統合障害について理解し始めるということは、みなさん自身もわが子を新しい視点で見始めるということです。子どもが日常の何でもない作業に四苦八苦していると気づくことが、その子を幼いうちから支援する最初のステップになるのです。

子どもの欠点を受け入れることは、親にとって簡単なことではありません。わが子の抱える問題が「よくある子どもの問題とは違う」とわかれば、それを否定したくなるでしょう。その子が何でもない普通のことをするのにどれだけ大変なのかを知ると、親として悲しくなるのも当然です。子どもの行動の問題が障害に影響されたものなのに、叱ってしまったり、我慢できなかったりする自分に罪悪感を感じる人もいるはずです。

感覚統合障害について正しい知識を持ち、賢明な親になることは、一朝一夕にはできません。わが子が、自分自身や自分の能力についてもっと自信を持つことを目指す旅には、肉体的にも精神的にもエネルギーが必要です。

しかし、今この本を読んでいるみなさんは、すでにその旅を始めているのです。ですから元気を出しましょう。みなさんの旅は必ずよい方向に向かいます。

では、賢明な親になるために必要な9つの考え方を、具体的な事例を挙げながら紹介します。

❶ その子は、日常の物事をするのがいやなのではなく、したくてもできないのです

「この子は『しんどい』や『疲れた』ばかり言ってるんです。

よく食べて、よく眠っているように見えるのに、姿勢よく椅子に座ることができないし、テーブルの上にバタッと突っ伏したり、ドアノブを回すエネルギーさえなかったり……」

● **次のように考え方を変えましょう**

　その子が「疲れた」と言うときは、本当にそうなのです。日常の物事をやりたがらないのではなくて、やりたくても本当にやることができないのです。どれほどその子が自立して元気いっぱいに動きまわりたいかに関係なく、感覚統合障害を抱えていると、運動能力を十分に発達させることができません。

　その子は、自分の力に限界があることを無意識のうちに理解しているのでしょう。ですから、しなければいけない最低限のこと、たとえば食べ物を噛む、車に乗り降りする、体をかがめて落ちた手袋を拾う、といったことをするためには、それ以外の余分なことをせずにエネルギーを貯めておく必要があるという結論にたどりついたのです。

　その子は怠けているわけではなく、実は「1日を乗り越える」ということのために、途方もないエネルギーを使っているのだと理解してあげましょう。

❷ その子には障害を「賢く」補う能力があります

「この子が賢い子だということはわかっているんですが、家の外ではそれほど賢そうには見えていないと思うんです。誰ともあまりしゃべらないし、誰かと話ができるような話題もほとんどないようだし……」

「うちの子は、いったんしゃべりだしたら止まらなくなるんだけれど、決して話が上手とはいえないわね……」

「どうしてこの子は、よく知らない大人や子どもたちの前では、これほどまでに恥ずかしがるのかしら。同じゲームやおもちゃばかり遊んで、好奇心や知識を深めたいという気持ちがないように見えるのよね……」

● **次のように考え方を変えましょう**

　感覚統合障害は、非常に知的な子どもも含め、すべてのタイプの子にあらわれる障害です。その子が人前であまり口をきかない理由は、自分が他人の期待に応えられないときに、どうすれば自分を愚かに見せないで済むか、その方法を知っているからなのでしょう。そういう点では、実はとても賢い子どもなんだ

ということを認めてあげてください。

多分、その子は知的な考えや立派な意見を持っているのでしょうが、前庭感覚障害に関連する言語能力の問題が原因で、その考えをうまく表現できないのかもしれません。

または、我慢できない動きや触覚の経験を避けるために、「今日は絵の具で遊ばないからね。この買ったばかりの新しいシャツを汚しちゃダメだからさ」などと、いろいろな言い訳をして口が達者かもしれません。

あるいは、公園にいるときは、砂場で砂を掘って遊んでいたら、親は自分のことをあれこれ構わずに砂場に放っておいてくれる、ということを、その子はいつの間にか学んでいるのかもしれません。もし、砂遊びに忙しくしていたら、地球から落っこちてしまいそうな気分になるブランコに乗ろうと、親は誘ったりしない、と思っているのかもしれないのです。ですから、その子は目もくれずに砂を掘り続けるということはせずに、絶えず顔を上げて親の様子をうかがっているかもしれません。

また、自分で階段をスムーズに上ることができない子は、何かほかの方法で階段を上がろうとするでしょう。子どもに小さな両腕を伸ばして抱きつかれ、「抱っこして階段を上がって」と言われたとき、その子の神経系に障害があると考える親はどこにいるでしょうか。

その子は、自分の弱点を補う方法、自分に問題がふりかかる状況を避ける方法を知っているのです。

❸ その子には勇気があります

「この子ったら、公園のすべり台は怖がるし、よその子の家で遊ぶことは嫌がるし、新しい食べ物は受けつけないし……。

年に一度の健康診断で、お医者さんに連れて行くときは本当に大変です。

こんなことで、なぜそれほど怖がるのかと思ったら、親のほうがイライラしてくるんです……」

● **次のように考え方を変えましょう**

人間には、恐怖心が必要です。恐怖心があるから、私たちは危険を知ることができるのです。

子どもの様子を見ていると、何事にも心配しすぎるように思えるかもしれませんが、その子にとってはそれでちょうどいいくらいなのです。というのは、その子の世界は本人にとっては本当に危険に見えるからです。バランスを失ったり、何かに触れたりといったような恐ろしい目に、毎日向かい合わなければいけません。新しい状況では何が起こるかわからず、恐れもさらに大きくなるので、用心深くなるのは当然です。

　楽しい状況や物事、変化、親を拒否するには勇気が必要です。大切な大人をガッカリさせたり失望させたりすると、その罰としてその人から非難されたり反対されたりするからです。誰かから非難されることを自ら求める子どもはいません。

　しかし感覚統合障害を抱える子にとっては、自分の身を脅かすように感じてしまう活動や行動を行うことに比べたら、人から非難されたり反対されるほうがまだマシなのです。

　その子は意気地なしではなく、実は勇気があるのです。

❹ その子は、思いやりある優しい心を持っています

「この子は近所で『悪い子』って評判なんです……。振る舞いが乱暴で、手に棒をずっと握り締めてたりもするんですから。

　ちょっとしたことで遊び仲間を殴ってしまったこともあるし、いつも『ムカつくんだよっ！』『全然つまんないや！』『マヌケ！』『向こう行けよ！　でないと、ぶっ叩くぞ！』などと叫んでばかりで……。

　この子の中にも優しい心があることは知っているんですが、反抗的な態度ばかり見せるわが子を見ていたら、親でさえ"嫌な子ども"だと思ってしまうんです……」

● 次のように考え方を変えましょう

　おそらく、その子は安全な触覚刺激と、危険な触覚刺激を区別することができないのだと思います。危険だと感じる状況から自分を守らなければいけないので、刺激から「逃げる」よりも「戦う」ほうを本能的に選んでしまうのでしょう。「ボクにかかわるな」という態度をとるのは、人間嫌いだからではなく、

実は怯えているからなのです。

心の内側で防御姿勢をとっている子は、しばしば外見上は攻撃的に見えるものです。これは大人にも言えることですが、高圧的な態度やたくましいというイメージは、自分の能力や自尊心に確信を持てない人が見せる共通の態度です。

その子が、自宅というなじみのある安全な環境ではとても愛らしい子どもだとしたら、より心地よく感じることさえできれば、外の世界でも、家族以外の人にも優しくなれるはずです。

❺ その子には、たくさんの能力があります

「うちの子は、読むことはダメだし、走ることは苦手だし、物事に集中することもできないし……。勉強も運動もダメなんて、どうしてあげるといいのかしら……」

● 次のように考え方を変えましょう

ほかの生き物に対して、並外れた共感や思いやりを見せることができる、創造的思考力に非常に優れた才能がある、美術や音楽や詩などが得意、観察力が鋭く、ほかの人が気付かないような部分もよく見える、素晴らしいユーモアのセンスがある、こうしたこの子の特別な敏感性は、実は素晴らしい才能なのかもしれない……。

その子ができないことではなく、できることを考えましょう。

❻ その子は「愛されること」と「認められること」を、ほかの子よりも必要としています

「この子は独占欲が強すぎて困っているんです。そのへんにあるおもちゃ全部を握り締めても、それで遊ぶわけではなく、ただそのおもちゃを自分の手元に置いておきたいだけだったり、私に絶えずそばにいてもらいたがるのに、実際そうしてやっても満足した様子を見せたことがありません……。

キャンディ・ラウンド[*1]の1ゲームに負

---

*1：お菓子の国を旅していく「すごろく」のようなゲーム。ひいたカードの色に従ってコマを進め、色の違いがわかりさえすれば、文字や数の概念を知らなくても遊べるように作られているため、アメリカでは小さな子どもが一番最初に遊ぶボードゲームとして、いろいろなバージョンが販売されている。

けただけでも、泣いてふさぎこんでしまいます。とにかく自分のまわりのすべてを欲しがるんです……」

●次のように考え方を変えましょう

その子が物を欲しがったり、他人からの注目を受けたがったりするのは、自分の中に存在するわずかな自尊心を補強するためです。いつも自分のことを「落ちこぼれ」や「いくじなし」などと思っているからこそ、「勝ち」にこだわるのでしょう。その子が欲張りのように見えるのは、それらに飢えているからなのです。

その子は、愛されることと認められることを何よりも一番に必要としていることを理解してあげましょう。

❼ その子の「頑固さ」は、自分が生存していくために必要なのです

「うちの子は、どんなことに対しても『ボクの体を指揮するのはボクなんだ。オマエなんかに命令されてたまるか！』と言っているように見えます。

柔軟性がなくて頑固、いつも同じ服を着て、毎朝同じボウルで同じシリアルを食べたがるし、お風呂の時間や寝るときにやることとかも、本当に小さなことまで細かくきっちり決めているんです……」

●次のように考え方を変えましょう

朝起きて「よし、今日はすべてのことに反抗してやるぞ」と思うような子は、誰一人としていません。私たち人間は、環境の変化に対して柔軟に対処することを身につけていくものです。

その子が頑固者に見えるのは、自分の体を思いどおりにコントロールできなくて、周囲の状況にスムーズに順応できないからです。その子の世界は、予期できないことや障害物であふれているのです。

その子が雪が降っていても半ズボンをはきたがるのは、触覚系に問題があって衣服に対して敏感だからかもしれません。

毎日同じシリアルばかり食べたがるのは、口の中が食べ物の食感に対して過剰に敏感だからなのかもしれないのです。

その子にとって、同じことや決まったこと

を好むというのは、着替えや寝る用意など日常の基本的なことをやり遂げるための手段なのです。一見、頑固にみえるのは、そうすることが生き延びていくために必要だから、と理解してあげましょう。

その子はわざと頑固にしているのではありません。日々変化するさまざまな要求に自分の行動を順応させることができないので、自分が確実にできることにしがみついておく必要があるからなのです。

❽ その子には、障害に合わせて調整された特別な配慮が本当に必要なのです

「朝は未だに、私がこの子に服を着せてやります。というのは、『自分で着替えなさい』と放っておくと、いつまでも時間がかかり、結局はこの子が怒りを爆発させて泣いてしまうからです。

でも、保育園の先生からは、着替えくらいは1人でできるようにもっと強く促したほうがいいと言われています。この子のために先生は、かなり余分な時間を使わなければいけないらしく……。

この子の問題が、感覚統合障害によるものだということを先生はあまり理解してくれてないのかもしれませんが、それでもこの子が自立できないのは、やはり私のしつけがよくないからではと思ってしまうんです……」

● 次のように考え方を変えましょう

子どもが誰かの助けを必要としているときや、ある物事を素早くやらなければいけないときに、その子に構ってやることは、悪いことではありません。

特に朝など、家族全員がそれぞれ出かける用意などで忙しいときに、みんながA地点からB地点へスムーズに進むためには、仕方がないことです。

自立心をつけなければいけないからといって、何でもかんでも子ども任せにしたり、子どもを無視するのは賢明ではありません。子どもの生活を楽しく安全なものにするために、自分ができることをするのが本当の意味で賢明な親です。

❾ その子はちょっとした支援で、よりよい生活を送ることができます

「大きくなるにつれて、この子が抱える感覚統合の問題も大きくなるんでしょうね……。

もちろん成長すれば、苦痛を与える感覚を避けたり補ったりする方法を自分なりに考えるだろうし、不安定なバランス感覚や、接触に対する過敏さに左右されないようになる能力も発達してくるとは思います。

とはいっても、やはりこの子は一生いつもいつも苦労しながら、物事に取り組まなければいけないのだと思うと、可哀そうで……」

●次のように考え方を変えましょう

感覚統合障害とは、脳が消化不良を起こしたような状態だといえます。ですから、胃腸薬が胃のむかつきを抑えるように、作業療法や感覚統合ダイエットが神経経路をスムーズにします。

そして何よりも、親や周囲の人による毎日の愛情と共感が、その子の感情の安定を促します。感覚統合障害を抱えているかどうかにかかわらず、私たちは誰もが、自分を支えてくれる人を必要とします。何か困難な目にあったり、物事がうまく運ばないときは特にそうです。また、自分の長所を褒めてくれて、短所を認めて受け入れてくれる人や、自分の個性を高く評価してくれる人も必要です。

みなさんのちょっとした助けがあれば、感覚統合障害を抱える子どもも、この世界とうまく折りあいをつけることができるのです。

あるお母さんからのエール

本書を読んでくれたあるお母さんから、みなさんへのメッセージです。

＊　　＊　　＊

息子が生まれてすぐの頃、私たちはこの子を「普通の子」だと思っていました。

アプガースコア*2 の点数もとてもよかったし、発達面のチェックリストはすべて「年齢相応の発達」を示していました。身体的な異常は全くみられず、息子は本当に健康的で愛らしい赤ちゃんだったのです。

また、頭の回転が早く何事にもパッパッと気付き、なんと生後6カ月で言葉を話そうとし始めたのでした！

2歳の健康診断のときは、病院内の先生全員が自分の仕事を中断して、息子の驚異的な発話能力を観察しに来ました。このとき私たちは、息子のことを本当に自慢に思ったものです。

しかし同時に、何かがおかしいと私たちは感じていました。この子のまわりでは、いつも「心にひっかかるようなこと」が起こっていたのです。

出生後の息子は、新生児室にいる間ずっと激しい大声で泣き続け、まわりの赤ちゃんをみんな起こしていました。母乳からミルクに変えたときの息子のすさまじい抵抗を、私は今でも忘れられません。

実際、今までやっていたことを止めて新しいことへ移行するとき、私たちはいつも悲惨な状態になるのでした。

息子はまた、軽い接触や新しい感触に非常に敏感で、毎日服を着せるのが大変でした。

＊2：新生児の出生児の状態5項目（Appearance：皮膚の色、Pulse：心拍数、Grimace：刺激による反射、Activity：筋緊張、Respiration：呼吸数）を調べ、各項目を0〜2点の3段階で採点するもの。

ジンボリー（乳幼児教室）*3 に連れていくと、体を動かす活動や遊びで子どもたちが思いきり楽しんでいる中で、息子だけがパニックを起こして叫び散らしていました。インストラクターやまわりの親が、私たちをジッと見つめているのがわかりました。

時がたつにつれて、息子の行動はますます厄介になってきました。一体この子の何がおかしいのだろう？　本当に愛らしくて面白い子なのに……。

とうとう私は、幼児を対象にした発達障害のスクリーニング検査を扱う地域の公立機関に連絡を取り、公立学校で行われる集団検査を予約しました。

指定された時間に検査会場へ行くと、そこには、明らかに障害があるとわかる子どもたちでいっぱいでした。検査の順番を待つ間、その子たちは会場に置かれたおもちゃやプレイテーブルのまわりにひしめきあって遊んでいました。知的障害の子、体に矯正器具をつけた子、手足が不自由な子……みんな自分の番が来ると、その遊び場を離れて検査場に向かっていました。

やがて私たちの番が来たのですが、遊びから検査への「移行」のために、息子は叫び始めたのです。そこにいた専門家の誰一人として、体がぐったりするほど泣き叫ぶ息子を検査室へ連れていくことができませんでした。

私は息子を連れて、泣く泣く会場を去りました。息子は、会場内でハッキリ目に見える障害を持たない唯一の子どもでしたが、検査を受けることすらできなかったのです。

その後、息子は、教育専門家、作業療法士、言語聴覚士、臨床心理士で構成されたチームによる個別検査を受けることになりました。そして、ここでようやく私たちは、息子にみられる「何かおかしなもの」の正体を教えてもらったのです。それは「感覚統合障害」という名前でした。作業療法を受け、息子に合ったよい保育園を見つける必要があるとアドバイスを受けました。

それにしても、ここまでくるのに、なぜこんなにも時間がかかったのでしょう。どうして誰も、このことを知らなかったのでしょ

＊3：Gymboree（ジンボリー）は、0歳から5歳までを対象とした乳幼児教室。1976年に米国サンフランシスコで誕生し、現在では30カ国以上、600を超える数の教室を展開。

か。どうして私の家族が、これほどまでに苦しまなければいけなかったのでしょうか……。

しかし、息子に合った素晴らしい保育園が見つかったとき、そういったことはどうでもよくなりました。検査チームの推薦で、私は聖コルンバ保育園に連絡をとったのです。そこで私は、この本の著者であるクラノウィッツ先生と初めて話をしたのですが、このときのことは決して忘れません。この日は、私が長い間抱えてきた恐怖が和らぎ始めた最初の日になりました。

先生は、園で音楽と体を動かす遊びを教えていたのですが、明らかにそれ以上の存在でした。まだ実際に会ってもいない息子の状態を驚くほど正しく把握してくれた人は、先生が初めてでした。

彼女が息子のことや私の気持ちを、これほどまでに理解してくれたのは、感覚統合障害のことを熟知していて、その障害の特異性や、さらに大切なその障害への対処法について、園のスタッフや職員に指導したり、トレーニングを行ったりしていたからです。

聖コルンバ保育園の人たちは、息子のことを全く恐れず、「悪い子」や「手のつけられない子」だというふうには見ませんでした。この子は感覚統合の問題に苦しんでいるんだと理解してくれ、息子が激しく抵抗しても決して諦めませんでした。

そして作業療法によって、息子は動くことへの恐怖感や、見知らぬ感触への強い嫌悪感といった問題を克服し始めたのです。

新しい物に対する恐怖感が減り、世界が恐ろしい場所だという感覚が小さくなり始めると、今度は物事から物事への移行に対する抵抗が減ってきました。

また、臨床心理士による支援によって、私たち家族の生活が今までよりも規則正しく、なるべく決まった流れで進むようになり、息子の反応や行動（かんしゃくなど）に対して、私も一貫した態度で対処できるようになってきました。

だんだんと息子の能力が発達し始めると、私たち家族は「親子で一緒に何かをする」ということを学べるようになりました。こんなことが可能になるとは、私はそのときまで一度も思ったことがありませんでした。

やがて、私たちは息子の存在を楽しめるようになりました。この子がそばにいてくれて、

心から嬉しいと思えるようになったのです。

　作業療法を受け、聖コルンバ保育園へ通ったこの2年間を振り返ってみると、もしこれらが無かったとしたら、私たち家族がどれほどの混乱を受けていたかと思うとゾッとします。作業療法と子どもに合ったよい保育園は、私たちの望みを繋ぐ命綱でした。

　さいごに、私からみなさんへアドバイスをさせてください。

　もしみなさんが、自分の子どもや、まわりの子どもについて、何か気がかりなことがあるなら、必ずそれを突き詰めてください。その心配事があいまいだったり、その不安をはっきり言葉にできなくても、見過ごしてはいけません。

　なぜなら、その子の問題が、たとえ私の子どもの状況ほど深刻なものでないにしても、支援が必要な場合があるからです。

　そして、その子の問題についての探求は、希望が見えてくるまで、どうかあきらめずに続けてください。あきらめずに進むことが、感覚統合障害に苦しむ子どもたちを助けることにつながるのです。

　その子たちは周囲の人から愛されるべき素晴らしい子どもたちだということ、そして、自分の力だけで障害の苦しみから解放されるには、あまりにも小さな存在で、あまりにも大きな恐怖感に包まれているということを、どうか忘れないでください。

著者略歴

キャロル・ストック・クラノウィッツ
(Carol Stock Kranowitz)

　主に3歳から5歳までの子どもを対象にした保育園で、音楽、体を動かす遊び、お芝居の教師を25年間勤め、数多くの感覚統合障害を抱えた子どもたちに接する。

　育てにくさを感じる園児たちが、課題や遊びをより楽しみながら学ぶことができるよう支援するために、感覚統合理論を学び始め、子どもたちのニーズを特定し、早期介入へ誘導する知識とスキルを身につける。

　現在は、感覚統合障害についての正しい知識や情報を普及するため、米国を中心に講演や出版活動に従事。保護者、教育者、幼児関連の専門家などを対象に、感覚統合障害がどのような形であらわれ、子どもにどのように影響するのかを解説し、家庭や学校で楽しみながらできるさまざまな対処法を紹介している。

　バーナード・カレッジを卒業後、ジョージ・ワシントン大学で教育学と人間発達学の修士号を取得。感覚情報処理や感覚統合についての国際的な雑誌「S.I.Focus」編集長。

　米国メリーランド州在住。2人の息子と5人の孫がいる。

主な著書、共著は以下の通り[1]。

The Out-of-Sync Child Has Fun: Activities for Kids with Sensory Integration Dysfunction

The Goodenoughs Get in Sync: An Introduction to SPD

101 Activities for Kids in Tight Space

Hear, See, Play! Music Discovery Activities for Preschoolers

The Balzer-Martin Preschool Screening Program Manual

The Out-of-Sync Child (video)

Getting Kids in Sync: Sensory-Motor Activities to Help Children Develop Body Awareness (video)

Teachers Ask about Sensory Integration (audiotape)

Answers to Questions Teachers Ask about Sensory Integration

　詳しくは「アウトオブシンク　チャイルド」のウェブサイトをご覧ください（http://www.out-of-sync-child.com/）。

＊1：本書刊行時点では翻訳書が存在しないため、原書タイトルのまま掲載。

【監訳者略歴】
土田 玲子（つちだ・れいこ）
●── 県立広島大学 保健福祉学部 作業療法学科 教授。日本感覚統合学会 会長。NPO法人なごみの杜代表理事。日本LD学会特別支援教育士スーパーバイザー。作業療法士。
●── 著書に、『みんなの感覚統合―その理論と実践―』（パシフィックサプライ株式会社）、『感覚統合とその実践 第2版』『作業療法実践のための6つの理論―理論の形成と発展―』（ともに翻訳、協同医書出版社）がある。

【訳者略歴】
高松 綾子（たかまつ・あやこ）
●── 大阪府出身。神戸松蔭女子学院短大卒。サンフランシスコ大学院卒。
新聞社勤務を経て1993年に渡米後、日米のさまざまな企業で国際業務に携わる。2001年より北カリフォルニア在住。夫と息子の3人家族。現在は感覚統合障害児の母として子育てに専念。家庭や学校で奮闘中。

装幀・本文デザイン ────── 吉村 朋子
カバー・表紙・本文イラスト ── 田村 記久恵
シリーズマークデザイン ──── 石田 徳芳（イシダNデザイン）

でこぼこした発達の子どもたち　─発達障害・感覚統合障害を理解し、長所を伸ばすサポートの方法─

2011年6月26日　第1刷発行
2015年8月18日　第4刷発行

監訳者 ── 土田 玲子
訳　者 ── 高松 綾子
発行者 ── 徳留 慶太郎
発行所 ── 株式会社すばる舎
　　　　　〒170-0013　東京都豊島区東池袋3-9-7 東池袋織本ビル
　　　　　TEL 03-3981-8651（代表）
　　　　　　　 03-3981-0767（営業部直通）
　　　　　FAX 03-3981-8638
　　　　　URL http://www.subarusya.jp/
　　　　　振替 00140-7-116563
印　刷 ── 株式会社シナノ

落丁・乱丁本はお取り替えいたします
©Reiko Tsuchida, Ayako Takamatsu　2011 Printed in Japan
ISBN978-4-88399-898-2　C0037

専門家に相談するときに使える

感覚統合発達チェックリスト

（園児・小学生の児童用）

お子さんの名前：
　　　　　　　　　　　　　　　　　　　（男・女）

生年月日：
　　　　年　　月　　日生（　歳　　カ月）

住所：

TEL：

保護者名：

通園(学)先：

記録日：
　　　　年　　月　　日

記入者名：

チェックリストの説明

　これは、小児科医や作業療法士などの専門家が、感覚統合障害の疑いがある子を検査するときに、まず初めに使う質問表のサンプルです。

　まず、子どもの保護者や、園や学校の先生に質問表に答えてもらい、専門家はそれをもとに子どもの感覚統合発達の特性を分析します。その上で行動の観察や検査をして、どのような支援が必要かを考えます。必要な場合には、個別プログラムや感覚統合ダイエット（詳しくは、Chapter 9 の 227 ～ 230 ページ参照）を作成します。

　このチェックリストは、ボストン大学のシャロン・サーマックとアリス・ミラーが作成しました。そして、ウィニー・ダン博士とウォータータウン作業療法士会に所属する作業療法士たちの研究も参考にしています[*1]。

　実際に回答してみると、「感覚情報処理」という機能が、いかに子どもの発達全般に影響を与えるかを理解できると思います。

　チェックリストの**「A．感覚の調整について」**は、触覚、動き、視覚、聴覚、味覚、嗅覚などに表れる感覚の調整機能に関する質問です。**「B．感覚の識別について」**は、感覚の識別機能に関する質問。**「C．姿勢や器用さの問題について」**は、このような感覚情報をうまく処理できないために起きる、姿勢や器用さや運動の問題に関する質問。**「D．感覚が関係する能力について」**は、活動レベル、摂食・排泄行動、注意力や調整力、睡眠、社会的感情的スキルなど、感覚情報処理が深くかかわる自己制御や行動に関する質問です。

　このチェックリストは、園児や小学生の児童向けに作られています。園や学校の先生、祖父母の方々などにも質問に答えてもらうと、より多くの情報が得られます。

　もし「よくある」欄にチェックの印が多い場合、このリストをお持ちになって、専門家に相談されることをお勧めします。

＊1：本書に掲載しているチェックリストは、原書のチェックリストを日本で使いやすいように改変しています。

チェックボックスに印をつけるにあたり、注意していただきたいことが3つあります。

❶感覚統合障害の子どもは、一般に複数の感覚情報処理がうまく働かないことが多いのですが、たとえば触覚系だけというように、ある1つの感覚系に集中して問題が起きることもあります。しかし、その場合でも、必ずしもその障害タイプの特徴すべてが現れるわけではありません。

❷感覚統合障害を持つ子の中には、ある1つの感覚に対して"過敏性"と"鈍感性"の両方を持っていたり、ある感覚に対しては非常に敏感なのに、別の感覚に対しては非常に鈍感な子もいます。さらに、同じ刺激に対しても、時間や状況によって違う反応が行ったり来たりする子もいます。

❸感覚統合障害のタイプは、常にはっきりした線引きができるわけではありません。たとえば、感覚が"非常に敏感な子"の症状と、"非常に鈍感な子"の症状が似たようにみえることもよくありますし、感覚の調整の問題と、姿勢や器用さの問題を併せ持つ子もたくさんいます。ですから、あるタイプにチェックがたくさん入っているからと言って、必ずしも、そのタイプだとは言い切れません。

つまり、ここで紹介する障害タイプの特徴は、あくまで子どもの感覚統合発達の特性傾向を知るための目安としてお考えください。

感覚統合発達チェックリスト

　この記録は、お子さんの感覚統合障害の特性を理解することと、これからのセラピーの指針を立てる上で大切な資料となるものです。
　各項目は、子どもによくみられる具体的な行動について、「よくある」「時々」「あまりない」のいずれかにチェックしていただく形式になっています。

Ⅰ．お子さんについて、ご心配な点

Ⅱ．今までに相談された機関、時期、また、そこで受けられた検査や説明の内容

Ⅲ．家庭環境についての情報
　　①家族構成や家族の年齢

　　②保育園、幼稚園や学校での様子

A．感覚の調整について

I．触覚

触覚が非常に敏感な子によくみられる特徴

1	何かが軽く触れることをいやがったり、感情的に反応し、不安、敵意、攻撃心をみせる。（たとえば、軽い接触から逃げ、その部分を引っ掻いたり、こすったりする。赤ちゃんの頃、抱かれるのをいやがっていた、など）	よくある	時々	あまりない
2	軽い接触が起こる可能性がある状況をいやがり、感情的に反応する。（たとえば、列に並んだり、大勢の人の中にいるとイライラしたり怖がる、など）	よくある	時々	あまりない
3	後ろから近寄られたり、テーブルの下で誰かの足が軽く触れるといったように、目に見えないところで触られることをいやがり、感情的に反応する。	よくある	時々	あまりない
4	洗顔などで顔を触られると、抵抗したり逃げたりする。	よくある	時々	あまりない
5	扇風機の風や、そよ風などにふかれるのをいやがる。	よくある	時々	あまりない
6	散髪、洗髪、頭をなでられる、などに抵抗したり逃げたりする。	よくある	時々	あまりない
7	雨、風、小さな虫が飛び回っているような環境にイライラしたり動揺する。	よくある	時々	あまりない
8	過度なくすぐったがり屋である。	よくある	時々	あまりない
9	痛みに過剰に反応し、小さなすり傷やトゲに対しても大騒ぎしたり、そのような経験を何日も覚えていたり話したりする。また、わずかな身体の不調を異常に気にする傾向がある。	よくある	時々	あまりない
10	ささいな刺激（たとえば、皮膚にあたる雨粒、など）に、オーバーに反応する。	よくある	時々	あまりない
11	床屋、歯医者、看護師、小児科医などに触られると異常に抵抗する。	よくある	時々	あまりない
12	頑固、意地っ張り、融通が利かない、強情、言葉で強く主張したり、身体的に押しが強い、気むずかしい、といった態度を示す（実は、苦手な触覚の刺激を回避しようしている）。	よくある	時々	あまりない

13	親しげに、または愛情をこめてポンとたたかれたり、なでられたりすることでも嫌い、それが親や自分がよく知っている人でない場合、特に顕著である。母親(または一番面倒をみてくれる人)以外の人から触れられることを一切拒否する場合もある。	よくある	時々	あまりない
14	なでられるより、抱きしめられることを好む。強い圧力で抱きしめられることを求める一方で、軽いタッチのキスは、こすり落そうとすることもある。	よくある	時々	あまりない
15	爪切りをいやがる。	よくある	時々	あまりない
16	歯磨きをいやがる。	よくある	時々	あまりない
17	偏食が強く、食べ物のある特定の感触を好む(たとえば、カリッとしたもの、など)。また、トマトソースや野菜スープなど、予期せず具のかたまりが出てくるような食べ物や、お餅や納豆などの手や口がネバネバする食べ物をいやがる。	よくある	時々	あまりない
18	熱い、または冷たい食べ物をいやがる。	よくある	時々	あまりない
19	お風呂に入るのを嫌う。	よくある	時々	あまりない
20	潔癖症で、ほんの少しのよごれも急いで洗い落とそうとする。	よくある	時々	あまりない
21	芝生や砂の上を裸足で歩きたがらない。	よくある	時々	あまりない
22	地面との接触を最小限にするために、つま先で歩く。	よくある	時々	あまりない
23	衣類の好みが極端である。(たとえば、ゴワゴワした新しい服、荒い肌ざわりの服、シャツの襟、ハイネック、ベルト、ウェストまわりのゴム、帽子、マフラーなどをいやがる、など)	よくある	時々	あまりない
24	靴や靴下の好みにうるさい(たとえば、特に靴下のゴムのついた足首まわりや、縫い目の部分をいやがる)。また、靴下を履きたがらない。寒い冬の日や雨の日でも、慣れた靴以外、履かなかったり、暑い夏の日でも、分厚いブーツを履きたがったりする。	よくある	時々	あまりない
25	衣類の生地が皮膚に触れるのを嫌い、半袖シャツや半ズボンを好む。冬でも防寒用帽子や手袋を使いたがらない。	よくある	時々	あまりない
26	皮膚が露出するのを嫌い、長袖シャツや長ズボンを好む。	よくある	時々	あまりない
27	お気に入りの毛布など、気分を落ち着かせたり心地よくさせる、ある特定の表面や肌ざわりのものをくり返し触る。	よくある	時々	あまりない

28	触覚刺激を避けるために、人が多い学校の授業や、音楽や体育のクラスに出たがらない。	よくある	時々	あまりない
29	砂、指絵の具、ペースト、のり、泥、粘土などを使った遊びをいやがる。または、そのような遊びを考えるだけで泣きそうになる。	よくある	時々	あまりない
30	ペットに触るのを避ける。	よくある	時々	あまりない
31	社会的に受け入れられている表現を使って、なぜ自分が物との接触を避けるのかを言葉で正当化したがる。(たとえば、「手を汚しちゃダメってママから言われてるの」「マッシュポテトにアレルギー体質なんだ」、など)	よくある	時々	あまりない
32	毛布でしっかりとくるまれたり、寝るときに寝具をしっかりかけられるのを好む。	よくある	時々	あまりない

触覚が非常に鈍感な子によくみられる特徴

1	非常に強く触らないと、物に触れていることに気づかない。	よくある	時々	あまりない
2	顔、特に口と鼻のまわりが汚れていることを感じない。顔に食べ物のカスがついていたり、鼻水が出ていることがわからない。	よくある	時々	あまりない
3	髪がボサボサになっていたり、髪に木クズや砂がついていることに気がつかない。	よくある	時々	あまりない
4	服がだらしなくなっていたり、シャツの袖口や靴下がぬれていても気にしない。	よくある	時々	あまりない
5	暑さや寒さ、部屋の中と外の温度変化に気づかない。汗をかいているのにジャケットを着続けたり、寒いのにジャケットを手にとろうとしない。	よくある	時々	あまりない
6	すり傷、打撲、切り傷、注射などを痛がらない。	よくある	時々	あまりない
7	鋭い砂利や熱い砂の上を裸足で歩いたり、裸足のつま先をぶつけたりしても平気。	よくある	時々	あまりない
8	風や雨、小さな虫が飛び回っている、といった状況に気づかない。	よくある	時々	あまりない
9	物を落としたことに気づかない。	よくある	時々	あまりない
10	誰かがもたれかかってきたり、自分のまわりが人で混雑していても、平気。	よくある	時々	あまりない

触覚の刺激を非常に求める子によくみられる特徴

1	くすぐられたがったり、背中のマッサージを、しょっちゅうしてもらいたがる。	よくある	時々	あまりない
2	強い感覚刺激が得られるような振動や動きを好む。	よくある	時々	あまりない
3	目に見えるものすべてを触って感じずにはいられない（たとえば、他人にぶつかったり触りたがる、家具や壁に手をこすりつけて触りたがる、など）。ほかの子が「触ってはいけない」とわかる物にも触ってしまう。	よくある	時々	あまりない
4	ある特定の肌触りの物に触りたがる。	よくある	時々	あまりない
5	自分の皮膚を異常にこすり、噛むことさえある。	よくある	時々	あまりない
6	髪を絶えず指でもて遊んでいる。	よくある	時々	あまりない
7	靴下や上履きをしょっちゅう脱ぐ。	よくある	時々	あまりない
8	一般の人なら不快や苦痛を感じるような表面や感触を、触らずにはいられないようにみえる。	よくある	時々	あまりない
9	体や服が汚れるような遊びや行動を長時間やりたがる。	よくある	時々	あまりない
10	しょっちゅう何かを食べたがる。口に一杯食べ物を詰め込む。	よくある	時々	あまりない
11	２歳以上になっても物を口に入れて調べる（手よりも口のほうが物を"鋭く"感じやすいから）。	よくある	時々	あまりない
12	大胆不敵な行動をする。他人にかなり近寄って触ったり、相手が触られるのをいやがっても気にしない。	よくある	時々	あまりない

II．動き

前庭感覚が非常に敏感な子によくみられる特徴

1	公園のブランコ、回転遊具、滑り台などで遊ぶことを嫌う。	よくある	時々	あまりない
2	用心深い、動きが遅い、（運動をしないで）いつも座ってばかりいる、冒険することをためらう。	よくある	時々	あまりない
3	エレベーターやエスカレーターに乗ると落ち着かない。車などで乗り物酔いをする。	よくある	時々	あまりない

4	落ちたり転倒することをこの世で一番怖いことと捉え、非常に恐れる。転倒する危険が全くないようなところでも、恐怖を感じる。	よくある	時々	あまりない
5	高いところを恐れる。地面と少ししか段差がないところでも怖がり、歩道の縁石の上を歩いたり、階段の最下段からジャンプすることもいやがる。	よくある	時々	あまりない
6	階段の昇り降りを怖がり、手すりを常にしっかり握る。	よくある	時々	あまりない
7	髪を洗ってもらうときなど、頭が逆さまになったり傾いたりするのをいやがる。	よくある	時々	あまりない
8	人から体を動かされることを恐れる。（たとえば、テーブルに近づけようと先生が椅子を押すとき、など）	よくある	時々	あまりない

前庭感覚が非常に鈍感な子によくみられる特徴

1	人から体を動かされても気づかない。	よくある	時々	あまりない
2	活発に動こうとする意欲がないようにみえる。	よくある	時々	あまりない
3	ブランコに長時間乗っていてもフラフラしない。	よくある	時々	あまりない

前庭感覚の刺激を非常に求める子によくみられる特徴

1	自分の感覚欲求を満たすために、できる限り動き続けたがる。動かずにじっと座ったり、椅子に座り続けることが苦手。	よくある	時々	あまりない
2	頭を振る、体を前後へ揺り動かす、飛び跳ねるといった動作をくり返す。	よくある	時々	あまりない
3	激しい動作をしたがる。（たとえば、家具の上で飛び跳ねる、ロッキングチェアーで揺れ続ける、回転椅子に乗って回り続ける、前後逆さまの姿勢になる、頭を床につけて体を回転する、など）	よくある	時々	あまりない
4	速く動いたり回転する公園遊具や、遊園地の絶叫マシンなどが大好き。	よくある	時々	あまりない
5	長い間クルクル回ったり、速いスピードで回転してもフラフラしない。	よくある	時々	あまりない
6	ブランコをかなり高い位置までこいだり、長時間乗っているのが好き。	よくある	時々	あまりない
7	ほかの子よりも、シーソー遊びやトランポリンが大好き。	よくある	時々	あまりない

III. 筋肉の感覚

固有感覚が非常に敏感な子によくみられる特徴

1	動きたがらず、ジッとしていることを好む。	よくある	時々	あまりない
2	何かによって自分の手足が動かされるのをいやがる。	よくある	時々	あまりない
3	筋肉を伸ばされるのを嫌う。	よくある	時々	あまりない
4	強い刺激を筋肉に受ける体重負荷運動を避ける。(たとえば、ジャンプ、片足跳び、走る、這う、回転する、など)	よくある	時々	あまりない

固有感覚が非常に鈍感な子によくみられる特徴

1	筋肉の緊張度が低い。	よくある	時々	あまりない
2	筋緊張の低下を補うために、肘をあばら骨のあたりにくっつけて文字を書いたり、両膝をきつくくっつけて立ったりする。	よくある	時々	あまりない
3	力加減がわからず、おもちゃをすぐに壊す。	よくある	時々	あまりない

固有感覚の刺激を非常に求める子によくみられる特徴

1	わざと周囲の物にぶつかったり物を壊したりする。(たとえば、高い所から飛び降りる、落ち葉の山に飛び込む、人にぶつかる、など)	よくある	時々	あまりない
2	足を踏み鳴らしたり、足をたたきつけるようにして歩く。	よくある	時々	あまりない
3	かかとで床や椅子を蹴る。	よくある	時々	あまりない
4	壁やフェンスを棒や何かの物でたたきながら歩く。	よくある	時々	あまりない
5	覚醒水準を調整するために、頭を打ちつけたり、爪を噛んだり、指を吸ったり、関節をポキッと鳴らす、などの自己刺激的な行為を行う。	よくある	時々	あまりない
6	靴ひも、ジャケットのフード、ベルトなどをきつく結びたがる。	よくある	時々	あまりない
7	シャツの襟や袖口、パーカーのひも、鉛筆、おもちゃ、ガムなど、絶えず何かを噛んでいる。歯応えのある食べ物が好き。	よくある	時々	あまりない
8	全体的に攻撃的にみえる。	よくある	時々	あまりない

IV. 視覚

視覚が非常に敏感な子によくみられる特徴

1	目を覆って視界をさえぎる。片目を閉じたり覆ったりする。目を細めて物を見る。	よくある	時々	あまりない
2	明るいライトや太陽の光を避ける。部屋の中でもサングラスをかけたがる。	よくある	時々	あまりない
3	動いている物や人に圧倒されたり、苦痛を訴えたりする。	よくある	時々	あまりない
4	ボールや子どもなど、何かが自分のほうへ向かってくると身をかがめたり、避けようとしたりする。	よくある	時々	あまりない
5	クラス活動に参加しなかったり、グループ活動を避けたりする。	よくある	時々	あまりない
6	人と目を合わせようとしない。	よくある	時々	あまりない
7	目を使うと、頭痛や吐き気やめまいを訴える。	よくある	時々	あまりない

視覚が非常に鈍感な子によくみられる特徴

1	明るさの度合い、物と物との境界、(光などの)反射に気がつかない。	よくある	時々	あまりない
2	物が動いていることに気づかず、ブランコなど、動いている物によくぶつかる。	よくある	時々	あまりない
3	通り道にある障害物など、視覚の情報に対する反応が遅い。	よくある	時々	あまりない

視覚の刺激を非常に求める子によくみられる特徴

1	まぶしいライト、カメラのストロボ、直射日光などを見たがる。	よくある	時々	あまりない
2	視覚への刺激を求めて、指をヒラヒラ動かしたり、回転したり、天井やフェンスの模様や境界をじっと見つめたりする。	よくある	時々	あまりない

Ⅴ. 聴覚

聴覚が非常に敏感な子によくみられる特徴

1	大きな音を怖がる。	よくある	時々	あまりない
2	突然の音を嫌う。(たとえば、雷、火災報知器、サイレン、風船が割れる音、など)	よくある	時々	あまりない
3	金属性の音を嫌う。(たとえば、鉄琴や食器をカチンと鳴らす音、など)	よくある	時々	あまりない
4	高音を嫌う。(たとえば、笛、バイオリン、ソプラノの音域、チョークがキーッとなる音、など)	よくある	時々	あまりない
5	トイレの洗浄音、遠くで鳴る教会の鐘、静かなＢＧＭなど、一般の人は苦にならない音も怖がる。	よくある	時々	あまりない

聴覚が非常に鈍感な子によくみられる特徴

1	大きな音を出すのが好き。	よくある	時々	あまりない
2	大きな声で話す。	よくある	時々	あまりない
3	呼ばれても気づかない。	よくある	時々	あまりない
4	うるさい場所、にぎやかな音にも無頓着。	よくある	時々	あまりない
5	音や声に対する反応が、ほかの子に比べて遅い。	よくある	時々	あまりない

Ⅵ. 味覚と嗅覚

味覚と嗅覚が非常に敏感な子によくみられる特徴

1	ほとんどの人が気づかないような匂いが苦になる。	よくある	時々	あまりない
2	偏食が強い。	よくある	時々	あまりない
3	味の違いに敏感。	よくある	時々	あまりない

	味覚と嗅覚が非常に鈍感な子によくみられる特徴			
1	何でも匂いを嗅ぐ	よくある	時々	あまりない
2	食べ物ではないものを噛んだり舐めたりする。	よくある	時々	あまりない
3	濃い味、辛い味が好き。	よくある	時々	あまりない
4	味の違いに気づかない。	よくある	時々	あまりない
5	辛い、酸っぱい、熱い、などの刺激が強い食べ物を食べても平気。	よくある	時々	あまりない

B. 感覚の識別について

I. 触覚

1	目で見ないと、体のどこを触られているのかわからない。	よくある	時々	あまりない
2	ポケットや箱や机の中にある物に触ったときなど、触っただけで識別できず、視覚による助けが必要である。	よくある	時々	あまりない
3	靴の左右を履きまちがえる、靴下がたるんでいる、靴のひもがはずれている、ベルトがねじれている、シャツの裾がズボンなどからはみ出ている、などがあっても気づかない。	よくある	時々	あまりない
4	肌触り、形、大きさ、温度、密度といった物の物理的特徴を理解するのが苦手。	よくある	時々	あまりない
5	目隠し遊びをいやがる(視覚に頼っている)。	よくある	時々	あまりない
6	周囲の物を視覚で確実にコントロールするため、座っているより立っていることを好む。	よくある	時々	あまりない

II. 動き・筋肉の感覚

1	自分の体の動きがよくわからず、動きをうまくコントロールできない。	よくある	時々	あまりない
2	シャツの襟を正す、眼鏡をかける、といった「手足を動かしながら調整する」作業が苦手。自分がしていることを目で見ることができない場合に、特に困難を感じる。	よくある	時々	あまりない
3	誰かにコートを着るのを手伝ってもらったり、自分で服を着たり脱いだりしようとするときに、手足を適切な位置に持っていくことができない。	よくある	時々	あまりない
4	物や人と自分の体との位置関係を理解できず、よく転倒したり、つまずいたり、物にぶつかったりする。	よくある	時々	あまりない
5	階段の上り下りがスムーズにできない。	よくある	時々	あまりない

III．視覚

1	物の奥行きがよくわからない。	よくある	時々	あまりない
2	何が動いて何が静止しているかの識別がうまくできない。	よくある	時々	あまりない
3	【空間認知の問題】物と物とのスペースが理解できず、文字や単語や数字などをバランスよく書けない。	よくある	時々	あまりない
4	自分と物との距離がつかめず、よく物にぶつかる。	よくある	時々	あまりない
5	上／下、前方／後方、といった概念が理解できない。ビーズを順番に糸に通すこと、説明書に従ってブロックで物を作ること、迷わずにある地点から別の地点へ行ったり、初めての場所で、ある地点への行き方をみつけたりすることなどが苦手。	よくある	時々	あまりない
6	競技場やコートの中で自分のいる位置を意識したり、チームメイトの位置や動きを把握したりすることが求められる団体競技が苦手。	よくある	時々	あまりない
7	絵、単語、記号、物などの類似や相違を混同する。物の特徴を見分けるのが不得意。	よくある	時々	あまりない
8	初めと終わりの文字が似ている単語をくり返し混同する。（たとえば、「まねる／まわる」「ボール(球)／ポール(棒)」など）	よくある	時々	あまりない
9	文字や単語の大きさやスペースを揃えたり、一定のスペースで数字を並べたりする作業が苦手。読書や読み書きのときに、文字や単語を逆さまにしてしまうことがある。	よくある	時々	あまりない
10	【図と地の識別の問題】中心になる物と背景になる物の識別ができないために、本などの紙面上で特定の単語を見つけたり、人混みの中から特定の顔を見分けたりすることが苦手。	よくある	時々	あまりない
11	【視覚化の問題】物や人や景色などのイメージを頭の中に描くこと、読んだり聞いたりしたことを想像すること、絵や言葉を現実の物と関連づけることができない。	よくある	時々	あまりない
12	誤字が多い。	よくある	時々	あまりない
13	その日に見たことの記憶が困難。	よくある	時々	あまりない

14	目で見ただけでは物の感触を説明できない。(たとえば、子猫を見ただけでは「軟らかくフワフワしたもの」だと理解できず、触って初めてその感触がわかる、など)	よくある	時々	あまりない
15	読んで理解することが苦手。	よくある	時々	あまりない
16	本を読んだり黒板の文字を写すときの集中力がない。	よくある	時々	あまりない

IV. 聴覚

1	音源がわからない。	よくある	時々	あまりない
2	通りから聞こえてくる声や車の音など、ある特定の音を聞き分けることができない。	よくある	時々	あまりない
3	足音など、一般の生活環境の中で音を追うことができない。	よくある	時々	あまりない
4	言葉、フレーズ、会話、歌詞、説明などを、思い出したり、くり返したり、引用したりすることが苦手。	よくある	時々	あまりない
5	遠くの音と近くの音、怒っている声と喜んでいる声、高音と低音など、音の違いを認識できない。	よくある	時々	あまりない
6	ほかの音に気を散らされることなく、ある特定の声や音、会話、話などに集中したり、注意し続けることができない。	よくある	時々	あまりない
7	初めて聞く音を、知っている音と関連づけることが困難。文字、数字、音符などの視覚シンボルや記号と、それらの音を結びつけることができない。	よくある	時々	あまりない
8	状況にあわせて、声の大きさを調整することが難しい。	よくある	時々	あまりない

C．姿勢や器用さの問題について

1	複数の動きの連続した動作が苦手。（たとえば、いろいろな素材を切って貼ったり、色をぬったり、組み立てるといった工作、など）	よくある	時々	あまりない
2	走る、登る、ジャンプするなどの粗大運動が苦手。	よくある	時々	あまりない
3	ボールを投げたり、受け取ったりなどの、目と手の協応がうまくできない。	よくある	時々	あまりない
4	洋服のジッパー、スナップ、ボタンなどの留め外しなど、普通は目で見なくてもできる作業でも、視覚による助けが必要。	よくある	時々	あまりない
5	手袋のはめかたや、靴下の履きかたが、ぎこちない。	よくある	時々	あまりない
6	細かい手作業の際に必要な、指の微細運動に支障があり、食器や学校で使う道具（クレヨン、はさみ、ホッチキス、穴あけパンチなど）を持ったり使ったりするのが苦手。	よくある	時々	あまりない
7	文字の書きとり、お絵描き、練習帳を仕上げるなどのような作業に苦労する。	よくある	時々	あまりない
8	裸足やビーチサンダルで歩くために必要な、つま先のコントロールが苦手。	よくある	時々	あまりない
9	吸う、飲み込む、噛む、風船ガムをふくらます、話すなどに必要な、口や舌の筋肉をスムーズに動かすことが苦手。	よくある	時々	あまりない
10	食べるとき、口から物がこぼれたり、まわりによくこぼす。	よくある	時々	あまりない
11	両足がしっかり地面に着いていないとバランスを失う。（たとえば、つま先で背伸びをする、ジャンプする、目を閉じながら両足で立つ、など）	よくある	時々	あまりない
12	左右の足を別々に動かす動作ですぐにバランスを失う。（たとえば、階段を登る、自転車をこぐ、ケンケン、片足で立つ、など）	よくある	時々	あまりない
13	動きがモタモタしてぎこちない。	よくある	時々	あまりない
14	グニャッとした体つきである。	よくある	時々	あまりない
15	子どもを引き起こしたり、着替えを手伝って手足を動かしたり、シーソー遊びや平均台でバランスをとるのを助けたりするときに、子どもの体がダラリとしているように感じる。	よくある	時々	あまりない

16	椅子にぐったりと座ったり、テーブルの上にダランと伏したりすることが多い。背筋を伸ばして座るより横たわるほうが好きで、机の上で頭を手や腕でいつも支えている。	よくある	時々	あまりない
17	体を安定させるために、お尻を床にぺたんとつけ、両膝を曲げて、両足を外側に開き、足の内側を床につけてW字の形のようにして座る。	よくある	時々	あまりない
18	転倒しそうな状態から姿勢を立て直すことができない。	よくある	時々	あまりない
19	赤ちゃんのときにハイハイや腹ばいをあまりしなかった。	よくある	時々	あまりない
20	全身を使った粗大運動が苦手で、よろめいたり、つまづくことが多い。スポーツや体を動かす遊びなどが苦手。	よくある	時々	あまりない
21	指先などを使った微細運動が苦手で、食器、クレヨン、鉛筆、くしなどの「道具」をうまく使うことができない。	よくある	時々	あまりない
22	飛び跳ねる、ボールを投げる、受けるなど、両手または両足を同時に使う動作がうまくできない。	よくある	時々	あまりない
23	片方の手、または足で補助しながら、もう一方の手、または足で作業することが苦手。（たとえば、片足で立ってボールを蹴る、片手で紙を固定して、もう一方の手で文字を書きとる、紙を切る、など）	よくある	時々	あまりない
24	音楽のビートにあわせ、片手で交互にドラムをたたくなど、両手を片方ずつスムーズに動かすことが下手。	よくある	時々	あまりない
25	4、5歳までに利き手が定まっていない。ぬりえや文字の書きとりをするときに、左右両方の手を使ったりする。	よくある	時々	あまりない
26	体の中心線を横断する動作をせず、紙いっぱいに横線を描くときに、絵の具の筆を片方の手からもう片方の手へうつして使ったり、右手で左の腕や肩をたたくことができなかったりする。	よくある	時々	あまりない
27	すでに習得した動作や技術をあてはめて、新しい作業や行動を行うことができない。	よくある	時々	あまりない
28	自分が転倒する感覚に気づかず、転びそうになっても、それを防ぐために手足を伸ばして姿勢を立て直すことをしない。	よくある	時々	あまりない

29	服の袖に腕を通したり、何かに登ったりするときに、筋肉を曲げ伸ばしする力が必要以上に強かったり、必要以下に弱々しかったりする。	よくある	時々	あまりない
30	鉛筆やクレヨンを握る指の力（筆圧）が弱すぎて文字が薄すぎたり、強すぎてよく鉛筆の芯を折ったりする。	よくある	時々	あまりない
31	文字の書きとりが乱雑で、消しゴムを使うと、紙に大きな穴が空いてしまう。	よくある	時々	あまりない
32	壊れやすい食器などをよく割って、無神経でがさつにみえる。	よくある	時々	あまりない
33	ランプのスイッチ、髪留め、くっつけたり外したりするおもちゃなど、操作が単純な物でも壊してしまう。	よくある	時々	あまりない
34	ミルクの入ったコップなどの物を必要以上の力で持ち上げたり、取り上げた物が勢い余って空中に飛んでいってしまうことがある。	よくある	時々	あまりない
35	物を持ち上げるのに必要以下の力しか出さず、持ち上げることができない。靴やおもちゃのような物でも「重すぎる」と言うことがある。	よくある	時々	あまりない
36	違う重さの物を一緒に持ち上げたり、持ち続けたりできない。「重い」と「軽い」の概念を理解していないことがある。	よくある	時々	あまりない
37	机の上で何かをするときに頭を手で支える。	よくある	時々	あまりない
38	椅子やテーブルからずり落ちたり、床の上に座っているときに姿勢が崩れる。	よくある	時々	あまりない
39	椅子の端に座り、足裏を床につけて離さず、安定感をより高めようとする。	よくある	時々	あまりない
40	片足立ちでバランスをとることが下手。	よくある	時々	あまりない
41	目と手の協応が悪く、おもちゃで遊ぶ、道具を使う、着替え、文字の書きとり、学校での課題などに支障がある。	よくある	時々	あまりない
42	目を使って手の動きを正確に導くことができず、綿密に絵を描いたり文字を書いたりするのが苦手。線からはみださずに色を塗ることが下手。文字を書くと、ゆがんでいたり、スペースがバラバラだったりする。	よくある	時々	あまりない

43	ジグソーパズル、おもちゃの家の家具を並べ替える、線に沿って切る、などが苦手。	よくある	時々	あまりない
44	目と足の協応が悪く、階段の上り下りやボール蹴りがうまくできない。	よくある	時々	あまりない
45	一枚の紙の上にバランスよく絵を描いたり、文字を書いたりするのが苦手。	よくある	時々	あまりない
46	テーブルや机の前に座ったときの姿勢が極端に悪い。異常な方向に体をねじって先生や本を見る。	よくある	時々	あまりない

D．感覚が関係する能力について

Ⅰ．活動レベル

1	非常に活動的で、常にあちこち動き回っている。	よくある	時々	あまりない
2	注意深さが足らず衝動的になりがちである。	よくある	時々	あまりない
3	遊んでいるとき、人や物に対して攻撃的にみえる。	よくある	時々	あまりない
4	静かにじっとしていることが多く、動かない。	よくある	時々	あまりない
5	静かに集中することを求められる状況で、気が散ったり、注意散漫だったり、落ち着きがなかったりする。	よくある	時々	あまりない
6	運動したり家族で外出したりすると、すぐに疲れてしまう。	よくある	時々	あまりない

Ⅱ．摂食・排泄

1	食事のときに補助が必要。	よくある	時々	あまりない
2	だらしない食べ方をしがち。	よくある	時々	あまりない
3	液体をよくこぼす。	よくある	時々	あまりない
4	よだれをよく垂らす。	よくある	時々	あまりない
5	食べ物をうまく噛めない。	よくある	時々	あまりない
6	食べ物をうまく飲み込めない。	よくある	時々	あまりない
7	大きな具が入ったスープなど、かたまりの入った食べ物を食べるのが嫌いだったり、上手に食べることができなかったりする。	よくある	時々	あまりない
8	口にいっぱい食べ物を詰め込むことがある。	よくある	時々	あまりない
9	消化や排泄に問題があり、よく便秘をしたり、おもらし（大便・小便）をしてしまう。	よくある	時々	あまりない

Ⅲ．物事を整理し、まとめる能力

1	宿題やジャケットなど、物をよくなくす。	よくある	時々	あまりない
2	すぐ迷子になる。	よくある	時々	あまりない

3	計画や期待していたことの変更を受け入れられない。	よくある	時々	あまりない
4	ある活動から違う活動への移行がスムーズにできない。	よくある	時々	あまりない
5	課題や活動を始めるのに、ほかの子より余分なサポートが必要。	よくある	時々	あまりない

IV．睡眠

1	睡眠パターンが不規則。	よくある	時々	あまりない
2	夜中にしょっちゅう目が覚める。	よくある	時々	あまりない
3	寝つきが悪い。	よくある	時々	あまりない
4	ほかの子より短い睡眠時間でも平気。	よくある	時々	あまりない

V．社会生活と感情機能

1	同じような年齢の子どもと仲よくできない。	よくある	時々	あまりない
2	非難されることに過剰に敏感。	よくある	時々	あまりない
3	過度に不安症で、怖がり。	よくある	時々	あまりない
4	静かだったり、引きこもりがちである。	よくある	時々	あまりない
5	物事に不満を持ったり、挫折しやすかったりする。	よくある	時々	あまりない
6	頑固で協調性がない。	よくある	時々	あまりない
7	かんしゃく持ちだったり、怒りを爆発させることがよくある。	よくある	時々	あまりない
8	驚かされたり、予期せず何かをされることを嫌う。	よくある	時々	あまりない
9	他人と親しい関係を築くのが苦手で、社交性があまりない。孤独だったり、親しい友だちがほとんどいないこともある。	よくある	時々	あまりない
10	自立能力が低く、物事をやりとげるのに他人の助けを必要とする。	よくある	時々	あまりない
11	怖がりで意気地がないようにみえる。	よくある	時々	あまりない
12	頑固で協調性がないようにみえる。	よくある	時々	あまりない
13	信用できる大人による身体的なサポートを常に求める。	よくある	時々	あまりない
14	自分を守る目的で、周囲の状況や他人をコントロールしたがる。	よくある	時々	あまりない
15	すぐにイライラし、簡単に物事をあきらめる。	よくある	時々	あまりない
16	新しいことへの挑戦をいやがる。	よくある	時々	あまりない

17	ストレスがたまりそうな状況に対する許容範囲が狭い。	よくある	時々	あまりない
18	他人の集まりの中にいるとイライラしやすく、集団から立ち去ったり集団を避けたりする。	よくある	時々	あまりない
19	普通の運動や何でもない動きをいやがったり、「自分には向いていない」と感じたりして、やりたがらない。	よくある	時々	あまりない
20	自分ができる遊びや運動ばかりをやり続け、新しい動きや運動に挑戦することをひたすらいやがる。	よくある	時々	あまりない
21	自分に自信がなく、やってみる前から「できない」という言葉を口にする。	よくある	時々	あまりない
22	自分がよく知らない状況に対して臆病である。	よくある	時々	あまりない
23	遊んでいるときに、ほかの子やペットに怪我をさせても、反省していないようにみえる(実は、他人が感じる痛みを理解できないでいる)。	よくある	時々	あまりない

VI. 言葉の発達

1	よく似た音の文字を正確に区別して発音することができない。	よくある	時々	あまりない
2	おはなしを聞いたり、本を読むときに、注意力が続かない。	よくある	時々	あまりない
3	質問や要求をまちがって解釈する。	よくある	時々	あまりない
4	1つ、または2つほどの指示しか、順を追って従うことができない。	よくある	時々	あまりない
5	物事をくり返して言ってもらいたがる。あいまいな表現や不明点を明確にしてもらおうということが、ほかの子に比べて少ない。	よくある	時々	あまりない
6	新しい言葉を学ぶことが困難。	よくある	時々	あまりない
7	言葉の遅れがあった、または今もある。	よくある	時々	あまりない
8	自分の考えを話したり書くことが困難。	よくある	時々	あまりない
9	話題からズレたことを話す。(たとえば、ほかの子たちが動物園の動物のことやサッカーについて話しているときに、自分の新しいシャツのことを話す、など)	よくある	時々	あまりない
10	他人の質問に答えたり、何かについてコメントするなど、話をうまく締めくくることができない。	よくある	時々	あまりない
11	語彙が少ない。	よくある	時々	あまりない

12	文章力が年齢よりも幼稚。文法や構文を正しく使えない。	よくある	時々	あまりない
13	読むことが苦手、特に、声に出して読むことが困難。	よくある	時々	あまりない
14	他人に理解してもらえるように、明確に話すことができない。	よくある	時々	あまりない
15	声質が単調で変化に乏しい。	よくある	時々	あまりない
16	ためらいがちに話す。リズムよく流暢に話すことができない。	よくある	時々	あまりない
17	目と耳の協応が悪く、目で見た言葉を発音することがうまくできない。本の朗読など声に出して文章を読みあげるときに、よく似た言葉をまちがって発音してしまう。	よくある	時々	あまりない

VII. 基本的な視覚能力

1	頭痛、眼性疲労、目の充血、目がヒリヒリする、目のかゆみ、涙目の症状がある。	よくある	時々	あまりない
2	過度に目をこする、まばたきをする、眉をひそめる、目を細めて見る。	よくある	時々	あまりない
3	写真、印刷物、人の顔などが、ぼやけて見えるとよく言う。	よくある	時々	あまりない
4	本などの紙面の上で、文字が動いているように見えると言う。	よくある	時々	あまりない
5	本などをあるページから次のページへ渡って読むときに、頭の向きを変えたり、頭を傾けたりする。	よくある	時々	あまりない
6	本に目を近づけすぎたり、机の上の本に顔を近づけすぎたりする。	よくある	時々	あまりない
7	絵本や黒板の文字が見えにくく、そばに近づきたがる。	よくある	時々	あまりない
8	ある物から視点を移して別の物を凝視するということが苦手。（たとえば、黒板を見たあとに自分のノートを見ることがうまくできず、文字を書き写すとよくまちがえる、など）	よくある	時々	あまりない
9	静止物に焦点を合わせることができない。	よくある	時々	あまりない
10	文字の書きとりや読書のときに、自分が読んでいるところがわからなくなる。同じ言葉や行をくり返したり、数字、文字、言葉、行をとばしてしまったりするので、自分が読んでいる箇所を指で追わなければいけない。	よくある	時々	あまりない
11	ピンポン玉など動いている物を目で追ったり、活字を目で追って読むことが困難である。	よくある	時々	あまりない

(END)